收益管理

有效降低空置率，实现收益翻番

陈亮 郭庆◎主编　魏云豪◎著

人民邮电出版社

北京

图书在版编目（CIP）数据

收益管理：有效降低空置率，实现收益翻番 / 陈亮，
郭庆主编；魏云豪著. -- 北京：人民邮电出版社，
2018.10
ISBN 978-7-115-49132-9

Ⅰ．①收… Ⅱ．①陈… ②郭… ③魏… Ⅲ．①饭店—
运营管理 Ⅳ．①F719.2

中国版本图书馆CIP数据核字(2018)第180084号

内 容 提 要

本书以收益管理的基本原理为切入点，以主人公"宇儿"小姐酒店创业的历程为主要故事背景，在大量详细、生动的案例的支撑下，趣味性地阐述了如何利用收益管理将一家小型单体酒店发展成为集团连锁酒店的全过程。

书中案例详细解析了如何提高酒店的出租率，如何快速增加每一间房的营收，如何应对竞争对手的低价竞争，如何有效培育优质客户群体，如何提升品牌的影响力，如何化解酒店经营中的"营收流失黑洞"，如何培养酒店收益管理人才梯队，如何差异化开展集团层面收益管理等多方面的内容。故事生动、完整，内容由浅入深，能帮助酒店带来出租率、平均房价、收入、口碑、竞争力、酒店管理 6个维度的经营水平提升。

本书适合酒店行业投资人、中高级管理者、前台、预订、OTA专员及有志于从事酒店行业的院校学生等阅读。

◆ 主　编　陈　亮　郭　庆
　　著　　　魏云豪

　　责任编辑　恭竟平

　　责任印制　周昇亮

◆ 人民邮电出版社出版发行　　北京市丰台区成寿寺路 11 号
　　邮编　100164　　电子邮件　315@ptpress.com.cn
　　网址　https://www.ptpress.com.cn
　　涿州市般润文化传播有限公司印刷

◆ 开本：700×1000　1/16
　　印张：19.5　　　　　　　　　2018 年 10 月第 1 版
　　字数：286 千字　　　　　　　2025 年 4 月河北第 35 次印刷

定价：69.80 元

读者服务热线：(010)81055296　印装质量热线：(010)81055316
反盗版热线：(010)81055315

本书用讲故事的方式娓娓道来，既通俗易懂，又接地气地提供了大量落地工具，特别适合中小单体酒店。掌握了这套工具可以有效地提高酒店的营业收入。总之，这是我读过的一本最棒的收益管理方面的著作。强烈推荐。

德鲁克管理学院教学顾问、四大上市公司高管　李志平

本人在实践收益管理时最深的体会是，在同等的条件下抓住销售时机、将酒店收入最大化是收益管理的最高境界。在运用收益管理工具后，本酒店的业绩才有了非常大的提升，这得益于魏云豪先生的悉心指导。

书中，作者魏云豪先生用多年的实践经验和真实案例为大家解读如何不放过每一个销售时机来提升收益，相信此书会给大家的职场生涯带来新的突破和裨益。

这本书诠释了新的经营理念，读完此书后，无论您是初入酒店职场的"小白"，还是涉足酒店行业已久的"老姜（将）"，都能玩转收益，不得不服、不得不读！

吉安美博酒店总经理　黄红

　　第一次和魏云豪老师相遇是在 2017 年 12 月美团酒店培训中心举办的金牌店长培训课程上，我对魏老师印象深刻有两点原因：第一，魏老师的课程生动幽默，让学员在一个接一个有趣的案例中了解收益管理、理解收益管理，并学会初步运用收益管理；第二，魏老师是两天的学习过程中唯一一位没有主动给学员留联系方式的老师，而我成为两天中唯一一位留下魏老师联系方式的学员。

　　2018 年 5 月，我的新店——佳麦酒店（咸阳机场店）开业，从开业前的房间软装搭配、人员配置、定价策略制定以及 OTA 渠道资源配置，到运营中每一天的价格策略制定、房态开关，魏老师都会对我进行专业指导。佳麦酒店最终在开业 20 天时实现满房，在周边酒店普遍房价 80 ～ 90 元 / 间夜的环境中，我们的房均价达到 320 元 / 间夜。目前，满房还在继续，房价也按我们最开始的计划在上涨，感谢魏云豪老师这一路的指导。相信这本《收益管理》也能让您的酒店快速满房、提升房价、早日回本、提前赢利，我是亲身受益者，我向大家推荐此书！

佳麦酒店（咸阳机场店）董事兼总经理　宋佳伦

几天前，美团酒店徐期宏徐总发微信给我，希望我给本书写个序言。在微信中，当我刚回复"好的"两个字后，紧接着就收到"您看本周（三天后）能给我吗"。在我发出"惊着"的表情后，他马上又回复了："别介意，互联网的人做事都这种风格！"

的确是。"唯快不破"是这家进入酒旅行业仅6年的后来者所展现出的互联网独角兽公司的行事风格，近期更是在若干指标上赶超行业领跑者。同时，他们也选择了另一条为我国酒店业中的中小酒店这一长尾市场助力的路径。这几年，我看到了他们为全国各地中小酒店商家进行线下培训辅导、录制网络视频课程、支持线上服务等方面做出的努力。这些做法看上去似乎有点慢、有点"重"，但却是从战略层面为未来做好了基础性工作，厚积而薄发，也是从责任层面为当下中国中小酒店的发展"雪中送炭"。

事实上，根据我所在的机构北京第二外国语学院酒店管理学院和盈蝶咨询公司联合发布的《2017 中国大住宿业发展报告》，截至 2016 年年底，全国住宿业设施总数为 422 458 家，客房总规模为 15 310 732 间，其中，经济型档次（相当于二星级及以下）的住宿设施数为 24.8 万家，占比 58.7%，客房数为 915 万间，占比 60%。可见，我国酒店业结构中的"大多数"仍然是广大的中小酒店群体。

然而，这些酒店大多为单体酒店，且在经营管理方面存在较多的问题，在面对消费者、**OTA**、信息技术、竞争对手等方面的变化时，往往"束手无策"或者"手忙脚乱"，急需得到指导，并进一步学习。

此时，美团酒店抓住了收益管理这个当下中小酒店关注的"痛点"问题！事实上，对收益管理的关注也就是近几年才开始流行于我国的酒店圈，之前只是在若干国内、国际酒店连锁集团和部分高星级酒店使用，或是作为新兴前沿的管理理念进行简单的传播，但游离于中小酒店的管理实践之外。特别是在酒店业的大环境还不错，大量的旅游团、公务团还不断涌入时，各个档次的酒店很少谈收益管理这件事。然而，在新时代下，收益管理成为中小酒店顽强生存下去的"利器"之一。从当下众多酒店业培训班、各大酒店行业大会中"收益管理"字眼出现的频率就足以看出"收益管理热潮"已经来临了。

要想练好收益管理这门功夫不容易，特别是这些中小酒店的业主、店长们，他们大多没有受到过商科、酒店管理等"科班"教育，也没有系统化的理论知识，更多的时候还是凭感觉或经验。如何让他们能够精通这门功夫呢？

在反映小人物也会有大作为的周星驰的功夫电影中，时常会出现有关"秘笈"的桥段：武林高手认为小人物是"武学奇才"而"兜售"秘笈，包括观众和小人物自己在内的人似乎都只是把这当成一个可笑的段子，但总是在最后的关键时刻，小人物忽然"灵光一现"，悟出了秘笈中的真谛而发出了大招，干掉了大 **BOSS**，成为人生赢家。

看似无厘头的电影桥段，其实启发我们，要想练好收益管理这门功夫，需要一本实用的"拳谱"或所谓的"秘笈"，让中小酒店能够"操练起来"，在持之以恒的实践、实践、再实践中才可能悟出真谛！

本书恰恰是为中小单体酒店量身定做的"秘笈"。在写作之初就本着精简理论、以案例讲方法、有工具能落地的原则展开。它既不是强调系统化知识和理论结构的学生课堂中的"教材"，也不是由优秀企业的实践组装成的"案例集"，而是结合了两者的特点，是一本提供给酒店从业者的"通俗性教材"或"指导书"。

　　我读后，感觉它有以下几个特点：在框架体系化方面，全书首先介绍收益管理的历史、关键指标和计算方式等基础性知识，之后重点介绍酒店收益管理的"6M"操作体系，接下来谈到酒店收益管理实施的体系建设保障，这一大框架的逻辑性是较为严密的。在实用性方面，全书通篇出现较多的词是"技法""方法"和"法则"。这是针对中小酒店经营者这一特定群体而体现出的最大特色，如提升酒店出租率的 4 个技法、降低订单流失率的 4 个技法、流失率与房型关系的分析方法、抢占市场的组合技法、空置率与价格关系的分析方法、增加满房天的组合技法、未来收益预期管控方法等。这种实用性的写法，加之结合具体的案例情境和通俗化的语言，使得即使是酒店业"小白"，也很容易读懂、上手，并在干中学、干中悟。这是比讲大道理更加有效、直接的方式。另外，在案例情境化方面，为了体现酒店收益管理操作的真实性，让上述的各种技法在模拟的实战中更有针对性，本书从第二篇开始，引入了"宇儿理发店"和"宇儿酒店"的例子，以宇儿小姐在其理发店和酒店的日常运营管理工作中出现的诸如出租率很低如何提升、空置率高如何破解、流失率大如何破解、淡季如何经营、旺季如何增收等多方面的典型问题作为切入点，系统阐述收益管理知识在不同经营时期的开展方式和操作指导。同时，还加入了"某酒店 18 天收益管理诊断书""锦江集团收益管理""公明收益"以及很多失败案例，从而进一步强化了全书的可读性、操作性。

　　当然，正如电影桥段那样，"秘笈"和"武功"没有直接的因果关系；有了"秘笈"中的"套路"，学不懂、不常用、不融会贯通，那真的只是"套路"。因此，也特别提醒使用这本书的读者，要结合自己酒店的实际情况来思考、理解和使用本书中的内容。

　　最后，期望我国的众多中小酒店企业能像"非洲草地之王"的尖毛草一样"野蛮成长"。尖毛草在身边的植物往上长的时候，却往下扎根生长；而当其他植物长得慢了时，它却开始以一天长半米的速度疯狂生长，最终成了草地上最高、生存能力最强的植物。同时，也期望本书以及未来更多的该类图书，能够助力"尖毛草们"茁壮成长。这两点期望也同样激励着我自己，与诸君共勉。

是为序。

李彬

北京第二外国语学院酒店管理学院副教授、系主任、博士

2018 年 6 月 4 日

一、写作动力

近一年来，我们在与上千家酒店业主、高管进行的酒店经营交流中得到了以下数据：

（1）99.52% 的酒店渴望在出租率较低的时期快速提高出租率；

（2）87.68% 的酒店在高出租率时期并未有效实现营收的高增长；

（3）开业 1 年以上，75% 的酒店同时面临出租率、平均房价、客房收入逐年下降的经营危机；

（4）65% 的酒店正在为竞争对手的低价竞争而苦恼，酒店经营正陷入困境；

（5）21.58% 的酒店利用变动成本的追加投入来"提高客户的消费体验、提高客户满意度"，并取得了较好的业绩；

（6）由于消费者预订习惯的改变，83.23% 的酒店 OTA 渠道订量占比在逐年增加；

（7）基于经营业绩的压力，77.28% 的酒店中高级管理人员在单店的职业周期越来越短，平均履职不足 2 年；

（8）100% 的业主、高管都有如下渴望：酒店的出租率越来越高、平均房价越来越高、收入越来越高、竞争力越来越强、口碑越来越好、管理越来越轻松。

同时，我们也欣慰地发现，17.1% 的酒店在出租率较低时期有效获得了出租率和收入的同比增长；掌握收益管理技术的人才的薪资水平高于同级别岗位薪资的 0.5 ～ 1.8 倍。当我们深究这些酒店经营水平提升的原因时，惊喜地发现，它们均有系统学习过收益管理知识的人员在销售渠道拓展、动态定价、产品价值附加、消费者消费习惯研究等方面做了大量细致的经营工作。

以上原因是本书写作的主要动力。本书的核心内容是教会酒店商家如何使用收益管理的产品调整、价格设计与管理、销售渠道优化、市场细分培育、销售时机预测等多个经营与管理的新技术，让酒店在 1 ～ 3 个月内逐步实现出租率、平均房价、收入、竞争力、口碑、酒店管理能力这 6 个方面的有效提升。同时，本书把知识点和实操技法与工作情境融合，希望用最简单、直接、有效的方式为酒店商家快速培养收益管理人才。

酒店经营与管理的技术时代已经到来！

"工欲善其事，必先利其器"。谁先学习和掌握收益管理的知识与技术，谁就会在激烈的市场竞争中脱颖而出。掌握收益管理技术的人才将会成为时代新宠！

二、本书主要特色

（1）以连贯性故事阐述的方式讲解收益管理在酒店工作情境中如何展开，容易理解，代入感较强；

（2）采用"知识＋工具＋案例解析"的体例。本书对美团酒店收益管理工具"公明收益"，用情景案例的方式详细阐述了如何预测市场流量、评估和制衡竞争对手、分析涨价时机、打造畅销房型，全面实现酒店房型、价格、销售时机的科学管控；

（3）本书的主要内容在线下培训中已获得学员的广泛认可与好评；

（4）本书对重要知识点进行了总结，放在章的末尾或小节末尾，方便读者查阅学习。

三、本书主要内容

本书内容以收益管理的基本原理为切入点，以主人公宇儿酒店创业的历程为主要故事背景，在大量详细、生动案例的支撑下，趣味性地阐述了如何利用收益管理将一家小型单体酒店发展成为集团连锁酒店的全过程。故事生动、完整，内容由浅入深，容易上手学习。

全书内容分为 5 篇，共 9 章，涉及收益管理知识与技法的主要内容包括："收益管理概述及酒店运营中的错误认知""客房定价 3 大优选程序""客房定价 6 步法""提升酒店出租率的 4 个技法""降低订单流失率的 4 个技法""抢占市场的组合技法""增加满房天的组合技法""旺季收益提升策略""未来收益预期管控方法""失败营销案例的 6 个诊断方法""淡季增量增收的 5 个经营策略""酒店业普遍存在的 11 个痛点问题""【画像法则】如何破解酒店低出租率难题""【竞争对手法则】如何有效评估并制衡竞争对手""【四率法则】出租率较高时期，如何更好地提高收入""【竞价法则】如何有效应对竞争对手的低价竞争""【淡季技法】淡季酒店经营策略""酒店预订运营管理与组织程序""收益管理架构及例会组织程序""收益管理人才职业发展前景""收益管理工具如何在酒店中有效运用"等诸多知识点与实操技法。

四、读者定位

本书系统阐述了经济型酒店、公寓型酒店、主题型酒店以及单体酒店、连锁酒店在不同经营时期与不同工作情境中，如何有效运用收益管理提升酒店的经营管理水平，适合不同类型酒店的业主及中高级管理者、前台、预订、OTA 专员及有志于从事酒店行业的院校学生阅读。

本书系美团酒店"收益管理师"课程的主要内容，也可作为高校酒店管理及相关专业学生的选修教材。

第一篇

↓

收益管理基础知识

01

收益管理概述及酒店运营中的错误认知

【本章概述】

收益管理是建立在历史数据分析的基础上，对市场发展规律进行系统的预测，在产品、定价、渠道、市场、销售时机等维度深度剖析市场机遇，倡导使用变动价格提高市场覆盖面、增加销售机会、提高收入与利润。

收益管理涉及管理学、统计学以及经济学等相关理论，而非简单的价格管理。在当前的酒店业内，很多职业经理人对收益管理缺乏系统和正确的认知，未能有效使用收益管理帮助酒店做好营收工作。

本章内容系统阐述收益管理的起源与行业适用性，以酒店业内人士对收益管理的错误认知为切入点，系统讲述收益管理能为酒店带来的显性及隐性作用。

1.1　收益管理的前世今生

收益管理起源于美国航空业。

在 20 世纪 60 年代初期，美国的航空业是一个垄断的经营行业，实行严格的统一定价规则。假设纽约飞华盛顿机票统一定价为 500 美元，那么每个航空公司都是这一个价格。这就出现了没有能力支付 500 美元、但有能力支付 350 ~ 450 美元的客人无法订票，只能换乘火车或其他交通工具。

在这种政策背景下，美国航空业的利润增长来源只有两个方面：要么控制经营成本，要么扩大经营规模。但是，因为高昂的机票价格严重抑制了市场需求，市场供求关系显然是供大于求。在收入不增加的情况下，经营成本占比不会降低，最好的办法就是通过扩大经营规模来增加航班班次。

为了更好地推动航空业，随着飞机制造技术的快速发展，美国颁布了《解除航空公司管制法》，取消了统一票价制度，并鼓励资本进入航空业。航空班次由此增多，票价也由航空公司自己制定。

为了有效刺激市场需求，抢夺市场占有率，航空公司之间开始了价格竞争。而高水平的成本结构决定了低价竞争策略的必然惨败。

1985 年，美洲航空公司不堪那些靠廉价机票竞争的航空公司（比如人民航空）的削价竞争，开始研究市场需求（乘客）与票价之间的逻辑对应关系，由此展开对不同客户群体购买习惯的研究。

研究发现，以商务活动为主的客人一般不会太早购票，从预订到乘坐的周期很短，所以，这一类客人对机票价格并不敏感；同时，个人或家庭类出行为主的旅游客人，属于计划性出行，一般会提前较长时间购票，对价格比较敏感。

于是，美洲航空设定提升未来收益预期计划（收益管理），具体如下：

（1）定价原理：距离起飞日期提前一个月订票，票价较低；提前半个月订票，票价部分上浮；距离起飞日期越近，票价越高。这样就可以通过销售部分低价票来抗衡人民航空的低价竞争，又可以留下部分座位卖给愿意出高价的商务客人，提高收入与利润。

（2）营销原则：向公众传播一个有价值且易传播的讯息，即美洲航空机票订得越早，越便宜。

（3）市场占有计划：通过低价，提前一个月（甚至更早）占有低价市场，后期通过商务客人的高价票，占领高价市场，有效完成市场覆盖。

通过以上办法，美洲航空公司有效提升了订票率，收入明显提升，市场占有率进一步扩大。

随着票价更加亲民，越来越多的人选择飞机出行，市场需求快速增加。但同时伴随而来的是新的问题——NO-SHOW，即乘客购买机票并订好座位后，却没有按照约定的时间前往机场办理登机手续，造成座位空置。

航空公司对于这样的情况，开始进行客户群消费习惯的具体分析：

（1）高舱位价格免收退票费、签转费，促使乘客养成取消订座习惯。

（2）乘客因为出行时间不确定，所以会在同一个航线的多个航班上订票。

（3）乘客因航班延误、中转时间不足、证件手续检查时间不足、边防联检等原因取消订座。

取消订座后造成的座位虚耗，为航空公司带来了损失。于是，美洲航空公司以填满机舱为主要目的，进行了机票超额销售策略。即200个座位的航班，多销售一定数量的机票，用来抵消NO-SHOW造成的收入损失，这也是航空公司某个航班偶然发生超额/拒载（无法让乘客登机）的原因。如果航空公司不超额销售，当次航班收入不仅会因为NO-SHOW的座位虚耗被减少，还会让很多急于出行的乘客因为座位虚耗而无法出行。

同时，为了有效减少NO-SHOW，航空公司推出了特价机票限制条款，如某低价票不支持退票（退款）。

由此可以看出，美洲航空公司对于机票的定价方式，由以前的成本为导向，变成了以市场需求为导向，继而产生了根据消费者消费习惯与特点，以及潜在的销售机会进行限制性的定价。

据了解，在 1992 年 4 月的价格大战中，各航空公司累计卖出 4.6 亿美元的折扣票，使航空业共损失 20 亿美元。在此期间，美洲航空公司运用收益管理策略，不仅在市场竞争中保住了市场份额，而且当年还获得了 10 亿美元的额外收益。再以超额销售为例，德国美莎航空公司一年累计超额销售 63 万张机票，以每张机票 200 美元计算，超额销售产生的收入约 1.2 亿美元。换句话说，如果不超额销售，航空公司必然少获得 1.2 亿美元收入。

基于收益管理理念在航空业的出色表现，其他行业也纷纷关注并引进，如今已延伸到酒店、铁路、租车公司、旅游公司、影院、银行等诸多行业。

1.2 收益管理基础概念及关键指标

1.2.1 收益管理概念

收益管理是对未来收入预期的管理，是基于历史数据，对细分市场、产品结构、定价方式、消费习惯、销售渠道、销售时机、销售风险、风险规避等层面进行统筹分析，并给出科学、有效建议的一门学科。

1.2.2 收益管理核心思想

在合适的时间，把合适的产品以合适的价格、合适的方式，销售给合适的客人。

1.2.3 收益管理关键指标

（1）客房出租率：指酒店已经出租的房间数和可供出租房间数的百分比，其计算公式为：

$$客房出租率 = 已出租的房间数 / 可供出租的房间数 \times 100\%$$

备注：可供出租房间数并不是酒店建设的房间总数量，而是酒店客房总数量减去自用房、维修房及其他暂时不可用房间数之后的数字。例如：酒店有 100 间房，昨天实际销售了 85 间房，昨天有值班房 1 间、维修锁房 1 间、老板预留免费房 1 间，那么，酒店昨天的可供出租房数应该是 97 间。

$$酒店昨天的出租率为：85/97 \times 100\% = 87.63\%$$

（2）平均房价：指酒店实际客房净收入（房租）与实际销售客房数的比值，其计算公式为：

$$平均房价 = 客房净收入 / 已出租房间数$$

备注：平均房价指酒店各个房型产生收入总和后的平均房价，在实际工作中，每个房型对应的每个细分市场，价格是不同的。比如，豪华标准间这个房型，定价方面既有门市价格，也有前台散客折扣价格（通常会根据季节变动折扣），还有会员价格、团队价格等，不同细分市场的客人，对价格的敏感度不同，不同细分市场的不同房价，可以帮助酒店更好地在该细分市场开展具体营销工作。

（3）单房收益（RevPAR）：指每间可供出租房的收入，通常用客房净收入与可供出租房间数的百分比表示。其计算方法有两种：

① 单房收益 = 平均房价 × 出租率；

② 单房收益 = 客房净收入 / 可供出租房数 × 100%。

举例：酒店可供出租房 100 间，昨天出租率为 80%，平均房价为 138 元，今天出租率为 71%，平均房价为 188 元，求两天的单房收益。

昨天的单房收益 = 80% × 138 = 110.4（元）

今天的单房收益 = 71% × 188 = 133.48（元）

从两天的单房收益对比可以看出，今天的出租率虽然下降了，但是平均房价增长了，单房收益也增长了。

昨天的收入 = 100 × 80% × 138 = 11 404（元）

今天的收入 = 100 × 71% × 188 = 13 348（元）

从两天的单房收益与收入对比看，今天的单房收益高于昨天，今天的收入也高于昨天。

由此可见，单房收益与收入成正比，同时受平均房价与出租率影响。

（4）市场渗透指数（MPI）：指酒店的平均出租率与竞争群平均出租率的百分比。市场渗透指数表示酒店在竞争对手中获客能力的强弱。

竞争群：酒店根据自身客源特点及档次等指标，锁定 5 ~ 10 个竞争对手，简称竞争群；需注意，有些酒店因淡旺季客源结构会有变化，所以会设置多个竞争群。

市场渗透指数（MPI）计算公式：

市场渗透指数 ＝ 酒店的出租率 / 竞争群平均出租率 × 100%

市场渗透指数评估原则：指数高于 100%，表示酒店的获客能力（销售能力）高于竞争对手；指数低于 100%，表示酒店的获客能力不如竞争对手，应尽快调整经营策略，确保市场份额不会继续下降。

（5）平均房价指数（ARI）：指酒店平均房价与竞争群平均房价的百分比。

平均房价指数（ARI）计算公式：

平均房价指数 ＝ 酒店平均房价 / 竞争群平均房价 × 100%

平均房价指数评估原则：指数高于 100%，说明酒店的平均房价高于竞争群的平均房价；指数低于 100%，说明酒店平均房价低于竞争对手的平均房价，应考虑酒店产品定价相关问题，比如个别畅销但定价较低的房型，应该提价了。

（6）收益产生指数（RGI）：酒店的单房收入与竞争群单房收入的百分比。收益产生指数表示酒店在竞争群中单房的收益产值情况。

酒店收益产生指数（RGI）计算方式：

收益产生指数 ＝ 酒店单房收入（Rev PAR）/ 竞争群单房收入（Rev PAR）× 100%

竞争群 Rev PAR 计算方式：

竞争群单房收入 ＝ 竞争群所有酒店的客房收入 / 竞争群所有酒店的可售房间数 × 100%

收益产生指数对比原则：酒店 RGI 高于竞争群 RGI，表示酒店当前价格政策与经营策略优于竞争对手，单房价值产出高于竞争对手；反之，则低于竞争对手，应考虑房价与营销策略的调整。

1.3 收益管理在酒店行业的 8 个适用性

那么，就酒店而言，收益管理理念究竟适用吗？

一般来讲，需要执行收益管理策略的行业，应该具备以下特点。

1.3.1 市场需求处于不断变化中

酒店业有明显的淡旺季差异，且地域不同，淡旺季的周期也有差异，同时，其需求差异也有明显的规律和特点，表现如下：

（1）以海南为例，冬、春季节北方阴冷，更多人愿意去海南旅游，催生出海南酒店业的旺季；而夏秋季节，游客可以选择的旅游目的地更多，海南酒店就相对进入淡季。

（2）城市有国际性会议，商圈内有明星演唱会、球赛等社会活动，会激发消费者对酒店的需求。

（3）市场在情人节、国庆节、劳动节、春节等节假日对酒店的需求有明显的差异。比如情人节，市场对 300 元以下主题酒店、精品酒店的需求明显增加，而四星级、五星级等高端豪华酒店，常会有较多房间空置。国庆节与春节则不同，因长假引发的长尾效应，促使包含酒店在内的整个旅游产业需求量呈倍数增加。

（4）非旅游区度假型酒店，大多周内生意好于周末，常规情况下存在这样的共性：周二至周四生意最好，周五、周六次之，周日最低，周一开始有起色。

1.3.2 市场可以细分

一般情况下，我们习惯把市场分成散客与团队两大类（也有酒店把团购纳入团队统计）。而散客市场可以细分为前台散客、协议散客、会员散客、网络（OTA）散客等，团队可以细分为旅游团、商务团等。

如果对市场进一步细分，可以按照城市区域划分，也可以按照行业划分，比如政府类、事业单位类、金融类、院校类、互联网公司类等，每一类细分市场对价格的接受程度均不相同。比如政府及事业单位类，基于政策要求和出行差旅费预算，客人只能在规定的价格范围内选择酒店，而金融类及互联网公司，时下正处于资本追逐的浪尖，其消费能力、消费频率均高于其他细分市场。对旅游类市场进一步细分，可分为亲子游/夏令营团队、夕阳红团队、教师团队等，细分后会发现，不同的细分市场对酒店价格接受程度不同，对服务内容和服务标准的要求也不同。

1.3.3 产品不可储存

假设酒店有100间客房。今天早上，收入报表显示昨天的出租率是60%，酒店只销售了60间房，那么，我们把昨天的房子拿出来，今天接着销售，行吗？

昨天没有销售出去的房子，对今天的销售来说，只有摊分的固定成本，不再会有任何收入贡献。

1.3.4 规模相对固定

假设酒店有100间客房，其中大床房50间，双床房30间，套房20间。酒店一经建设完成，客房的总数量不可能减少或增加。

1.3.5 产品可以细分

如可口可乐公司，可以分为可口可乐、雪碧、芬达、香草可乐、零度无糖可乐、健怡可乐、醒目汽水系列、酷儿系列、美汁源系列（果粒橙）、水森活纯净水、冰露水（北京2008奥运会专用）、原叶茶，雀巢冰爽冰极系列等。通过产品细分，可以满足不同年龄、不同性别、不同口味爱好者的需求，增加市场占有率和销售机会。

酒店客房也同样可以细分，假设酒店有100间客房，其中大床房50间，双床房 30 间，套房 20 间。我们可以根据房间的朝向、面积大小进行细分，沿街的可以观景，命名为街景大床房；不沿街的相对安静，可以称为舒适大床房，等等。

1.3.6　高固定成本，低变动成本

就酒店而言，成本分为固定成本与变动成本。酒店固定成本包括房屋租金、建设费用、装修折旧、人员工资福利费用、库存等，其在成本中占的比重较大。这一类费用在酒店经营期间，无论出租率高与低，均长期恒定存在。而变动成本指的是日常损耗，包括布草洗涤、一次性用品消耗、水电气能源消耗等。变动成本的费用会随着出租率的增加而增加，其费用占比相对较低。

1.3.7　产品可以预售

酒店每天都可以对未来若干天的房间进行销售，今天可以订明天的房间，也可以订下个月某天的房间，甚至可以订明年某个日期的房间。

1.3.8　市场需求可以预测和规划管理

比如，在 2018 年 3 月 15 日，可以通过调取 2017 年五一黄金周期间的接待数据，评估 2018 年"五一"黄金周可能达到的接待量，完成初步预测。通过目前已经有的黄金周期间的订单量，开始观测竞争对手的价格政策，如果你的价格过高，则客户可能会流失到竞争对手，如果你的价格太低，则可能较早以低价把房间卖完。所以，要对每一个房型、每一个销售渠道和细分市场进行规划管理，来保证收益的最大化。综合以上，我们需要给收益管理一个明确又好理解的定义。

1.4　酒店人对收益管理的典型错误认知

在谈酒店收益管理如何运用之前，我们先看几个酒店工作中的真实案例。

案例 1-1

曾有酒店财务总监与我谈及收益管理时，颇为客气又略显抵触地反问我："这个收益管理是财务上的工作吧，怎么能是你做呢？"其言下之意，提醒我并非财务工作出身，也无财务工作知识，就这个问题，我解释了约 20 分钟，她依然有些担心地说："既然要做，那你就先做做看吧！"

案例 1-2

我给某销售总监提供了一套数据分析报表及表格分析工具，涉及酒店 3 年来各细分市场、房型相关收入、出租率、平均房价、单房收益的对比情况，以及根据 3 年来酒店在市场竞争（包含大环境影响）条件下，各细分市场的订量变化趋势，并对未来 180 天进行了相对保守的收入预测，又对价格管理与房型管理提出了建议。

之后我收到销售总监的信息，问我给他这些数据想说明什么？

在去他办公室的路上，我敏感地意识到一个问题：在我所提供的数据中，明确地指出了部分细分市场占比在逐年下降，站在销售总监的立场上，就好比有一个人指出你这几年在这几个细分市场上毫无建树。换位思考，他似乎以为我在指责他的过失，甚至以为我要指摘他的工作。对于一个依靠个人业绩在业内有一定影响力的资深人士来说，他认为，我是在用报表向他的销售能力挑衅。

来到他的办公室，我们进行了大约 30 分钟的探讨，在总结时，我说："今年的预算收入指标明显定得高了，坚持用好我这套报表分析工具，即使年底没有完成预算指标，即使出租率或者平均房价比上一年有所下滑，我也可以保证，用这套表格工具做总结分析时，它可以充分做出以下证明：

（1）你在当时给出的房价、确定是否接待某个团队等的决策，在当时市场环境下是正确的，是不会有过失的；

（2）它可以帮你分析出协议单位、自来散客、OTA 等客户群在不同的月份、周内与周末的最佳销售时期、对价格和房型的接受程度，方便你在定价时有充分的参考依据；

（3）它会让你明确知道，某一个团队、会议方，从最初询价时的房量与价格到交定金时的房量与价格、结账时的房量与价格的变化情况，便于你今年在接待这个团队、会议方时，在商务谈判上有充分参考；

（4）它可以让你更清晰地知道哪些客户需要重点培育，哪些客户需要价格刺激，对于你的客户体系建设和市场拓展有积极的参考意义；

（5）它会让你在决策时，不会只凭经验而给出价格，之后又心怀忐忑，担心给的价格低了损失收入，给的价格高了流失订单。

过了销售总监这一关，开始面临落地执行的问题。收益管理工作执行的重要部门是预订部。预订部人员对收益管理工作的认知程度、接受程度直接决定收益管理项目的生与死。

案例 1-3

在我提出预订部按要求提交日常数据时，受到了强烈的抵触。预订主管提出如下反对意见：

（1）酒店总房数是 350 间，那么每天可用的房就是 350 间，这个数字不用每天提供；

（2）每天的出租率、平均房价等数据，酒店管理系统中都有，谁要看可以自己查；

（3）NO-SHOW 等数据酒店管理系统中也有；

（4）总之，这些数据系统中都有，没有必要每天统计出来，更没有必要统计未来 30 天的，因为未来 30 天的数据，有交过定金的、没交定金的，还有临时占房的，统计了也没有参考意义，等等。

我说："是的，这些数据必然来自 PMS 管理系统，我们要对市场状态做具体分析，就必须把这些有用的数据统计清楚，然后具体分析。"

他坚持说："你这是多此一举。系统里什么数据都有，你要什么都可以查到。"

我："那好吧，数据你都有，那我现在问你 12 组问题，每个问题请你在

3分钟之内回答我就行。"

（1）昨天NO-SHOW了几间房？谁接受预订的？哪个单位预订的？产生的收入损失是多少？

（2）昨天的平均房价是多少？自来散客有多少间？自来散客的平均房价是多少？

（3）从现在开始计算，未来30天里，我们的客房收入是多少？团队占多少，散客占多少？交定金的收入有多少，没有交定金的有多少，只是占房的有多少？

……

我的问题还没有问完，她怒了。

我说，如果你填写了这个表格，所有的问题你能立即回答出来，而且你每天的工作量最多只用15分钟就可以完成。

案例1-4

在一次线下论坛的收益管理研讨活动中，组委会分享了案例酒店的状态，并提供了相关历史数据，提出只有两个月的时间就到年底了，离预算收入还有较大差距，问大家："现在应该怎么做？"

大家纷纷给出意见，分类如下：

（1）调整绩效考核政策，用奖罚刺激员工参与销售的积极性；

（2）加大团体消费客户的拜访力度；

（3）加大广告和宣传力度；

（4）预售明年的客房套票，先把钱收回来；

……

现场有一位收益管理的资深人士，提出在不追加任何投入（包括广告与奖励费用）的前提下，通过对价格管理和细分市场管理可以提升收入，并做了相关数据分析的陈述。

有一位酒店高管听了后，认为收益管理的分析和销售的具体执行是"两张皮"，收益管理太理论化、理想化。收益管理的理论和市场营销的具体工作脱离了，数据分析得再好有什么用？市场是经常变化的，只有销售才接地气，才能有效把握住销售机会。

论坛结束后，案例酒店的总经理采纳了收益管理专家的建议，两个月后，客房收入、出租率都得到了明显提升。

之所以在一开始就讲上述案例，是因为每一个想做好收益管理的职业经理人，在收益管理落地执行的过程中，大多会遇见如上问题，尤其是在单体酒店。

我无心去评价是非对错，只是感叹业内人士对于收益管理知识的缺失而不自知又无所谓、拒绝专业知识的态度，让人心塞。

1.5 酒店采用收益管理的显性收获

美国酒店业实行收益管理策略 30 多年经验表明，在其他条件不变的情况下，即酒店不增加客房数量，不追加促销和广告费用，只是系统地实施收益管理策略，营业收入能提高 3% ~ 7%，利润率能提高 50% ~ 100%，能有效而迅速地提高市场占有率。

1.5.1 酒店业收益管理拓荒者

在酒店业，率先采用收益管理的是万豪集团。

马里奥特国际酒店董事长兼首席执行官比尔·马里奥特曾说："收益管理不仅每年为我们增加了成倍的利润，更重要的是教会了我们如何更有效地管理酒店。"

据公开信息披露，万豪集团每年有超过 1 亿美元的收入直接来自收益管理，其集团旗下喜来登、假日、希尔顿等品牌的酒店集团，均成立专业的收益管理部门，运用收益管理的策略指导酒店营销及运营工作的开展。

1.5.2 锦江集团开展收益管理的收获

锦江国际酒店管理公司是国内酒店管理公司的风向标，堪称管理公司业界典范。据悉，锦江集团管理着国内 120 余家星级酒店，客房总数超过 37 000 间，其管理业务辐射国内 70 余个重点城市。

2013 年国家严格规范管理公款消费后，酒店与高端餐饮业受到重创。在消费需求急速下降的背景下，酒店的投资建设才刚刚进入高峰状态，市场供求关系严重失衡，酒店客房严重滞销，每天都有大量客房闲置。根据中国旅游饭店协会发布的《中国饭店市场城市景气分析报告（2013 年刊）》显示，2013 年酒店整体出租率同比下滑 3%，日平均房价同比下滑 2.4%，客房整体营收同比下滑 7%。很多高星级酒店不得不"摘星、降星"，主动放低身段，走亲民价格路线，拥抱百姓消费市场。以山东为例，仅 2014 年就有 60 家星级酒店"摘星"。

在此背景下，锦江集团快速引进收益管理系统，通过对大量实战案例的深入剖析，总结出"人员＋工具＋流程"的收益管理落地运营模式。

其开展收益管理的成果如下：

（1）新锦江大酒店：在 2013 年，酒店每间可卖房收益指数在 STR 竞争群中增长 1.5%，酒店客房收入较 2012 年增长 1.9%。在 2014 年，酒店每间可卖房收益指数在自己的竞争群中增长 8.6%，酒店客房收入较 2013 年同期增长 5.5%。

（2）锦江饭店：在 2013 年，酒店每间可卖房收益指数在 STR 竞争群中增长 2.4%，酒店客房收入较 2012 年增长 4%。在 2014 年，酒店每间可卖房收益指数在自己的竞争群中增长 2%，酒店客房收入较 2013 年同期增长 10.6%。

备注：数据来源于"环球旅讯，2015 年 5 月 25 日，《开始改变：中国酒店收益管理实践案例解析》"。

1.6 酒店开展收益管理的隐性收获

在谈隐形收获之前，我们先回顾两个背景：

航空公司采用收益管理的背景：航空业投资加大，市场供大于求，上座率很低，经营成本高昂。

锦江集团采用收益管理的背景：公款消费被限制，市场供大于求，酒店出租率很低，大量客房空置，经营成本高昂。

由此我们可以看出，收益管理是在行业不景气、市场需求持续降低的情况下被重视且发挥重要作用的。这个事实就有效地反驳了酒店人对收益管理的一个错误认识：收益管理只适合酒店出租率较高的时候，出租率低，怎么涨价？房间都没住满，涨价了更没人来了……

由于基本知识的严重缺失，收益管理在单体酒店人眼里是被妖魔化的。

那么，回到我们酒店人的立场上，当你投资一家酒店，或者你负责运营管理一家酒店，你是不是有这种美好的期待：

（1）收入越来好高；

（2）出租率越来越高；

（3）平均房价越来越高，客人都好说话，愿意花钱，愿意多花钱，即使临时涨价，客人也满意地接受；

（4）酒店的竞争力越来越强，再也不担心竞争对手低价竞争了；

（5）经营管理越来越轻松；

（6）酒店品牌影响力越来越好，美誉度越来越高。

与其说这是酒店人美好的期待，不如说这是酒店人最质朴的要求，而这一要求，通过收益管理的有效执行是完全可以实现的。下面，我们就以上要求，在大类别方面进行系统说明。

第一个要求：收入要越来越高。

我们每天早上都会阅读收入报表（收入日报），查看昨天的收入是多少，截至今天，我们本月的收入已经到了多少。在这个时候，我们会发现这样的问题：同样是出租了 80 间房，但是两天的收入不一样；同样是出租了 50 间房，两天的收入也不一样；两天的收入差不多，但是出租率差异很大……

这是为什么呢？

首先，我们看一下客房收入构成的因素。

假设酒店有 100 间房，昨天出租了 80 间房，平均房价是 160 元，那么客房收入应该是多少？

$$客房收入 = 已出租的房间数 \times 平均房价$$
$$=80 \times 160$$
$$=12\ 800（元）$$

然后，我们对比这个酒店过去一周的收入报表，见表 1-1。

表 1-1　酒店过去一周的收入报表

日期	12 月 15 日	12 月 16 日	12 月 17 日	12 月 18 日	12 月 19 日	12 月 20 日	12 月 21 日
出租数 / 间数	65	75	75	78	78	80	80
平均房价 / 元	180	185	160	150	170	160	160
客房收入 / 元	11 700	13 875	12 000	11 700	13 260	12 800	12 800

从表 1-1 可以看出：

（1）12 月 16 日与 17 日，同样出租了 75 间房，16 日的收入是 13 875 元，而 17 日的收入只有 12 000 元，两天收入相差 1 875 元。这说明，在出租房间数相同的情况下，平均房价越高，收入越高。需要注意的是，出租率等同，即变动成本没有增加，平均房价越高，收入也越高，同时，利润自然增加。

（2）12 月 17 日与 20 日，同样是 160 元平均房价，17 日出租了 75 间房，20 日出租了 80 间房，20 日比 17 日的收入多 800 元。这说明，在平均房价相同的情况下，出租房间数越多，收入越高。同时要注意的是，出租房间数越多，变动成本费用会相应增加。

（3）12月15日与18日的客房收入都是11 700元，但是，15日出租了65间房，比18日出租的78间房少了13间。同时，15日的平均房价是180元，比18日的平均房价150元高30元。这说明，在收入相同的情况下，平均房价和出租房间数依然会有一定差异。

由此可见，想要收入越来越高，就要在出租率和平均房价两个方面下功夫，出租率高并不等于收入一定高，同样，平均房价高，收入也未必就一定高。收益管理要做的就是帮你找到平均房价和出租率的最佳匹配，让你的收入更高。

第二个要求：客人都好说话，愿意花钱，愿意多花钱，即使临时涨价，客人也满意地接受。

这个朴实的要求，用一句话可高度概括：想要更多的优质客户。

那么，收益管理在帮你找到平均房价和出租率最佳匹配状态的同时，会帮你完成以下任务：

（1）对客户进行细分，分析出对价格非常敏感的客户、对价格不敏感的客户。

（2）细分市场价格优化，然后对不同特点的客户进行差异化定价，同时满足他们的需求，争取更高的出租率。

（3）建立档案，优化客户，重点对价格不敏感的客户建立档案，档案内容包括：

① 基本信息：姓名、年龄、联系方式、性别、地域，职业特点（如政务类、旅游类、商务类、家庭类等）。

② 消费特点：房型偏好、温度偏好、送餐偏好、叫醒服务，习惯在酒店哪些场所消费，在房间内消费了哪些物品等。

③ 消费能力：完成上述两点统计后，以月、季度、年度为单位，对客户（个人或单位）进行消费总金额、年度总消费次数（消费频率）排名，筛选出前50名重点客户（个人或单位）进行重点维护，提高其忠诚度，实现优质客户优化。

备注：具体实操办法将在后面的故事案例中详细解释。

第三个要求：经营管理越来越轻松。

每一个酒店都有相对成熟的运管程序和相关规定，我们期望通过这样的管理秩序，让经营工作更加稳健，让生意越做越好。但我们经常处于这样的尴尬境地：管理秩序可以约束和规范员工，却在不断变化的市场规律面前束手无策。也就是说，我们可以有效解决管理问题，却没有办法有效解决市场波动问题。

收益管理理念的充分运用，将以收益最大化为前提，依托预订内控管理，系统整合销售部、前厅部等一线营销业务人员，在系统分析市场规律、客户特点等综合因素后，有针对性地制定营销政策，以及在销售工作开展、接待服务及后期客户维护方面，均能给予精准的数据分析和决策指导，让经营管理者从靠经验做判断的尴尬中解脱出来，依据数据分析显示出的市场规律、客户特点、价格建议进行精确的营销策略投放，充分实现在合适的时间，以合适的价格，通过合适的渠道，用合适的方式，销售给合适的客人，提高收入的同时，提高客户满意度，提升酒店品牌的美誉度。

收益管理工作是一个闭环结构，一旦完整落实并有效执行，员工会自觉遵守收益管理工作秩序，时刻以如何实现收益最大化的思考方式，进行报价、接待、维护客户等一系列工作。通俗地说，就是老板最关心的问题，可以在员工有更好的工作程序，自觉认真执行的前提下完美实现。

第四个要求：酒店品牌影响力越来越好，美誉度越来越高。

俗话说，不想当将军的士兵不是好士兵。

每一个投资酒店的业主，抑或职业经理人，无不想在自己履历中有这样一段光辉履历：我所管理的酒店，是当地生意最好的酒店，是客户满意度最高的酒店。

收益管理在帮你完成价格优化、客户优化、销售渠道优化、产品优化的同时，会帮你完成口碑优化管理，让优质的客户更加忠诚，让更多的客人愿意出高价入住你的酒店，让客人乐意传播和宣传你的酒店，让你在不用追加投入的同时，获得酒店品牌美誉度、影响力的良性提升。

同时，你将获得更多合作和发展的好机会。

收益管理是酒店经营管理的一项系统工程，在实施收益管理系统工作时，要明确这一系统工作不是单靠前厅部或者销售部就能运作好的，它是酒店提高经营收益、加强管理的一项系统工程，需要酒店高管及业主站在酒店发展战略的层面进行充分运作。

美国万豪酒店集团董事长 J.W.Marriot 二世说："酒店最高层必须对酒店实施收益管理，CEO 则需要 100% 地支持这项工作。"最高层的介入，是支持和建立一套管理系统并保证系统有效工作的基础。

| 本章小结 |

◎ （1）收益管理不只是价格管理。

◎ （2）收益管理思想起源于美国航空业，适用于诸多行业。

◎ （3）美洲航空公司最初采用"填满机舱"策略，对商务和旅游市场进行差异定价，用低价的旅游市场价格提前接受预订，提前占有市场，在距离起飞日期较近时间提高价格，迎合对价格不敏感、愿意支付高价格的商务市场，来提高收入和满足不同价格的市场需求，提高市场占有率。重点：价格根据客户消费特点变动。

◎ （4）超额预订是为了弥补 NO-SHOW 造成的收入损失。

◎ （5）减少 NO-SHOW 的有效办法是对低价进行条件限制，比如不可取消。

◎ （6）采用远期销售的低价策略，是为了在较长的销售周期内提前占有市场。

◎ （7）收益管理理念的行业适用性具有产品不可储存、产品可以细分、市场可以细分、高固定成本与低变动成本、规模相对固定、产品可以预售、市场需求处于不断变化中、市场需求可以预测和规划管理的特点。

◎ （8）房型细分：根据房间的朝向、面积大小进行细分，沿街的可以观景，命名为街景大床房；不沿街的相对安静，可以称为舒适大床房等。

◎ （9）市场细分：散客可细分为前台散客、协议散客、会员散客、旅行社散客、网络散客等；团队可细分为夏令营团、夕阳红团、教师团、考察团等。可以根据行业特点细分为政府类、事业单位类、金融类、院校类、互联网公司类等。

◎ （10）每一个细分市场对价格的接受程度不同。

◎ （11）在未来90天的销售周期内，可采用接受低价团体类客户冲击出租率，为未来收入预期垫底，然后通过细分的散客市场，保证平均房价的稳步拉升，从而实现出租率、平均房价、总营收、单房收益（RevPAR）同时提高。

◎ （12）收益管理并非只适合出租率高的时期。

◎ （13）从航空公司和锦江国际酒店采用收益管理理念中可以看出，收益管理都是在市场需求下降、价格竞争的背景下发挥重要作用的。

◎ （14）客房收入与出租率和平均房价有关，高出租率未必有高收入，高平均房价未必有高收入；两天的收入等同，未必平均房价与出租率也等同。

◎ （15）收益管理会帮助酒店找到平均房价与出租率的最佳匹配，有效提高收入。

◎ （16）在出租房间数相同的情况下，平均房价越高，收入越高。需要注意的是，出租率等同，即变动成本没有增加，平均房价越高，收入也越高，同时，利润自然增加。

◎ （17）在平均房价相同的情况下，出租房间数越多，收入越高。同时要注意的是，出租房间数越多，变动成本费用会增加。

◎ （18）酒店采用收益管理的显性收获是：收入增加，市场占有率增加，竞争能力增强。

◎ （19）收益管理对酒店的隐形帮助是：

①同等出租率下，收入增加，利润增加；

②优质客户增多；

③管理越来越轻松；

④酒店品牌美誉度和影响力增强。

◎（20）收益管理是系统工程，需要从预订口切入，统筹做好市场分析、市场营销政策及销售方案执行、日常接待、服务及客户系统档案建立与维护工作。

第二篇

从宇儿小姐和她的
酒店成长史看酒
店收益管理

02

从一家理发店到连锁理发店

【本章概述】

　　收益管理具有较强的行业适用性。酒店运用收益管理理念要想达到立竿见影的效果，就必须立足市场细分，通过动态定价改善供需关系。

　　本章以故事的方式，着重阐述宇儿小姐如何通过收益管理经营好自己的理发店，之后走向酒店投资与管理的创业历程。

　　本章着重分析宇儿小姐如何进行理发店的市场细分和动态定价，解析收益管理如何在不追加投入的情况下实现稳定客源结构和提升营业收入。

2.1　宇儿理发店的经营瓶颈

宇儿小姐在家乡县城的步行街附近经营着自己的理发店，凭借她精湛的手艺和做生意的天赋，很受当地人的欢迎。理发店由宇儿自己打理，没有聘请其他的理发师。生意一直很好，尤其是周六周日来理发的人比较多，经常要排队一两个小时才能理发，所以，宇儿涨价了。但是，宇儿郁闷地发现，涨价并没有提高自己的收入，收入反而下降了。

还有一件事让宇儿头疼：每个星期二来理发的人一直很少，现在雪上加霜，原本生意好的周末也变差了。时间久了，很多人就不再愿意来这里理发，客源也开始流失，这让宇儿很着急。

宇儿很纠结：是不是因为涨价了，让客人不满意了？是不是应该恢复原来的价格，并且再请一个理发师？

如果请理发师，其主要作用只是在周末，周内理发的顾客宇儿一个人就可以应付。这样一来，似乎又没有必要增加一个人的费用成本，究竟该怎么办？

2.2　宇儿破解经营瓶颈的 4 种方式

我们先来梳理一下事态的发展过程：最初，宇儿认为周末生意很好，人很多，具备涨价的条件。涨价后，开始陆续出现以下问题：

（1）涨价后，客人开始流失；

（2）周末的客人变少了；

（3）周二的客人更少了；

（4）收入没有增加，反而在减少。

就在宇儿不知道该怎么办的时候，一位男士的出现，让她找到了解决问题的办法。

那是个星期二，店里没有其他客人。这位男士理完发，似乎没有着急走的样子，而是坐下来和人通电话，但是神情似乎有些焦躁。宇儿见状，沏好一杯茶递给他，暗示他放松下来。男士有些惊讶，向宇儿报以感激的微笑。

男士通完电话后并没有喝茶，而是急匆匆地走了。但是，宇儿记住了他通电话中的几句话：生意不好肯定是价格有问题，价格有问题不一定只能降价；不同的人有不同的购买能力，低价可以刺激更多的人购买，高价可以更好地提高利润。

顺着这条思路往下思考，宇儿有了惊喜的发现：

（1）周末来理发的客人多，人也比较杂，有老人，也有学生；有职场白领，也有个体小老板。

（2）涨价后，没有减少的客人是个体小老板，说明他们对这个价格并不敏感，时间方面也没什么规律，工作日、周末都可能来。

（3）涨价后，明显减少的是老人、学生、小孩，说明他们对新价格不太能接受。

（4）有两类客人比较奇怪，他们大多是周末来，一类是职场白领，一类是家庭妇女。他们的特点是：职场白领不喜欢排队，见客人多就不愿意等；家庭妇女不排斥排队，她们喜欢扎堆儿聊天，而且理发过程一般都很长。

通过这样的梳理，两个关键的经营策略"调整点"出现了，那就是"时间"和"价格"。于是，宇儿进行了大胆的尝试：

（1）周末涨价：分别是周六在现在价格的基础上涨价10%，周日在现价的基础上涨价20%。

（2）周二半价：周二客人很少，对周二的销售进行半价促销，期待吸引更多的人来理发。

（3）周三：女性 8 折优惠。

（4）其他时间段价格暂时不变。

价格调整之后，理发店的生意发生了很大的变化：

（1）老人、学生、小孩基本都在周二理发，周末几乎不再来了。

（2）家庭妇女在周末来理发的明显减少，开始集中在周二和周三。

（3）周末的客人明显减少，不再出现排队等待的情况，白领、个体老板开始增多。

（4）宇儿欣喜地发现，收入明显增加了，而且自己周末也没有以前辛苦了，再聘请一个人的必要性不是很大了。

破解了这样一个经营瓶颈，让宇儿脑洞大开，她似乎找到了经营制胜的法宝，尤其是在没有任何追加投入的情况下，很容易就能化解客户等待的难题，还能有效提高经营收入。

3 个月后，宇儿还是聘请了一名理发师帮忙，因为生意越来越好，每天都有很多客人。她对自己的经营策略做了如下总结。

（1）对客户进行细分：针对客户对价格的敏感程度细分。

（2）细分市场价格定位：在客户细分的基础上，对那些"有消费能力，但时间紧迫"的白领和个体老板涨价；对那些"时间多，但对价格敏感"的老人、小孩、学生、家庭妇女进行价格刺激。

（3）市场培育：把在周末消费扎堆、只愿意接受低价、对时间没有要求的客人，通过低价刺激，引流到周二，在提高周二收入的同时，给愿意出高价的优质客人提供更好的理发环境和时间保障，基本完成了低、中、高档客户群的全面覆盖。

（4）服务水平：通过差异定价，宇儿在周末有了更好的精力为优质客人提供优质服务。爱扎堆的家庭妇女有了边理发边聊天的休闲氛围。客户满意度变得很高，影响力也越来越好。

随着理发店的成功经营，宇儿变得更加自信。在朋友的支持下，她进军西安，计划尝试其他行业，比如酒店业。

｜本章小结｜

◎ （1）生意不好肯定是价格有问题，价格有问题不一定只能降价。不同的人有不同的购买能力，低价可以刺激更多的人购买，高价可以更好地提高利润。

◎ （2）市场细分＝客户细分：根据其对价格的敏感度进行分类。

◎ （3）市场价格定位（动态定价）：根据客户对"价格"与"时间支配"的不同诉求，进行差异化价格定位，即综合考虑市场的特点进行细分，分别定价。

◎ （4）市场培育：什么样的价格吸引什么样的客人、培育什么样的市场。在不足以依靠高端客户群做支撑的时机，应积极快速打开中低端客户群的销售渠道，获取更大的市场占有率。

◎ （5）服务水平：服务水平的高与低，在于是否满足了客户的需求。客户需求具有多样性，有时候并非只是价格。

◎ （6）把在周末消费扎堆、只愿意接受低价、对时间没有要求的客人，通过低价刺激，引流到比较闲的时间段，在提高该时段收入的同时，给愿意出高价的优质客人提供更好的理发环境和时间保障。

第三章

宇儿和她的酒店
成长史

【本章概述】

　　宇儿小姐在充分掌握理发店运营管理的秘诀之后，随着经营规模的不断扩大，她开始筹划向其他行业发展个人的事业。最先向宇儿小姐投来橄榄枝的是某酒店的业主。

　　本章故事围绕宇儿小姐在一家酒店的日常运营管理工作，以经营中出现的出租率很低如何提升、空置率高如何破解、流失率大如何破解、淡季如何经营、旺季如何增收等多方面的典型问题作为切入点，系统阐述收益管理知识在不同经营时期的开展方式。

　　基于出色的经营表现，宇儿小姐和她的酒店被某投资商看中，以股权合伙的方式创立了酒店管理公司。宇儿完美实现了从一个理发店老板到连锁酒店管理公司董事兼 CEO 的转型。

3.1 宇儿酒店客房的定价方法

【本节概述】

本节以宇儿小姐接手一家酒店为例，按照宇儿小姐关于"3 年内收回投资，且每年有 100 万元营收"的要求，推演酒店客房的成本价格、销售价格的演算过程，以及如何利用推演出的销售价格，向各销售渠道和细分市场投放，完整演示客房定价 6 大步骤的操作方法。

3.1.1 酒店的投资回报要求

宇儿的朋友家在城中村，由于沿街，位置较好，个人总投资 571.2 万元建造了一家酒店。宇儿以入股的形式参与，成为酒店董事兼总经理。酒店以"MK·宇儿"命名，以下简称宇儿酒店。

酒店概况：

（1）房间数：酒店共有客房 100 间，其中大床房 50 间、双床房 30 间、套房 20 间。

（2）装饰特色：浓郁的民族文化特色。

投资回报要求：

酒店虽然立足于精品主题酒店，但宇儿心里明白，以他们这种小体量酒店，行业内同质化极其严重，竞争对手很多，很难有 10 年以上的生命周期，所以，宇儿要求必须在最短的经营周期内收回投资。宇儿提议两年内收回，经过酒店业主内部论证，认为不太可能。在宇儿再三坚持下，有了以下决议：

（1）3 年内必须收回投资成本，即每年追回成本 190.4 万元；

（2）每天出租房间数不低于 80 间，即出租率不低于 80%；

（3）在追回每年平均成本的同时，每年要有 100 万元的收益。

提示：

基于理发店的成功经营，宇儿深知每天保持较高的客流量对于收入的提升有良性的促进作用，即"有人气就有财气"，所以她要求每天要有较高的出租率。

同时，在收入一定的前提下，每天出租量（售出房间数）越高（多），平均房价就可以相对较低，这样更有利于和竞争对手竞争。如表 3-1 所示：

表 3-1 出租量越高，平均房价越低，竞争力越强

日期	12 月 15 日	12 月 16 日	12 月 17 日	12 月 18 日	12 月 19 日	12 月 20 日	12 月 21 日
日收入 / 元	10 000	10 000	10 000	10 000	10 000	10 000	10 000
日出租量 / 间	30	35	40	45	50	60	80
平均房价 / 间	333.33	285.71	250.00	222.22	200.00	166.67	125.00

每天的收入都是 1 万元，12 月 15 日出租了 30 间房，平均房价是 333.33 元；12 月 19 日出租了 50 间房，平均房价是 200 元；12 月 21 日出租了 80 间房，平均房价仅为 125 元。

宇儿的思考方式借鉴了理发店的动态定价模式，在客源量少的时候，可以压低价格，在客源量高的时候，可以涨价，便于平衡和控制每天的收入增长。

接下来分析该酒店市场资源及竞争环境。

该酒店位于高新技术开发区与工业园区接壤地带，潜在市场环境如下：

（1）周边有较成熟的高档住宅小区。

（2）周边 3 公里内辐射 3 家大型医院（妇幼、肿瘤、人民医院）。

（3）2 所大学（工业科技大学、师范大学）、两所中学。

（4）2 个待拆迁的自然村，常住农民约 3 000 户。

（5）距离机场大巴停靠点 800 米，距离火车站 5 公里，距离市中心 10 公里。

（6）1 公里内有大型综合商超 2 家。

（7）景区资源：无。

（8）公共社会资源：城市园林景观带。

（9）1公里内商务资源：国营工业单位1家、科技研发单位3家、商业写字楼8座、商务公司若干。

（10）3公里商圈内共有酒店47家，日供应房间数4 150间，其中三星级以上酒店11家（200元以上），日供应量约为1 160间，辐射有效竞争酒店36家，竞争供应2 990间。

3.1.2 客房定价3大优选程序

宇儿摸清了市场情况后，开始考虑自己的客房该如何定价。从她所掌握的资料显示，竞争对手的价格差异很大，从80元到300元，价格五花八门。和她的酒店规模基本相同的酒店，房价基本处于98～198元的价格区间。那么，自己的酒店应该定出什么样的价格才能既好卖又能很好地挣钱呢？宇儿有点迷茫，于是，她找了一个让自己清醒的算法：算出酒店客房的成本价格。

特别说明：客房定价的方法有很多，比如量本利定价法、成本加成定价法等。本案例中借鉴成本加成定价公式：

客房价格＝（客房单位变动成本＋客房单位固定成本）×（1＋加成率）/（1－营业税率）

需要说明的是，本案例中，基于宇儿的要求，酒店每年必须在追回当年固定成本的基础上，再实现营收100万元的计划，所以，在计算时要将这100万元/年的费用一并列为固定成本考虑。同时，案例中的加成率为5%，其意味着目标价格中有5%的利润率。但考虑到酒店竞争激烈，宇儿在必要时期需要通过产品附加值来提高酒店的竞争力，比如向客人免费提供睡前牛奶、洗衣液、小礼品（争取好评）、零食、饮料等，这就会增加额外变动费用。因此，在目标增收100万元的前提下，依然用5%的加成率，来控制酒店在增加额外附加值时的投入比例与盈利平衡。

确认酒店成本价格的主要思路是：以年度为单位，用酒店的综合成本，除以一年内计划销售的房间总数。而酒店的综合成本分为固定成本和变动成本两部分。我们先来了解一下宇儿酒店在 100 万元年度营收目标下的平均房价，具体情况如下：

（1）平均每年的投资成本：571.2 万元 / 3 年 = 1 904 000 元；

（2）每年额外营收：1 000 000 元；

（3）每日计划出租房间数：80 间。

出租率计算公式：

$$出租率 = 每日销售房间数 / 每日可用房间数 \times 100\%$$
$$= 80/100 \times 100\%$$
$$= 80\%$$

（4）在酒店年度营收 100 万元的前提下每间客房应达到的平均房价：

目标销售房价 = （平均每年的投资成本 + 计划额外营收 100 万元）/ （客房数量 × 客房目标出租率 × 年度营业天数）

$$= [（5712000/3）+1000000] / （100 \times 80\% \times 365）$$
$$= 99.45（元 / 间）$$

得到这个价格，宇儿先是大吃一惊：在酒店年度营收 100 万元的前提下每间客房应达到的平均房价比自己想象的低太多了，如果自己的房间卖 168 元 / 间，则每间房可以挣 68 元，算一算，每天可以多赚很多钱。宇儿越想越高兴，这利润空间还是挺大的。

然而，她的收益管理顾问告诉她，这样算出来的只是酒店的部分成本，还有一部分经营成本没有考虑进去；用这样的成本价格去参考定价，将来的风险太大了。

宇儿倒吸一口凉气，庆幸自己及时发现了问题。

在收益管理顾问的引导下，宇儿开始了解酒店客房成本的主要元素。酒店客房成本的构成如图 3-1 所示：

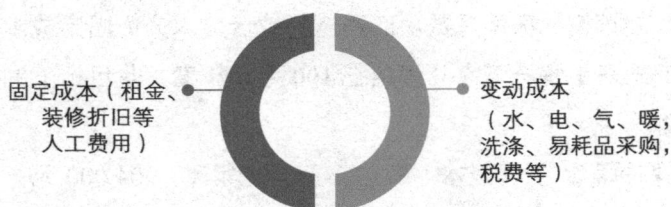

固定成本（租金、装修折旧等人工费用）　变动成本（水、电、气、暖，洗涤、易耗品采购，税费等）

图 3-1　酒店客房成本构成

1. 酒店固定成本（部分酒店将人工费用列为固定成本，也有部分酒店将人工费用列为变动成本）

酒店固定成本（又称酒店固定费用）相对于变动成本，是指成本总额在一定时期和一定业务量范围内，不受业务量增减变动影响而能保持不变的成本。即使酒店当天没有任何收入，这些成本费用依然是存在的。

固定成本具有以下两个特点：

（1）不随经营数据的变化而变化，比如每天出租 10 间房与 100 间房，固定成本不发生变化；

（2）当增添设施设备时，固定成本相应增加。

2. 酒店变动成本

酒店变动成本指随着出租率变化而相应增加或减少的相关费用，其成本构成主要包括水电费、低值易耗品使用费、洗涤费用、房间内的酒水及礼品、小食品等成本费用。

3. 中小酒店成本构成占比情况（见表 3-2）

表 3-2　中小酒店成本构成占比

	成本构成	比例	合计
固定成本	租金	10% ~ 11%	约31%
	装修折旧	9% ~ 10%	
	人工费用	9% ~ 10%	
变动成本	税收	6%	约26%
	日常损耗	15% ~ 20%	
合计		57%	

如表 3-2 所示，酒店的成本约占收入的 57%。

4. 成本加成率

相对牙刷、牙膏、拖鞋等消耗品而言，酒店系采购与使用的企业，而非生产加工企业，所以，其销售价格会高于进货价格。为保证一定的利润率，在计算时，应考虑成本加成率问题。另外，这些消耗品的价格会发生一些变动，比如涨价。同时，酒店在必要时会向客人提供额外的附加值服务，比如睡前牛奶、洗衣液、小食品、小礼品等，这些都是为了临时增加客人的满意度，无法做到提前预估，所以在加成率里一并计算。其计算公式为：

$$成本加成率 =（售价 - 进价）/ 进价 \times 100\%$$

$$商品售价 = 单位完全成本 \times（1+ 成本加成率）$$

3.1.3　客房定价 6 步法

在学习了以上知识后，宇儿对年度运营成本进行了初步测算：每一间房含水、电、易耗品、洗涤费用、维修费用预算按照年度计划费用总额，再除以 365 天，算出每一天每间房的变动成本约为 30 元。同时，酒店成本的加成率按照 5% 计算，营业税率按照 5% 计算。宇儿在顾问的指导下，运用公式推算酒店应达到的平均房价，具体如下：

求出达到经营预期的平均房价（目标销售房价）：

$$目标销售房价 =（客房单位变动成本 + 客房单位预算成本）\times（1+ 加成率）/（1- 营业税率）$$

$$=（30+99.45）\times（1+5\%）/（1-5\%）$$

$$=143.07$$

$$\approx 144（元）$$

此处，单位预算成本是指宇儿酒店在年度出租率 80% 的情况下，在固定成本不追加且每年目标营收 100 万元的前提下的客房平均房价。

在求出 144 元的平均房价后，宇儿清楚地知道了自己要在 3 年内收回成本、每年有 100 万元营收，在平均出租率达到 80% 的情况下，自己酒店的平均房价应控制在 144 元及以上。平均房价越高，投资回报周期就越短。

在确定了酒店目标平均房价后，应以此为参照标准，结合竞争对手的具体情况与酒店房型结构情况，对各个细分市场进行对标定价。酒店客房价格体系需确定 2 个重要环节。具体如下：

1. 锁定竞争对手，差异确定各房型价格

对标竞争对手的价格情况，确定竞争性价格标准如表 3-3 所示。

表 3-3　对标竞争对手的价格情况，确定竞争性价格标准　　　单位：元

房型 / 占比	A 酒店	B 酒店	自己	C 酒店	D 酒店	E 酒店
豪华套房 / 20%	288	308	345	380	450	420
商务大床房 / 20%	168	188	185	199	199	125
豪华大床房 / 30%	158	168	175	180	199	120
豪华双床房 / 30%	158	148	165	145	130	110

宇儿的思考方式如下：

（1）竞争对手的双床房价格一般低于大床房，所以，自己的双床房价格也要低于大床房。

（2）相比其他酒店，自己的酒店最新，而且宇儿对自己的细节服务标准也很自信，所以宇儿认为自己的各个房型的价格，相比竞争对手不能过高，也不能过低。

（3）宇儿酒店房型价格与竞争对手的差异：

① 豪华双床房价格：高于竞争对手的双床房价格，但低于其大床房价格；

② 豪华大床房价格：居于 5 个竞争对手的中间，不过高，也不过低，保持适当的价格竞争力；

③ 商务大床房价格：同上。

2. 房型对应细分市场，确定市场投放价格

酒店房型对应细分市场，价格如表 3-4 所示：

表 3-4　酒店房型对应细分市场价格表　　　单位：元

房型 / 占比	挂牌价	前台 /OTA	会员	协议单位	团体包房
豪华套房 / 20%	688	345	288	298	420
商务大床房 / 20%	368	185	165	168	125

房型／占比	挂牌价	前台/OTA	会员	协议单位	团体包房
豪华大床房／30%	348	175	155	128	120
豪华双床房／30%	328	165	145	118	110

宇儿酒店基于周边市场资源环境，有良好的商务客户及前台自来散客资源，所以，宇儿对酒店的目标细分市场确定如下：前台自来散客、OTA（网络）、会员、协议单位、团体包房类（旅行社类）5 个细分市场。

价格定位原则：

（1）挂牌价：酒店门市价。其他细分市场价格的折扣价以此为基础计算。

（2）前台/OTA 价：前台指自来散客，OTA 指网络渠道来的客人。这两个渠道的价格都具有临时变动的可能性，即具备变价的弹性。在常规情况下，酒店前台在售卖时应尽可能优先销售高价房。由于 OTA 渠道的价格具有公开、公示、透明的特性，因此酒店在临时变价时，要注意前台和 OTA 渠道同步变价。

（3）会员价：会员通常为储值类会员。酒店发展会员，是希望通过会员的折扣价，提高客人的忠诚度，增加客人的消费频率，所以，会员价格通常低于酒店公开渠道的任何销售价格，但该价格属于保密价格。

（4）协议单位价：协议单位是公费消费，有一定的报销额度标准，价格只要在报销标准范围内即可。协议单位具有长期消费能力，是酒店稳定客户来源的重要细分市场。协议单位的价格通常要低于酒店公开销售渠道的价格，该价格属于保密价格。

酒店的协议单位价格低于酒店会员价格，主要考虑两个方面：第一个方面是会员系个人消费行为，协议单位是公司消费行为；第二个方面是协议单位相对于个人消费，其单次消费的房间数、收入贡献及年度收入贡献高于个人消费，所以，价格可适当下调，以刺激更大的需求量，确保酒店价格政策对该类客户有持续的吸引力，避免协议单位客户流失，甚至流向竞争对手。

（5）团体包房：团体消费一般指会议团队、旅行团队，其单次用房量大，所以价格比较低，一般用来突击提高酒店未来某个销售时期的出租率，为下一步收入提升（涨价）做前期在手预订体量的铺垫。包房类指常住客人，入住时长一般为半个月以上，甚至一年，所以价格可以放低。

客房定价 6 步法：

（1）推算成本：计算酒店年度固定成本及每销售一间房将产生的变动成本。

（2）计算目标销售房价：通过公式计算在目标收入预期及目标出租率情况下，酒店每间房应达到的平均价格。

（3）市场调研：调研竞争对手各房型的价格，了解哪一种价格的市场销量较好，或哪个酒店的出租率较高，然后进行针对性或参考性的价格投放。

（4）房型定价：根据调研情况，确定酒店各房型在市场上计划投放的价格。

（5）细分市场定价：根据各房型计划投放的价格，对应到每一个细分市场进行定价，即每一个房型在每一个细分市场的价格应不同。

（6）确定价差：每一个房型应保持适当的价差，酒店各房型之间应保持合适的价差，避免两个房型之间价差过大，导致客户流失。一般建议房型之间的价差保持在 5% ~ 10%，节假日等黄金周期间的价差可视情况适当增大。

【本节小结】

（1）定价 6 大步骤分别是推算成本、计算保本房价、市场调研、房型定价、细分市场定价、确定价差。

（2）细分市场价格定位：挂牌价＞前台价＝ OTA 网络价＞会员价＞协议单位价＞团体及包房价。

（3）酒店固定成本是指在一定的业务范围内，其总量不随经营数据的增减而相应变动的费用。即使酒店当天没有任何收入，这些成本费用依然是存在的。

（4）酒店变动成本指随着出租率变化而相应增加或减少的相关费用，其成本构成主要包括水电费、低值易耗品使用费、洗涤费用、房间内的酒水及礼品、小食品等成本费用。

（5）出租率计算方式：

出租率＝每日销售房间数 / 每日可用房间数（或总房间数）×100%

（6）宇儿酒店平均每间客房成本计算方式：

宇儿酒店平均每间客房成本 ＝（全年客房固定成本总额 ＋ 计划额外营收）/

（客房数量 × 客房出租率 × 年度营业天数）

（7）客房平均成本房价计算公式：

目标销售平均房价 ＝（客房单位变动成本 ＋ 客房单位预算成本）×（1＋加成率）/

（1－营业税率）

（8）加成率计算公式：

加成率 ＝（售价 － 进价）/ 进价 × 100%。

（9）房型定价：要参考竞争对手同类房型的价格，与其保持合理的价差。如果想抢夺对手的客源，可比竞争对手的价格略低，且其他房型均保持同级别的价差。如果酒店目前订量好，要考虑涨价，则适度调整与竞争对手的价差。价差不宜过大，如果价差太大，会让客人失去选择本酒店的兴趣，而较小的价差可以让客人忽略增长的部分价格，快速地做出订房的决策。

（10）细分市场定价：每一个房型都对应不同的细分市场，每一个细分市场的定价应始终保持适当的价差。

（11）避免非价格公开渠道的客人（协议单位、会员）看到 OTA 或前台的卖价比自己能享受的价格还便宜，否则就失去了客人成为你的酒店协议单位或会员的意义，还会招致不必要的投诉。

3.2　宇儿提升酒店出租率的 4 个技法

【本节概述】

收益管理有效执行的先决条件是有良好的出租率支撑，所以，收益管理在落地执行前，首先要使出租率提升到与收入预期相匹配的程度。出租率越高，酒店执行收益管理策略的条件就越充分，效果也越好。

本节以故事的方式，讲述宇儿酒店如何通过有效的市场规律分析，通过价格优化管理，在没有任何广告投入的情况下，快速提升酒店的出租率和当期收入。

宇儿酒店度过开业酬宾月后，又连续经营了 3 个月。在这个阶段，宇儿的心情一直不好，因为这 3 个月酒店的平均房价虽然达到了她的预期，但是平均出租率特别不稳定，有时候很高，有时候很低，从 3 个月的平均数据看，出租率居然不足 50%。具体情况如下：

（1）平均出租率：50% 左右。

（2）平均房价：148 元。

（3）平均每天收入：7 400 元。

（4）每日歉收：与每日应实现预算收入 11 520 元相比，每天歉收 4 120 元。

对宇儿而言，今天没有达到收入预算，就是"亏本"了！

让宇儿更郁闷的是，如果是市场大环境的原因，大家的出租率都很差，她还勉强可以接受，然而相反的是，她周边的酒店出租率都很高，而且经常满房。

于是，宇儿通过调研分析，决定在第 5 个月执行"快速抢占市场计划"，具体如下：

3.2.1 市场规律分析方法

市场规律分析共分为两个大的层面，一是客群规律分析，二是产品销售规律分析。

1. 大客群统计

酒店覆盖的客群结构以商务人士、工薪阶层、普通旅游群体及院校师生群体为主，这些客人主要通过 OTA 渠道和直接上门获取。

2. 客群对比分析

（1）商务人士：主要系高薪商务区的商务公司接待及自用时开房。公司有相对明确的房费报销标准，基本处于 120 ~ 200 元价格区间，较高价格区间客人虽然也有，但没有这个价格区间那么密集。

（2）工薪阶层：主要由商务公司、厂矿企业员工和院校教师构成，其接受度较好的价格区间在 80 ~ 140 元，超过 140 元则接受度相对较弱；也有少量预订套房的客人。

（3）旅游群体：旅游群体主要分为两类，一类是公费旅游，另一类是自费旅游。从客人来源渠道看，又可以分为两类，一类是旅行社组织的，另一类是客人自驾／自由行。旅行社组织的旅游团价格一般在 80 ~ 110 元，自由行客人价格接受度在 80 ~ 160 元。

（4）学生群体：周五、周六、周二开房量较大，因为周末为学生休息，个人的社交活动相对集中，周二下午院校一般会放假半天搞社团活动。学生群体价格接受程度标准不同，相对集中在 80 ~ 120 元。

3. 客群共性

在 3 个月的运营期间，宇儿尝试小幅度变价，想刺激性地提高当天的收入。通过尝试，宇儿发现了一个让她懊恼的问题：经济型酒店所面对的客群基本上对价格极其敏感，价格上浮 10 ~ 20 元会造成一定量的客源流失。也就是说，面对这样的客户群体，酒店的涨价幅度很小，想提升收入的可能性也很小。如果要快速抢占市场，好像除了降价，就没有别的更好的办法了（认识误区）。

3.2.2　房型竞争力提升及定价调整方法

1. 房型竞争力分析

不同房型市场占比分析如表 3-5 所示

表 3-5　不同房型市场占比分析表　　　　　　单位：元

房型／占比	A 酒店	B 酒店	自己	C 酒店	D 酒店	E 酒店
豪华套房／20%	288	308	345	380	450	420
商务大床房／20%	168	188	185	199	199	125
豪华大床房／30%	158	168	175	180	199	120
豪华双床房／30%	158	148	165	145	130	110

在做完客群分析后，宇儿开始认真检查自己的定价问题，忽然有了惊喜的发现：

（1）基于房型定价问题：酒店在自来散客和 OTA 渠道会拒绝 165 元以下消费能力的客人，这是酒店出租率长期较低的主要原因。

（2）大床房：酒店商务大床房 20 间，豪华大床房 30 间，共计 50 间。对于客人来说，出多少钱的房租取决于他要用几张床。酒店的大床房比例较高，即产品多，其对应的市场大致是夫妻、情侣、商务人士。

（3）双床房：数量占比较少，且价格是竞争对手中最高的，它对应的市场恰恰以旅游、商务、会议群体为主（客人多采用同性拼房，以减少住宿方面的费用），而旅游市场的价格接受能力是所有客源群体中最低的。同时，相比原价格 165 元而言，如果将价格降低到 130 元左右，则可以将那些报销标准低于 165 元的商务需求快速吸引过来，让酒店在 165 元以下接受能力的商务公司中快速占据市场。

2. 房型竞争力提升及定价调整方法

房型、房价、细分市场匹配分析如表 3-6 所示：

表 3-6　房型、房价、细分市场匹配分析表　　　　　　　单位：元

房型 / 占比	A 酒店	B 酒店	自己	C 酒店	D 酒店	E 酒店
套房 / 20%	288	308	345/345	380	450	420
商务大床房 / 20%	168	188	185/188	199	199	125
豪华大床房 / 30%	158	168	175/138	180	199	120
豪华双床房 / 30%	158	148	165/128	145	130	110

（1）房价调整策略：

① 豪华双床房：价格调整为 128 元，在竞争对手中有了很强的价格吸引力，即实现了"用最低的价格，提供同类甚至更好的产品和服务以刺激消费需求"的目的。

② 豪华大床房：价格调整为 138 元，继续用较低的价格刺激市场需求。

③ 商务大床房：价格调整为 188 元。从各个竞争对手的价格情况看，该商圈的商务需求对价格的认知和接受度主要集中在 160 ～ 200 元的价格区间。同时，经过观察发现，B 酒店的商务大床房经常在下午 4 点前就关闭供应，说明这个价格和房型具有较好的市场热度。于是，宇儿决定蹭这个热度，并参考 B 酒店对该房型的介绍，刷新了自己酒店在 OTA 页面的图片、文字信

息等。

④ 套房价格暂时不变。

（2）房价调整的原则及控制办法：

房价调整的目的是为了更好地吸引市场流量，所以，必须考虑用相对受欢迎的房型和刺激性的价格实现引流、增量的目的，其具体原则和控制办法如下：

① 定价原则：价格低于竞争对手，产品优于竞争对手。

② 房型供应原则：房间数量占比最大的房型，可有效优化竞争性价格。竞争性价格可分为高中低三种：较低价格主要是为了引流；中档价格是为了防止在该房型提价时，客人觉得价差太大而流失；较高价格是为了增收。所以，竞争性价格可根据房型进行细分，取不同的名称，再分别定出高中低三种价格。

③ 细分市场刺激原则：始终保持有足量的房型吸引较低价格承受力的市场，比如旅游群体，可以帮助酒店获得未来一段时间内的在手预订量，为酒店在未来时期价格调整做好收入保底的支撑。

④ 优化定价目的：打造成畅销房型，提高房型的市场热度，为将来该房型价格优化（提价）奠定基础。

⑤ 控制办法/风险规避：应始终坚持计算低价房型的预订数量与收入贡献，用该收入贡献与每天的目标收入做对比，如达到或接近目标收入，则可考虑低价房型提价销售。

例如，豪华双床房 30 间，定价 128 元；豪华大床房 30 间，定价 138 元。

如果低价引流效果良好，当天该房型全部卖完，则收入情况为：$30×128+30×138=7\ 980$（元）。基本实现 60 间房的收入产出比，超越原 100 间房的收入产出比。该数据对标参考数据为：前 4 个月每天的平均收入为 7 400 元，即根据当天的预订进度，在收入接近 7 400 元时，则可考虑提价销售，这样可以保证客房收入较上月同期收入高。

还有一个控制办法，是以单房收益（Rev PAR）做对比平衡，例如：上个月日平均出租率约 50%，平均房价为 148 元，其单房收益 = 平均房价 × 平均

出租率 =148×50%=74（元）。那么，在控制每天的单房收益时，只需在 PMS 系统中查询当天 / 当时已出租房间数和收入，然后进行相应计算：

$$平均房价 = 收入 / 已出租房间数 =7\ 400/50=148（元）$$

出租率在 PMS 中有显示，也可以通过公式计算：

$$出租率 = 已出租房间数 / 总房间数（当天可售房间数）×100\%$$
$$=50/100×100\%=50\%$$

常规做法是，只要在当天 16 ~ 18 点之间，确保当前的 Rev PAR 值高于参考值，随着调价及当天预订进度的开展，收入则会高于参考时期（上月同期）。

3.2.3　细分市场竞争力提升及定价调整方法

在完成房型与竞争对手的差异定价后，需要做的是以此房型价格为参照，对酒店的细分市场进行价格优化，详见表 3-7。

表 3-7　对酒店细分市场进行价格优化　　　　单位：元

房型 / 占比	挂牌价	前台 /OTA	会员	协议单位	团体包房
豪华套房 / 20%	688	345/345	288	298	420
商务大床房 / 20%	368	185/188	165/158	168	125
豪华大床房 / 30%	348	175/138	155/118	128	120
豪华双床房 / 30%	328	165/128	145/118	118	110

1. 细分市场价格优化策略

（1）OTA：利用新低价政策或返现、促销、连住优惠等活动进行有效导流，吸引流量，提高订量。

（2）会员：价格较低，与前台各房型价格保持一定价差，体现会员的优惠价格，以发展会员体量，即让会员感觉到酒店在降价的基础上，对会员还进行了降价，消费体验更好，促进转化率提高。

（3）协议单位：双床房价格 118 元。实际上协议单位用这个价格经常会订不到房，因为双床房数量少，OTA 和旅行社一般会提前订房，这一低价房型通常在前一两天就销售一空。给了协议单位低价政策，但是协议单位并没有完全享受到，更多的是以 128 元及以上的价格下订单。

（4）团体及包房类：团体单次用房数量较多，入住时间一般较长（2～3天）。其下订单之前，会有较长时间的询价、比价、向客户报价、客户确认、向酒店下订单的预订流程，所以不适合频率较高的变价。长包房具有长期用房的稳定性，应在价格上予以关照，培养其忠诚度。

2. 综合控制办法

在以提高出租率为主要目的的前提下，应充分放宽预订政策，对低价房型及细分市场不宜进行严格限制。在收入要比预期目标高的前提下，可按照单房收益（Rev PAR）平衡控制办法，对价格、房型供应方面进行相关控制，同时要考虑当天剩余销售时间（常规预订增量进度），以最大限度地减少当天房间空置的角度，综合进行考虑，才能有相对科学的策略。

详见如下案例：

20点，宇儿查询预订情况：豪华大床房预订30间，平均房价130元，收入预计3 900元；豪华双床房预订20间，平均房价125元，收入预计2 500元；商务大床房预订15间，平均房价160元，收入预计2 400元；套房预订1间，房价345元。总收入预计9 145元。

这时，宇儿发现，前台正在和旅行社沟通新增预订事宜，原来是长期合作旅行社要10间房，但是房价只能给90元，前台表示酒店没有这么低的价格，准备拒单。这时，宇儿暗示前台先不要拒绝，于是，前台回复旅行社说："我核对完房态，稍后给您回电话。"

宇儿决定接受这个订单。主要考虑以下3个方面：

（1）这是长期合作旅行社，每个月的订量都挺多，突然只给这么低的价格，肯定有其他的原因，需要酒店支持；酒店有配合的必要。

（2）现在已经是晚上8点，按照常规情况，晚上新增预订不会超过10间房，如果接受了这10间房，即使有新增预订，酒店依然可以接待。

（3）酒店不接这10间房，出租率只有66%，还有很多房间空着，如果今天的房子没有卖出去，那么这些房子就只有成本，没有任何收入贡献；给了房子，就会增加900元的收入。

（4）宇儿现场计算了现在的单房收益（Rev PAR）：

Rev PAR = 收入 9145 元 / 总房数 100 间

=91.45（元）

如果增加 900 元的收入，单房收益（Rev PAR）会是 100.45 元。也就是说，平均每间房比上个月（74 元）多收入 26.45 元。

（5）给旅行社的房价是 90 元，高于酒店的变动成本，有利于酒店经营止损。

3.2.4　新价格推广方式

新价格推广一般有两种方式：一种是线上，通过 OTA 渠道价格调整实现；另一种是线下，通过向客人发短信、发邮件、打电话、印刷宣传单、酒店制作水牌、发布公告等方式实现。在这里，着重看一下宇儿如何通过发放宣传单收到了很好的效果。

新的价格政策出来后，宇儿印刷了宣传册，准备分别在酒店周边的十字路口、院校门口、厂矿企业门口、电影院、公园游乐场等区域集中派发。果然，陆陆续续开始有人在住店时确认最新的价格。

这时候，宇儿有了新的发现：虽然大家知道了酒店的新价格，可是，他们是从哪个区域收到的宣传单呢？

宇儿想知道，究竟在哪几个区域发放宣传单效果最好。

宇儿立即刻了多枚形状不同的印章，告诉大家：去电影院发的宣传单盖圆形印章，去院校发的宣传单盖长方形印章，去厂矿单位发的宣传单盖三角形印章，去商务区公司发的宣传单盖菱形印章……

在后期的接待中，员工发现，从盖圆形章和长方形章的宣传单获知酒店新价格的客人最多，宇儿就决定将电影院和院校作为重点开发区域。

【本节小结】

（1）客群规律分析，主要是对客群的价格接受度、房型偏好、预订规律方面进行系统分析。

（2）中小型酒店客群共性：价格敏感度较高，价格上浮10～20元可能导致客源分流，酒店的价格提升幅度很小。

（3）酒店客群对价格敏感，不等于酒店不能提价营销。

（4）房型的竞争力分析，主要从房型的价格及对应的细分市场进行综合分析。

（5）房价调整的目的，是为了更好地吸引市场流量，所以，必须考虑用相对受欢迎的房型和刺激性的价格实现引流、增量的目的。

（6）调整房价要注意参考竞争对手，模仿竞争对手畅销房型的定价及产品展示情况（图片、文字介绍等），学会蹭热度。

（7）细分市场刺激原则：始终保持有足量的房型吸引较低价格承受力的市场，比如旅游群体，可以帮助酒店获得未来一段时期内的在手预订量，为酒店在未来时期价格调整做好收入保底的支撑。

（8）价格调整控制办法／风险规避：应始终坚持计算低价房型的预订数量与收入贡献，用该收入贡献与每天的目标收入做对比，如达到或接近目标收入时，则可考虑低价房型提价销售。

（9）在出租率较低时期，要突击提高出租率，应放开预订限制政策，以减少空置率为主要方式，争取更多的销售机会。

（10）新价格推广一般有两种方式：一种是线上，通过OTA渠道价格调整实现；另一种是线下，通过向客人发短信、发邮件、打电话、印刷宣传单、酒店制作水牌、发布公告等方式实现。

（11）发放宣传单时，要对不同发放区域的宣传单进行区分，便于酒店掌握哪个区域的宣传单的推广效果最好。

3.3 宇儿降低订单流失率的 4 个技法

【本节概述】

通常情况下，酒店会以牺牲（拉低）平均房价的方式，换取快速拉高日出租率的结果。但是，在很多时候，我们发现酒店明明降价了，而出租率依然没有得到很好的提升。出现这一问题的主要症结在于我们把精力集中在低价引流上，而忽视了从我们手里白白溜走的很多订单及提高收入的机会。

本节以故事的方式，讲述宇儿酒店如何通过有效的流失率分析及应对策略，结合容量控制及预订进度分析，进一步有效提升酒店的出租率，把不好卖的房子卖得更好。

第 5 个月过去了，宇儿关于提高出租率的调整策略起到了明显的效果，出租率达到了 70%，增长了 20 个点。但是，宇儿依然高兴不起来，看着下面一组数字，她眉头紧锁，计划寻找下一个突破口。

第 5 个月关键指标如下：

（1）出租率：70%。

（2）平均房价：140.85 元。

（3）日收入：9 860 元，较之上个月每日增长 2 460 元。

（4）每日歉收：与每日应实现预算收入 11 520 元相比，每天歉收 1 660 元。

出租率虽然上来了，但每天还是亏 1 660 元，连止损都没有达到，谈什么盈利呢？

宇儿扔下手里的数据报表，开始在酒店管理系统和预订档案中查询各房型的预订和销售数据，果然有了惊喜的发现。

3.3.1　流失率与收入关系分析方法

在宇儿与 OTA 渠道业务经理对接过程中，OTA 业务经理指出酒店本月拒绝了 57 个订单，宇儿听了觉得不可思议：酒店这个月从来没有满房，怎么可能会拒绝这么多订单呢？

OTA 业务经理发来数据报表，让宇儿根据报表数字具体查询。表 3-8 所示为订单流失统计表。

表 3-8　订单流失统计表

单号	入住日期	房型	数量	拒单原因	预订时间	间夜数
略	8 月 1 ~ 2 日	商务大床房	1	满房	8 月 1 日	1
略	8 月 3 ~ 4 日	豪华双床房	1	满房	8 月 1 日	1
略	8 月 3 ~ 5 日	商务大床房	2	满房	8 月 1 日	4
略	8 月 3 ~ 5 日	豪华双床房	1	满房	8 月 2 日	2
略	8 月 2 ~ 3 日	商务大床房	2	满房	8 月 2 日	2
略	8 月 2 ~ 4 日	豪华双床房	1	满房	8 月 2 日	2
略	8 月 2 ~ 3 日	豪华双床房	2	满房	8 月 2 日	2
合计			10	—	—	14

如表 3-8 所示，仅仅在 8 月 1 日到 3 日这两天，酒店共拒绝 OTA 渠道 10 个订单，共计 14 间夜的房量；按照 140 元的平均房价计算的话，这两天仅从 OTA 渠道就流失了 1 960 元。

按照业务经理提供的数据，整个 8 月，共计拒绝了 57 个订单，合计 89 间夜，共计拒绝收入 12 960 元。

拒绝收入？收入流失？这不就等于让自己口袋里的钱偷偷被人拿走了吗？不就等于把自己口袋里的钱白白扔出去了吗？

最让宇儿尴尬的是，自己居然不知道。

顺着这一思路往下检查，宇儿调出了酒店预订档案，查询后的发现让她十分惊讶：

豪华双床房拒单率：40%。

豪华大床房拒单率：15%。

商务大床房拒单率：1%。

商务套房拒单率：0%。

当月包含自来散客、协议单位、会员、OTA 在内，以当前平均房价 140 元为例，合计拒单 840 间夜，预计拒绝收入 11.76 万元。

查询到这里，宇儿忽然不生气了，而是变得很开心。因为她发现了一个可以更好地提高收入的办法，而且不用她多投入一分钱。

宇儿开始根据这些数据，研究房型和流失率之间的关系。

3.3.2 流失率与房型关系分析方法

1. 畅销房检查

宇儿分析了上述各房型的拒单率。在豪华双床房的所有订单中，其中有 40% 的订单是因为当时没有房而拒绝。也就是说，在当日豪华双床房被订满后，这一天依然有大量订单流进来预订这种房。这就充分说明，豪华双床房具备打造成热销房的市场热度。

但是，宇儿酒店的豪华双床房总量只有 30 间，售完这 30 间后，酒店再无豪华双床房可售，这就不能满足打造畅销房的第二个条件：有足够量的保留房优势。

与此同理，豪华大床房在满房后，依然有占该房订单量 15% 的订单预订该房间，说明该房间具备市场热度。同时，该房间有 30 间的体量，而且该房型的上一级房型有 20 间的体量，如果这两个房型有效联动营销，完全可以满足"确保数量"的基本要求。

2. 滞销房检查

在 4 个房型中，商务大床房有 1% 的拒单率，这意味着当天 30 间房售完后，依然有少量订单流进，但是，通过对一个月 30 天的销售周期进行分析后发现，该房型销售在较多的销售天内出现低谷（房型未售完），所以，该房型相对豪华双床房而言，不具备打造畅销房的优势。

豪华套房全月无拒单率，说明全月 30 天内没有一天是满房的，基本属于长期空置类房型，属于酒店 4 个房型中销售最慢的滞销房。

3. 畅销房、滞销房识别原则

（1）月度周期内，拒单最多、预订后取消最多的房型，必然是本酒店的畅销房。

（2）月度周期内，订单最少、长期有较多空置数量的房型，必然是滞销房型。

3.3.3 流失率与价格及渠道管理综合方法

不同房型的市场价格对比如表 3-9 所示：

表 3-9 不同房型的市场价格对比表　　　　　　　　　　　　单位：元

房型 / 占比	A 酒店	B 酒店	自己	C 酒店	D 酒店	E 酒店
套房 / 20%	288	308	345/345	380	450	420
商务大床房 / 20%	168	188	185/188	199	199	125
豪华大床房 / 30%	158	168	175/138	180	199	120
豪华双床房 / 30%	158	148	165/128	145	130	110

如表 3-9 所示，以 OTA 渠道为例，该酒店最畅销的豪华双床房定价为 128 元，在 5 个竞争对手中，其房价是最低的，这就起到了"在同一销售周期内，在房型结构（面积、设施设备、服务内容、朝向、床型等）相同或相似的情况下，用较强性价比的优势提前导流"的作用。

分析到这一步时，宇儿和经营顾问进行了如何破解经营瓶颈的深入探讨。顾问认为，OTA 渠道自然增量的可能性最大，也是酒店在短期内快速提高出租率的最好的一个销售渠道，于是，顾问就 OTA 渠道的运营及维护给出了以下分析和建议：

有些酒店虽然有较好的曝光量、点击量，但是转化率（支付率）比较低。根据常理，我们首先会想到两个影响因素：一是价格不具备诱惑性，二是点评量（好评率）不高。于是，大多数酒店尝试用低价引流，然后给客人升级到较好的房型，来争取客人好评，从而提升好评率，促进自己的转化率（支付率）提升。

从收益策略角度看，这一方法是正确的，也一定会有效果。但是，我们必须了解一些问题，那就是 OTA 的渠道管理应该站在"渠道建设"的角度，去做必要的"疏导"。就好比一条灌溉农田的水渠，人们通常会在灌溉季节来临之前挖掘淤泥、修整水渠，确保流水畅通、中间不会有漏水和渗水等问题发生。所以，运营和维护 OTA，要重点关注以下问题：

1. 自然曝光量影响指标

以美团酒店为例，其自然曝光量依托搜索引擎自动排序，搜索引擎考量的因素如下：

（1）热门区域；

（2）特色主题；

（3）品牌；

（4）景点；

（5）行政区/商圈；

（6）高校；

（7）机场站。

操作时要根据酒店的具体环境、周边配套资源情况，在 BD（业务经理）的帮助下，在搜索引擎内添加酒店。

同时，在酒店介绍信息中要对以上主要信息做针对性的描述，比如：某酒店位于老城区行政中心，毗邻火车站，东接历史文化景区，北邻师范大学、石油大学，东有革命纪念馆、城墙景区、文化体验园，南邻经济技术开发区；城市交通便捷迅速，距离地铁站 100 米，距离机场 30 分钟车程，距离机场大巴站 600 米……

这便于客人在浏览酒店的基础信息时，能较全面地了解酒店所处位置对自己的出行安排会有哪些便利条件。

2. 曝光方式

（1）排名曝光：酒店的房型热度、价格热度、好评热度越高，自然排名越靠前；同时，酒店拒单率、订单确认响应时间、到店涨价、到店无房、投诉等因素都会影响酒店的排名，这方面要给予高度关注。

（2）广告位、活动展位曝光：参加美团酒店举办的各种活动，如返券、限时抢购等活动，酒店排名在活动期间自然会靠前。建议多参与这样的活动，可以帮助酒店阶段性地提高市场曝光度。

（3）产品曝光：多投放酒店产品（房型、参与团购活动），增加酒店产品在不同层面的曝光度。

（4）内容曝光：如酒店公共区域图片、文字说明，房间照片的数量，都会影响曝光度及转化率。一般来说，酒店照片（真实、优质）越多，客人在页面停留的时间越长，下单的可能性越大。

3. 影响排名的其他因素

（1）与美团酒店的合作深度：如果仅仅是酒店常规上线，那么，要提高排名就必须靠自己的日常维护；如果要快速提高排名，最好的办法是戴冠。

（2）酒店的日常维护：拒单率、违规违约、预留房保障、预订消费间夜、用户满意度、差评维护率、5 分钟确认率、图片、营业额，这 9 个因素都会影响酒店的排名。

如上所述，酒店在 OTA 曝光量、阅读量、排名、转化率方面是一个多环节立体交叉影响的体系，如果在整个体系内你操作得都非常好，酒店在这里获取的订单自然会越来越多。

3.3.4 流失率改进方法

宇儿必须把以上分析的结果变成实际行动，否则，只有理论却不懂执行，依然不能解决任何问题。于是，宇儿制定了如下改进办法：

1. 根据房型热度，调整价格策略

表 3-10 所示是降低流失率的价格调整情况：

表 3-10　降低流失率价格调整表　　　　　　单位：元

房型 / 占比	A 酒店	B 酒店	自己	C 酒店	D 酒店	E 酒店
套房 / 20%	288	308	258/345	380	450	420
商务大床房 / 20%	168	188	168/188	199	199	125
豪华大床房 / 30%	158	168	138/138	180	199	120
豪华双床房 /30%	158	148	158/128	145	130	110

从表 3-10 可见：

（1）豪华双床房热度最高，预订最快，体量较少，因此价格从 128 元提升到 158 元，和竞争对手中的同类房型最高价保持一致，做到不脱离竞争对手的价格体系进行价格调整。

（2）豪华大床房具有较好的市场热度，且上一级房型有支撑的体量，于是用豪华大床房引流，价格依然坚持原来的 138 元，这样可以保持原来的市场热度不受损失，同时利用豪华双床房涨价到 158 元的提价，促使原来一个人住但订了双床房的客人选择只有 10 元价差的更大的房间和更大的床（商务大床房）。

（3）商务大床房由原来的 188 元降价到 168 元，缩小了商务大床房和豪华大床房的价差，便于酒店给客人从豪华大床房升级到商务大床房时可以更好地加价；如果客人不愿意加价，也可根据当天该房型的空置数量和预订进度，考虑以提升出租率为目的的免费升级。

（4）套房：因为经常空置，所以其市场竞争力表现为"有价无市"，宇儿决定做价格下调，与商务大床房保持更小的价差，便于向商务大床房的客人升档销售，同时也希望通过"低价引流"的方法，提高套房在其他渠道的销售量。

2. 滞销房价格调整办法

表 3-11 所示是滞销房（套房）价格调整情况。

表 3-11　滞销房（套房）价格调整分析表

类型 \ 价格 \ 日期	房量 / 间	预订进度		
		房价 / 元	昨天	
			已订 / 间	收入 / 元
目前	20	258	8	2 064

续表

类型\价格\日期	房量/间	预订进度		
		房价/元	昨天	
			已订/间	收入/元
假设一	20	218	15	3 270
假设二	20	358	1	358
		258	8	2 064
		188	6	1 128
		168	5	840
合计	20	—	—	4 390

如表 3-11 所示，上午 9 点 30 分，前厅经理向宇儿汇报，套房目前在手预订有 8 间，平均房价是 258 元，预计收入为 2 064 元。宇儿按照顾问给的建议——多变价、多算账，怎么挣钱多怎么做，对未来的销售预期做了推演，说明如下：

（1）假设房价调整到 218 元，套房销售（含升档销售）15 间，收入可达到 3 270 元，远高于较高价 258 元销售 8 间房的收入。

（2）假设房价以 168 元的商务套房免费升级 5 间，收入为 840 元，同时以 188 元临时调价销售 6 间，收入为 1 128 元，这时候，套房已经销售了 11 间，还有 9 间空置，于是，套房提价到 258 元，销售了 8 间，收入为 2 064 元，剩下的最后 1 间提价到 358 元销售，销售出去的话，套房售罄，收入为 4 390 元，相比预计收入 2064 元翻了一番。

想到这里，宇儿如释重负，原来同一个房型如此动态定价，会不知不觉地让房间挣钱，而且还不会因为降价而流失本就能出得起更高价格的客人。

3. 内控方面

（1）任何房型剩余最后 3 间时，必须向宇儿汇报。

（2）酒店自用房（值班）不得占用畅销房型。

（3）每日上午 9 点、下午 3 点、晚上 6 点、晚上 8 点、晚上 10 点这 5 个时间段，前厅部必须及时汇报在店数、预订数量、预离数量，同时汇报担保预订数、无担保预订数。

（4）随时关注未来 7 天每天的预订进度，关注任一房型的预订进度。

4. 价格变动原则

（1）畅销房：小幅提价 → 涨价 → 控房 3 间不售 → 升档 / 升级处理。

（2）滞销房：降价引流 → 接受升档 / 升级 → 小幅提价 → 涨价。

（3）每次变动房价，必须参考竞争对手，与竞争对手保持合理的、具备竞争性的价差（略低于竞争对手或略高于竞争对手）。

（4）每一次价格变动，相应细分市场同时变动，并保持预设好的价差。

①涨价：豪华双床房在 OTA 渠道从 128 元提价到 138 元，那么，前台散客价格同步变化。协议单位和会员客人因为有价格协议，在没有完全建立好变动价格体系（客人没有完全接受）之前，这两类客户只同步降价，不参与同步涨价。

②降价：豪华双床房在 OTA 渠道从 138 元降价到 128 元，那么，前台散客价格同步变化。协议单位和会员客人从原来 118 元，应降低到比 118 元低的 110 元 /108 元，即适当保持合理的价差，避免会员和协议单位不满，同时，也可通过对会员、协议单位客人免费升级上一级房型进行奖励安抚，或者赠送早餐安抚。

制定好这一系列执行政策后，宇儿及时组织员工进行了互动式的培训，一切准备到位后，宇儿开始调价了！

【本节小结】

（1）拒单指房间在订满后，对流进的订单拒绝、对来电咨询的客人拒绝、对来店咨询的客人拒绝。

（2）订量大、拒单量大的房型，必然是畅销房型。

（3）订量少、长期空置的房型，必然是滞销房型。

（4）畅销房型应小幅提价 → 涨价 → 控房 3 间不售 → 升档 / 升级处理。

（5）滞销房型降价引流 → 接受升档 / 升级 → 小幅提价 → 涨价。

（6）任何房型剩余最后 3 间时，必须逐级汇报。

（7）OTA 渠道，酒店日常应维护的 9 个因素：拒单率、违规违约、预留房保障、预订消费间夜、用户满意度、差评维护率、5 分钟确认率、图片、营业额，这 9 个因素都会影响酒店的排名。

（8）OTA 渠道决定酒店曝光量的 4 个环节：排名曝光、广告 / 活动展位曝光、内容曝光、产品曝光。

（9）预订进度关注：未来 7 天，每一个房型的预订进度和最低供应量。关注高出租率时期预付、担保、现付型订单的数量，预付和担保订单越多，酒店提价的成功率就越高。

（10）酒店在 OTA 曝光量、阅读量、排名、转化率方面是一个多环节立体交叉影响的体系，如果在整个体系内，你操作得都非常好，酒店在这里获取的订单自然会越来越多。

（11）OTA 渠道自然增量的可能性最大，也是酒店在短期内快速提高出租率的最好的一个分销渠道，要利用好这个渠道的优势，把它作为酒店增加流量和收入的一个重要工具。

（12）在同一销售周期内，在房型结构（面积、设施设备、服务内容、朝向、床型等）相同或相似的情况下，用较强性价比的优势提前导流。

3.4　宇儿抢占市场的组合技法

【本节概述】

一般来说，酒店出租率达到 60% 以上，以"空置率"引起的客房空置（当天未售出）对当天 / 当期收入提升造成的阻碍会开始凸显，在出租率达到 80% 及以上时，滞销房的空置与畅销房无法额外增收成为第二道影响收入提升的屏障。

本节内容以故事阐述的方式，讲述宇儿酒店通过提升出租率计划、降低流失率计划实现出租率稳步提升后，如何通过对"空置率"的管控和调整，实现提高出租率、提升平均房价、提升收入、提高市场覆盖率和市场竞争活力的具体做法。

故事背景： 第 6 个月，宇儿酒店出租率基本达到预期，当月收入达到预算且略有超额，但是前 5 个月均没有完成当月预算，已经出现了很大的收入亏空，怎么才能更好地提高收入？宇儿发现每天还有很多房间是空置的，并没有销售出去，这对她来说，就等于白白浪费了很多产品，错失了很多增加收入的机会。于是，她开始想办法解决这个问题。

第 6 个月，宇儿酒店营收指标如下：

（1）出租率：80%；

（2）平均房价：151.28 元；

（3）日收入：12 102.4 元；

（4）日收入差额：+582.4 元（开始保本赢利）。

这时，宇儿考虑更多的是目前酒店经营已经实现了止损，但是前 5 个月亏空很大，怎么才能尽快把之前的亏空找补回来呢？收入在哪些方面还可以提高呢？

3.4.1 空置率与价格关系分析方法

宇儿开始调阅前 5 个月的经营数据，首先对各房型的畅销与滞销程度进行了整体综合对比分析，数据如表 3-12 所示。

表 3-12　前 5 个月空置客房收入流失表

房型	房型数量 / 间	房价 / 元	空置间夜数	当前平均房价 / 元	流失收入 / 元
豪华双床房	30	128	450	128	57 600
豪华大床房	30	138	585	130	76 050
商务大床房	20	188	750	162	121 500
套房	20	258	2 400	238	571 200
合计	100	—	4 185	—	826 350

如表 3-12 所示：

（1）在前 5 个月的经营中，由于价格不具备竞争力，所以酒店无法有效获取客源，造成各房型累计空置 4 185 间夜，按照各房型当前的平均房价计算，累计流失收入达到 82.64 万元。

（2）推理：价格不具备竞争力的主要原因如下：

① 价格不具备市场竞争力：客房的定价相对于竞争对手处于高溢价状态，造成客人优先选择竞争对手酒店，在竞争对手满房或接近满房，关闭房型、涨价或出台预订限制条件、关闭分销渠道后，才有部分客人流向宇儿酒店。

比如：竞争对手标准双床房有 25 间，在 14 点由原来的 138 元 / 间夜提价到 158 元 / 间夜，这时，宇儿酒店标准双床房还有 15 间没有预订（空置），价格为 138 元。16 点，宇儿酒店双床房增加预订 5 间，剩余 10 间，而竞争对手目前没有变价，且只接受在线支付订单，现付订房政策已经关闭。18 点，宇儿酒店增量预订 5 间，剩余 5 间，而竞争对手再次涨价到 188 元，且只接受在线支付订单。

由此可以看出，在主要预订时间段，宇儿酒店的订单增长和竞争对手涨价、限制预订政策有一定关系，也就是说，是竞争对手优化流量 / 拒绝不符合自己要求的流量后，宇儿酒店才有流量进入。

② 价格缺乏动态弹性：在市场需求阶段性缺少时，酒店没有及时根据竞争对手的变价情况调整自己的价格，造成大量客户流失到竞争对手酒店。

比如：竞争对手标准双床房有 25 间，在 14 点由原来的 138 元 / 间夜降价到 128 元 / 间夜，这时，宇儿酒店标准双床房还有 15 间没有预订，价格为 138 元。16 点，宇儿酒店双床房增加预订 1 间，剩余 14 间，而竞争对手目前没有变价，且只接受在线支付订单，现付订房已经关闭。18 点，宇儿酒店增量预订 5 间，剩余 9 间，而在这个时候，竞争对手房价涨价到 188 元，且只接受在线支付订单。

由此可以看出，在主要预订时间段，竞争对手通过临时调低价格，提前获取低价需求量，在需求达到一定数量后，开始限制预订政策，以此来降低取消率，提高预订准确度。在这一过程中，宇儿酒店没有跟着竞争对手调整价格，也没有调整预订政策，导致有效、真实的流量进入竞争对手酒店。在竞争对手该房型接近满房时，突然提价 60 元销售，这时候可能出现部分流量进入宇儿酒店。遗憾的是，这个时候的竞争对手，已经有了较好的出租率，也就是说，它已经完成了用较好的价格把流量引进来，把不好的房间销售出去的过程。而宇儿酒店还在苦恼于基本房型什么时候才能卖完。

3.4.2 空置率与房型关系分析方法

表 3-13 所示是 5 个月空置客房收入流失情况。

表 3-13　5 个月空置客房收入流失情况

房型	房型数量 / 间	房价 / 元	空置间夜数	当前平均房价 / 元	流失收入 / 元
豪华双床房	30	128	450	128	57 600
豪华大床房	30	138	585	130	76 050
商务大床房	20	188	750	162	121 500
套房	20	258	2 400	238	571 200
合计	100	—	4 185	—	826 350

如表 3-13 所示，5 个月内，酒店每个房型都有一定量的房间空置，其中，价格最低的房型豪华双床房空置 450 间夜，造成收入流失 57 600 元。豪华大床房空置 585 间夜，造成收入流失 76 050 元。商务大床房空置 750 间夜，造成收入流失 121 500 元。套房空置数量最多，共计空置 2 400 间夜，造成收入流失 571 200 元。合计造成收入流失 826 350 元。

这是多么恐怖的数字！

面对如此让人悲痛的消息，宇儿忽然精神为之一振，喜上心头，她开心地发现，有这么多房间空置，说明自己争取市场覆盖的机会很大，至少她还有更多的产品体量可以向市场投放，而且，一旦这些产品成功售出，酒店的收入也一定会有很好的增加，补回之前 5 个月的亏空就不再是空想了。

此时此刻，摆在宇儿面前的问题是，怎么才能把这些空置率降下来，把这些房子很好地卖出去呢？

价格方面的原因刚才已经分析了，那么，是不是和房型有直接关系呢？于是，宇儿就房型问题做了如下分析：

（1）双床房的空置率最低，说明双床房的市场需求比较高，也就是说，双床房属于畅销房型，在所有竞争对手中，基本都是双床房型较少，大床房型较多，所以，双床房的空置率是完全可以通过动态价格管理来降低的。

（2）豪华大床房和商务大床房虽然价格不一样，但是对客人来说，都是一张大床而已，无非是解决一个人睡觉或者两个人睡一张床的问题，而这两个房型的空置率也比较高，也必须通过动态定价来降低空置率。

（3）最令人头疼的是套房空置率太高了，基本属于长期空置、长期滞销，这个房型一共有 20 间，长期卖不出去，对酒店造成的损失太大了。宇儿决定，卖不出去的房子就是不良资产，必须把它有效激活，让套房具有价值贡献的能力。

就套房的问题，宇儿考虑降价销售，可是，降价怎么降，降到什么价格才合适，这是个大问题。

3.4.3　如何把不好卖的房子卖得更好

宇儿就这个头疼的问题咨询了顾问，顾问为她设计了一个表格工具，要求她统计一个星期内的套房每日预订情况，然后求出平均日间夜数和平均房价。宇儿如期完成表格填写，交给顾问，于是，顾问为她列出了一个分析的表格，如表 3-14 所示。

表 3-14　滞销房型定价与预期收入探讨分析表

类型 \ 价格 \ 日期	房量 / 间	预订进度		
		房价 / 元	昨天	
			已订 / 间	收入 / 元
目前	20	258	8	2 064
假设一	20	218	15	3 270
假设二	20	358	1	358
		258	8	2 064
		188	6	1 128
		168	5	840
合计	20	—	—	4 390

如表 3-14 所示：

（1）酒店目前套房的预订是 8 间，平均房价 258 元，预计收入 2 064 元。

（2）假设一：酒店以 218 元的价格销售，如果销售 15 间，收入应该达到 3 270 元。也就是说，如果把价格降低 40 元，该房型的收入就可能增长。

这个时候，顾问提醒宇儿说，这个方法有可行性，但未必非常稳妥，因为没有办法充分保证这个价格一定可以卖出 15 间房。

（3）假设二：细分价格，限量投放，用不同的价格区间获取不同的订量，实现订量累计，从而提高销售量和收入。具体如下：套房最低价格设置到 168元，向各渠道投放，最多只能用这个价格销售 5 间房；再以 188 元的价格向各渠道投放，最多只能用这个价格销售 6 间房；再以 258 元的价格常规销售，近期日常订量约为 8 间，最后还剩 1 间房，可以提价到 358 元左右投放，如此一来，累计收入大约达到 4 390 元，较之目前的 2 064 元，翻了一倍。

顾问说到这里，宇儿有了疑问，如果套房价格提价到 358 元，显然价格太高，如果销售不出去怎么办？顾问笑着说，任何时候，房型涨价一定要赋值以房型，也就是让这个房型的相关配套服务值这个价钱，比如，定价到 358 元时，是不是可以多赠送一份早餐，是不是可以赠送礼品，是不是可以延迟退房到下午4 点，是不是可以有免费接送机、接送站？如果有这些增值服务，或许能更好地刺激有这一类需求的客人接受这个价格，到时候出现的可能是，358 元的套房，不止销售 1 间，还可能更多。

这个时候，宇儿听明白了，继续问顾问：还有没有其他的办法，让我把其他不好卖的房型卖得更好？

顾问说，当然有，接下来以细分市场为例来做解析。

从细分市场产量报告看滞销房如何投放，表 3-15 所示是 5 个月细分市场预订房型情况：

表 3-15　5 个月细分市场预订房型报告

房型	房型数量/间	已售房数/间夜	自来散客/个	协议单位/个	会员/个	OTA/个	团体/个
豪华双床房	30	4 140	662	1 035	952	1 118	373
豪华大床房	30	4 005	641	1 001	921	1 081	360
商务大床房	20	2 310	370	578	531	624	208
套房	20	660	106	165	152	178	59
合计	100	11 115	1 778	2 779	2 556	3 001	1 000

　　如表 3-15 所示：

　　（1）所有细分市场对双床房的需求是最高的，但是，从房价结构看，各细分市场内，只有前台和 OTA 的散客价格最高，依次是协议单位和会员，团体方面能出的价格是最低的。该房型最大订量的细分市场是协议单位和 OTA，说明协议单位对这一房型配套的价格具有较好需求，同时，OTA 的订量很高，该渠道又具备经常变价的空间，从市场占有率拓展方面看，OTA 渠道具备较好的条件，比如，变价时机灵活、需求不断变化，而协议单位的需求基本稳定，且预订周期较长。所以，可以利用 OTA，做好该房型的增量，降低空置率。

　　（2）豪华大床房与双床房对应的特性基本相同。

　　（3）从整体细分市场看，订量贡献排在第一名的是 OTA，然后是协议单位，接下来是会员、自来散客，最差的是团体。

　　通过以上分析，可以得出如下结论：

　　（1）团体订量贡献不大，但对价格非常敏感，降低空置率可考虑加大团体销售量，方法是压低价格（一团一议），吸引成交。

　　（2）协议单位订量比较稳定，喜好房型是豪华双床房与豪华大床房，所以，应避开这两个其喜好的房型，对该细分市场投放性价比更高的商务大床房和套房价格政策，吸引其对这两个房型的关注，刺激其需求。

　　（3）会员喜好的房型与协议单位相同，在通过与协议单位相同策略提高订量的同时，应加强对自来散客的会员转化，把偶然来（但有潜在多次消费可能）的自来散客等客人发展成会员，通过提高会员体量，增加这一群体对订量的贡献，降低商务大床房和套房的空置率。

　　（4）自来散客流量具有不确定性，大多客人来店订房是偶然，对价格并不十分敏感，如果感受到前台报价高，客人会用手机查询，和 OTA 做价格对比：如果前台价格和 OTA 价格基本一致，客人也会接受。这里面就有一个售房技巧：建议对这一类客人，先推荐不太好卖（滞销）的房型，避免畅销房型被占用或太早被预订一空，以至于让最好卖的这个房型失去了提价和增加收入的机会。

　　在日常的酒店经营管理中，我们常常发现，有很多酒店的日平均出租率较高，达到 80% 以上，但是，到了这个点位之后，出租率就很难有好的提升。

按照正常的市场规律分析，出租率长期稳定在 80% 以上，说明该酒店的市场竞争力、美誉度、客群培养等方面已经很成熟了，应该更多考虑如何通过一系列合理方式，提高平均房价，让酒店的收入更高。

让人尴尬的是，酒店往往刚一提价，出租率就不停地往下掉，客户差评也快速增加，酒店只好快速响应，赶紧把价格调回来，向客人做更多的解释和保证，取得熟客的谅解。

其实，在这个时候，最短平快的做法是找准自己的滞销房和畅销房，然后找出滞销房和畅销房对应的细分市场，再根据竞争对手的变价和预订政策的变化，适度把握，及时调整自己的策略，这样很容易实现降低空置率，提高收入的目的。

只是，很多时候，我们头脑非常清醒，然后非常坚定地走向了岔路。

【本节小结】

（1）价格不具备市场竞争力的原因：客房的定价相对于竞争对手处于高溢价状态，造成客人优先选择竞争对手酒店，在竞争对手满房或接近满房，关闭渠道、涨价或出台预订限制条件后，才有部分客人流向宇儿酒店。

（2）价格缺乏动态弹性的结果：在市场需求阶段性缺少时，酒店没有及时根据竞争对手的变价情况调整自己的价格，造成大量客户流失到竞争对手酒店。

（3）降低空置率首先要排查房型，找出畅销房和滞销房。

（4）针对畅销房，要动态调价，确保在有效时间内，将有效的订单数量卖出更多的收入。

（5）针对滞销房型，要分解和优化房型定价，用不同的价格标准进行限量销售，以获得更多的价格投放和成交率。

（6）对滞销房对应的细分市场，要进行针对性的调价，刺激和唤醒客户对滞销房型的选择。

（7）对畅销房对应的细分市场，要进行适当的容量控制，多引导客户选择滞销房型。

（8）滞销房型的有效投放，需要配套适当的激励和吸引政策，比如延迟退房、第2间房打折、额外赠送早餐、送礼品等。

（9）前台散客方面，要多引导客人预订滞销房型，避免畅销房过早被预订一空，失去在有效时间内更多投放产品吸引市场需求的机会，错失增大市场覆盖率、抢占市场的机会。

（10）充分利用OTA自然引流、变价引流的特定优势，在OTA渠道，保证畅销房型有足够长的时间挂单销售，确保流量不因畅销房过早销售一空而流失到竞争对手。

（11）降低空置率时，要合理地留住低价细分市场的团体客人，确保在未来销售周期内，有效地填补出租率较低日期的订量。同时，合理利用团体订量，在当期有效减少滞销房的空置率，即如果今天房间空置，那就只有成本，没有增加收入的可能，如果给团队入住，虽然价格较低，但依然会快速产生收入，让酒店的利润得到有效增加。

3.5 宇儿增加满房天的组合技法

【本节概述】

酒店业有一个很难打破的魔咒，那就是明显的淡旺季。旺季的时候，一房难求；淡季的时候，酒店有大量空房。于是，我们始终在寻找一个更好的办法，让酒店一个月内有更多的满房天或者高出租率时期。

通常情况下，酒店的满房天一般出现在市场需求比较高的时期，比如春节、国庆、五一，还有城市或商圈内有大型会议、演唱会、贸易洽谈会等综合类商业活动时期，会有大量客源涌向城市，造成一定时期内城市或商圈内的酒店需求量大于酒店供应量。很多酒店在实现满房的同时，对房价进行了翻倍的增长，使酒店在当期的收入出现快速上涨，甚至出现一天的收入超过平时三天收入的状态。

然而，很多时候依然会出现一个让我们很尴尬的问题，那就是明明是100%的预订，偏偏在入住当天产生了一些取消，让酒店的房间在需求高峰期出现了空房，造成收入的流失。

本节以故事阐述的方式，讲述宇儿小姐如何在会议与旅游旺季，通过增加满房天的计划，在升级销售和超额预订等方面开展组合技法，让酒店的出租率和收入有了更好的提升。

故事背景： 第 7 个月，宇儿执行了"抢占市场计划"，其主要方式是分析和利用长期销售情况不好（滞销）的房型在房价、细分市场方面的组合策略，以减少空置率为主要目的，有效增加了在同一销售时期具有较高价格热度的"产品"（房型）向市场的投放量，增加了成交机会，在提高市场出租率的同时，抢占了竞争对手一定幅度的市场机会。

从第 7 个月的经营情况看，酒店的各项经营数据都有了明显的提升，具体如下：

（1）出租率：89%，较之上个月增长 9 个点。

（2）平均房价：178.38 元，较之上月的 151.28 元增长了 27.1 元。

（3）日收入：15 873.15 元，日收入较之计划日收入增长 4 353.15 元，开始较大幅度地填补之前 5 个月的收入亏空。

看到这样的经营结果，宇儿小姐的心情并没有非常高兴，按照这种状态发展下去，一个月只可以补回亏空约 13 万元，"补亏"的速度还是太慢，效果还是不够理想。

宇儿小姐开始反复考虑以下两个问题（自问自答式，可怜的宇儿小姐已经对酒店经营有些走火入魔）：

（1）我的收入是不是还可以更高一些？嗯，肯定可以更高的，肯定还是有什么方法，我没有很好地掌握。

（2）为什么这么长时间以来，我的酒店从来没有出现过 100% 满房？我的经营管理肯定存在很大的问题，可是，突破点在哪里呢？

为了找到这个突破点，宇儿小姐做了很多分析工作。

3.5.1　每日流量与出租率预测的方法

每一个酒店因为所处商圈属性不同、客源结构不同，在经营过程中，其客源特点一般会出现相对稳定的一些规律，比如：

（1）商务类客人为主的酒店，其市场特点一般是周二至周四出租率比较高，周五、周六开始回落，周日最低，周一开始增加。

（2）学校周边以学生为主要客源的酒店，一般周末（周五、周六）出租率较高，周内相对较差。

（3）公寓类酒店，其客源以外地游客短租形式为主，经营形式会随着旅游淡旺季的表现发生规律性变化。

（4）会议类、度假类酒店，出租率均会随着淡旺季的变化表现出一定的规律。

宇儿小姐以周为单位整理了酒店开业以来的历史数据，用来预测出租率的规律。她按照如下方法进行了统计和分类：

（1）以周为单位，统计每周内每一天的数据累计情况。比如，过去两个月里，先后有 8 个星期一、8 个星期二，等等。

（2）将周一至周日分别对应的这 8 组数据进行区分统计，即周一对周一，周二对周二，以此类推。

（3）统计的维度：以周一为例，每一个周一的客房收入、出租率、平均房价。

（4）统计方法：以周一的收入为例，将 8 个周一的收入累计求和，然后除以 8，计算出在这 8 个星期内，周一的平均收入。

统计数据如表 3-16 所示：

收益管理：有效降低空置率，实现收益翻番

表 3-16　出租率规律展示表

星期	一	二	三	四	五	六	日
出租率	58%	75%	87%	91%	69%	65%	43%

如表 3-16 所示，出租率在周二、周三、周四呈增长态势，周五、周六逐日下滑，周日为一周最低点。

备注：本出租率系统计日常出租率动态趋势使用，每日出租率数据同时与当天可售房数有关。

在顾问的指导下，宇儿小姐统计出这个表格，通过对星期属性的趋势分析，宇儿小姐简单预测，在无重大经营政策变化、市场需求无重大变化的情况下，未来一个星期内，酒店的出租率走势应该如表 3-16 所示。

3.5.2　房间升级销售的 5 个技法

上述统计预测方法，主要为宇儿小姐提供当天出租率可能出现的值，便于宇儿小姐整体把握房价调整幅度和频率，以及考虑是否需要及时应对竞争对手的调价变化。

统计方法如下：

1. 查看每日报表时应关注的主要问题

通常情况下，宇儿小姐会在上班后的第一时间查看收入日报表，查询前一天的收入情况。报表上虽然只是常规的数据，但是，顾问要求宇儿小姐每天查看收入日报时，寻找如下问题的答案：

（1）昨天的收入是多少？较之前一天增长、减少了多少？

（2）收入在哪些方面增长 / 减少了，为什么？

（3）出租率增加 / 减少的原因是什么？

（4）平均房价提高 / 降低的原因是什么？

（5）哪个渠道（直销、分销）的订量增加了？

（6）哪个渠道（直销、分销）的订量减少了？

（7）哪个渠道（直销、分销）的平均房价比较高？

（8）哪个渠道（直销、分销）的平均房价比较低？

（9）哪个细分市场（前台、协议、会员、会议及团体）的平均房价高？

（10）哪个细分市场（前台、协议、会员、会议及团体）的订量增加或减少了？

（11）是价格原因引起的订量增加吗？

（12）是价格原因引起的订量减少吗？

2. 关键时间节点的在手预订

宇儿小姐早上9点上班后，首先会用如下方式确认当前在手预订数据：

（1）目前在住的客人有多少间？（假设是40间）

（2）今天计划离店的客人有多少间？（假设是21间）

（3）目前已经预订，但是未登记开房的预订有多少间？（假设是28间）

那么，当前在手预订的计算方式如下：

当前在手预订 = 在住房间 − 计划离店房间数 + 已预订但尚未开房的房间数

$$= 40 - 21 + 28$$

$$= 47（间）$$

顾问提示：

在统计如上数据时，要注意目前计划离店的客人中，可能其中有部分客人并不离店，会继续延期居住，出现这种情况，应该从计划离店的数据中，减去延期居住的房间数；或在住房间数里，应增加延期居住的房间数。举例如下：

假设，在如上数据中，在住的客人有5间房今天会续住。那么，计算方式如下：

①计划离店数 = 原计划离店数 − 延期居住数

$$=21-5$$

$$=16（间）$$

②最新在住房间数 = 原在住房间数 − 计划离店房间数

$$=40-16$$

$$=24（间）$$

那么，在此情况下，最新的在手预订数据就出现了，即

③最新在手预订数＝最新在住房间数＋已经预订但未开房数

$$=24+28$$

$$=52（间）$$

上述即出现有续住客人情况下的在手预订计算方式。

3. 各细分市场／渠道常规订量统计

宇儿在统计近期两个月的数据后，发现通常情况下有如下规律：

（1）前台平均日常订房 20 间，今天当前在手预订 7 间；

（2）OTA 渠道日常订房 30 间，今天当前在手预订 15 间；

（3）协议单位日常订房 10 间，今天当前在手预订 5 间；

（4）会员日常订房 10 间，今天当前在手预订 5 间；

（5）会议或团队不能确定，波动性太大。但是，今天当前预订有 15 间。

4. 当日流量预测（见图 3-2）

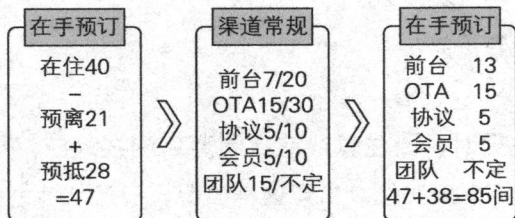

图 3-2　当日流量预测

如图 3-2 所示：

（1）渠道常规方面，前台目前在手预订 7 间，常规订量是 20 间，则推理出，今天前台在常规情况下，可新增订单 13 间；

（2）同理，OTA 渠道目前在手预订 15 间，渠道常规订量是 30 间，则推理出，今天 OTA 渠道在常规情况下，可新增订单 15 间；

（3）以此类推，协议今天将新增 5 个订单，会员将新增 5 个订单；

（4）那么，今天订量的预测则如下：

今日订量（预测）＝渠道常规日订量总和＋今天当前在手预订总和

$$=47+38$$

$$=85（间）$$

由此，宇儿小姐预测出今天的客房出租量将达到 85 间，出租率为 85%。通常情况下，出租率达到 85% 的时候，酒店会出现如下状态：

（1）平时好卖的房子，已经卖光了；

（2）价格相对低的房子，已经卖光了；

（3）剩下的房子，都是不好卖的，比如套房；

（4）剩下的房子，价格都比较高。

宇儿小姐对以上情况进行细致梳理后，发现一个有趣的现象：

不好卖的房子，都是价格比较高的房子。

那么，如果想要把这些房子卖出去，好像除了降价，并没有其他有效的办法。可是，宇儿小姐又不愿意降价，原因如下：

（1）套房的面积大，造价本来就高，成本占比也比较大；

（2）套房的价格虽然高，但毕竟是酒店最好的房型，这个房型可以体现出酒店的规格标准。这么好的房子，卖出低的价格，客人还以为我们酒店很差劲呢，对酒店品牌打造也不利。

这个时候，顾问问她："你知道暗价销售策略吗？"

宇儿小姐听了，笑着问道："这是什么意思？"

于是，顾问以暗价销售策略为切入口，向宇儿讲解了房型升级销售策略，宇儿听了，心里很快有了主意，原来暗价销售是这样的：

（1）暗价原理

对于敏感房型，不适合在公开渠道以公开的较低价格出售，于是采用暗价的方式，接受其下一级房型的价格，实现该房型销售量的增长。

（2）房型升级的目的

假设长期不好销售的套房价格为 358 元，其下一级房型为豪华大床房，价格为 218 元，即可"将 218 元价格预订豪华大床房的客人，升级到价值 358

元的套房"。用这个方法实现套房的暗价销售，减少套房的闲置，也可以让豪华大床房多出一间有效空房，继续销售，阶段性实现酒店豪华大床房的供应体量。

（3）房型升级的好处

酒店客房无法储存，今天如果不把这些闲置的套房销售出去，那么，明天不可能把今天的套房拿出来继续卖。比如，酒店套房只有 20 间，昨天一间也没销售出去，那么，今天的套房依然只有 20 间，我们无法实现把昨天的 20 间拿出来，加上今天的 20 间，以 40 间的体量去出售。因为酒店的客房体量无法更改，每天就只有这么多。

换句话说，假设用了暗价的方式，对套房进行升级销售，那么，每以 218 元升级一间套房，也就等于让套房产生了 218 元的收入，酒店当天的收入也就多了 218 元，如果可以升级销售 10 间，则收入增长 2 180 元。

（4）升级销售的方法

如上所述，出租率达到 85% 的时期，酒店通常其他房型已经卖完，所剩的房间大多为套房，那么，酒店要想提高出租率，就必须想办法将套房销售出去，其销售方法如下：

（1）原价销售。

（2）折扣价促销：如每天 18 点，推出当天套房较低折扣的抢购、秒杀、限时抢购等活动。

（3）对前台散客进行升级置换：比如推出幸运客人馈赠活动，每天向 5 ～ 10 个前台散客推出升级套房活动，提高前台散客的消费体验，获取更好口碑的同时，降低套房的闲置率。

（4）对协议单位客人进行升级置换，方法如上。

（5）对会员客人进行升级置换，方法如上。

5. 升级销售程序

（1）补差价者优先升级：假设客人订的房型为 218 元豪华大床房，客人在前台办理入住时，前台主动向客人推荐 358 元的套房，如果客人不接受，则引导客人：只要您愿意补差价40元，就可以用258元的价格，享受套房的待遇。该方法的目的是尽量以较高的价格向愿意接受高价的客人销售套房。

（2）价高者优先升级：如客人均不接受补差价升级的策略，那么，酒店依然要想办法进行升级，减少套房的闲置。可以对在手的预订信息进行筛选，选出目前订房价格较高的客人，优先免费升级到套房去。这样做可以让一部分对酒店基础房型支付了较高价格的客人，免费享受到更好房型的礼遇；也可以引导其他客人知道一个信息：如果您愿意多加一点钱，入住酒店价格相对高的豪华大床房，就有机会获得我们的感恩回馈，让你免费升级到套房居住。这一做法等同于航空公司将经济舱升级到商务舱。

3.5.3 超额预订方法及应变策略

宇儿小姐在统计酒店日常数据时，发现几乎每一天都有一定数量的预订被临时取消，这也是酒店为什么已经出现了高出租率，但是从来没有实现满房的另一个主要原因。

1. "取消"的范畴

（1）客人因无法按时入住，通电话或联络时声明取消预订；

（2）客人订房，却未入住，发生 NO-SHOW。

2. "取消"的影响

我们都知道，每一天的客房预订，未必都是今天产生的，很可能在一个星期或一个月前就已经成功被预订了。

如果是一个月前的预订，也就意味着在这一个月的销售周期里，酒店无法对已经预订的这一个房间进行销售，也就是说，要确保客人来店时有房间入住，酒店将不再接受在这一个月内预订该房间的所有订单。

如果这个订单在入住当天的最后约定时间取消（一般房间预留到入住当晚18点），这就意味着酒店只剩下18 ~ 24点这6个小时的销售周期。在这个销售周期内，在常规情况下，只有20 ~ 21点这个时间段会出现一次销售高峰。也就是说，酒店给客人保留了一个月的房间在最后约定时间被取消后，酒店只剩下 6 个小时的销售时间把这间房卖出去。

宇儿想到这个问题，觉得风险太大，必须考虑适当的超额预订，否则，要实现满房，就只能靠做梦了。

3. 超额预订的目的

通过超额预订，抵消那些临时取消的预订，减少或杜绝因为临时取消产生的客房空闲，有效地提高当日的出租率。

4. 超额预订的估算方法

顾问告诉宇儿小姐，通常情况下，以单体中小酒店为例，我们建议超额预订数量小于或等于酒店客房总数 5%。但是，这个建议数据并不科学，所以，建议掌握基本的估算方法，在工作中灵活运用，具体如下：

（1）统计和计算方式：以月为单位，统计取消、NO-SHOW 等数据的总和，用总和除以当月可售房的总数，再乘以 100%。

举例： 酒店每日可售房为 100 间，当月可售房数为 100 间乘以 30 天，等于 3 000 间夜。在对当月取消和 NO- SHOW 房间数统计后，得出的总数为 87 间夜，则取消率计算方式如下：

$$87 / 3000 \text{ 间 } \times 100\%$$

$$= 2.9\%$$

$$\approx 3 \text{ 间夜}$$

即取消率为 2.9%，日平均取消房间数为 3 间，则可推理出，在常规情况下，每天可以超额预订的房间数量为 3 间。

（2）超额预订的潜规则：如上是计算超额预订数值的参考方法。但是，在酒店日常经营中，因为市场环境、客源结构、价格政策、出租率周规律、竞争对手政策变化等因素的影响，酒店日常销售通常有如下特点：

① 价格低、平时好卖的房子，总是很早就卖完了；

② 价格高、平时不好卖的房子，总是有一定数量的空房。

所以，顾问反复叮嘱宇儿小姐，在超额预订的时候，一定要观察哪些房子卖得最好，卖得最快，然后给这个房型一定额度的超额预订。超额预订的房间，可以通过升级的方式转移到更高一级的套房。即超额预订2.9%时，应快速响应超额预订的应急策略。

（3）超额预订的应急策略：一旦出现超额预订，要采取如下方法进行应急处理：

① 催预离：尽快与计划离店的客人确定离店的准确时间，核准预离的真实情况，避免因为预离客人继续延住产生更多的超额预订。

② 核预抵：和每一个预抵的客人进行电话确认，核实抵店时间等相关细节，确认预抵客人是否存在取消或NO-SHOW的可能，挤干预订中存在的水分。

③ 预订等待：在出现超额预订后，还有客人预订房间时，不要果断拒绝客人，向客人解释："目前有客人正在办理离店，您需要的房型，我需要时间帮您确认，我稍后打电话向您回复。"在没有明确不能继续接受预订之前，所有的预订均不能拒绝。

④ 周转休息：在住店客人尚未离店，预订客人已经抵达的情况下，应对抵达客人进行妥善安排，比如带领至茶吧、咖啡厅免费饮用软饮品，暂时休息等，避免出现投诉。也可以用以下方式引导客人："您预订的房间，原来住的客人因为个人原因，还没有办理完退房手续，您的行李可以先交给我们寄存，您可以先去周边观光旅游，等房间清扫完毕后，我们会把您的行李送到房间，同时为您开启空调，等您回到酒店，我们会带您去房间，房间的温度也正好适合您休息。"

总之，无论采取什么样的方式，我们的目的是既要留住客人，还要让客人满意。

⑤ 将客人妥善转移至其他酒店入住。

（4）超额预订后保房的顺序：一旦出现超额预订后，酒店全体人员应统一认识，按照如下策略，保障客人入住：

① 预付优先：这类客人是在订房时就支付了房费，所以要优先确保客人入住。

② 担保优先：担保类客人有相关约定，即使没有如期入住，依然要向酒店支付首晚的房费。所以，即使客人无法如期入住，对酒店都不会有损失。酒店反而可以解决超额预订后客人分配房间的问题。

③ 团队 / 会议优先：团队 / 会议通常会提前交付一定押金，同时，该类团体入住量大，收入贡献也比较大。应在严格确认其具体用房数量后，确保其房间数得到保障。如因房间数量保障出现问题，可能引起不支付尾款、投诉等一系列问题。

④ 协议 / 会员次之：该类客人大多是以散客形式入住，单次入住房间数量很少。

⑤ 其他客人。

3.5.4　每日预订时间控制方法

在确定好如上策略后，宇儿仔细推敲每天预订订单录入的时间，发现了几个可以有效控制的时间节点，于是，她列出如下时间节点，要求前厅人员严格按照节点，掌握酒店预订信息，并及时向她汇报。

（1）上午 9 点，基本上度过了当日的第 1 个高峰期。这个时候，前台必须向宇儿汇报一次在手预订数据。

（2）上午 11 点，前台要和预计离店的客人进行一次有效通话，确认客人离店时间和是否存在续住的可能，再向宇儿汇报一次最新在手预订数据，在这个时候，宇儿会做出当天第 1 次是否提价的决定。

（3）中午 12 点，基本上度过了第 2 次退房高峰。这个时候，前台向宇儿第 3 次汇报在手预订数据，宇儿将根据数据信息，做出当天第 2 次是否提价的决定。

（4）下午 14 点，基本上度过了第 3 次退房高峰。这个时候，前台向宇儿第 4 次汇报在手预订数据，宇儿将根据数据信息，做出当天第 3 次是否提价的决定。

（5）下午 16 ～ 18 点，前台将和所有预抵的客人进行确认是否按时抵店，确定具体到店时间，分理出取消预订的订单。这个时候，前台向宇儿第 5 次汇报在手预订数据，宇儿将根据数据信息，做出当天第 4 次是否提价的决定。

通过本节内容详细阐述，相信大家已经基本明白，酒店要想有效实现满房，就必须有效解决两个问题：一是如何通过升级销售，让滞销房型不再出现闲置；二是如何通过超额预订，消除预订取消与 NO-SHOW 造成的空房。

以上两个核心问题，要始终围绕每天流量预估（每日预订控制节点）的具体情况进行细致分析和应对，才能有效确保日满房计划的顺利实现。

【本节小结】

（1）商务类客人为主的酒店，其市场特点一般是周二至周四出租率比较高，周五、周六开始回落，周日最低，周一开始增加。

（2）学校周边以学生为主要客源的酒店，一般周末（周五、周六）出租率较高，周内相对较差。

（3）公寓类酒店，其客源以外地游客短租形式为主，经营形式会随着旅游淡旺季的表现发生规律性变化。

（4）以周为单位，出租率呈现的规律性预测；即周一对周一，周二对周二，以此类推。

（5）宇儿小姐每天查看收入日报时，寻找如下问题的答案：

① 昨天的收入是多少？较之前一天增长、减少了多少？

② 收入在哪些方面增长 / 减少了，为什么？

③ 出租率增加 / 减少的原因是什么？

④ 平均房价提高 / 降低的原因是什么？

⑤ 哪个渠道（直销、分销）的订量增加了？

⑥ 哪个渠道（直销、分销）的订量减少了？

⑦ 哪个渠道（直销、分销）的平均房价比较高？

⑧ 哪个渠道（直销、分销）的平均房价比较高？

⑨ 哪个细分市场（前台、协议、会员、会议及团体）的平均房价高？

⑩ 哪个细分市场（前台、协议、会员、会议及团体）的订量增加或减少了？

⑪ 是价格原因引起的订量增加吗？

⑫ 是价格原因引起的订量减少吗？

（6）当前在手预订的计算方式如下：

当前在预订 = 在住房间 - 计划离店房间数 + 已预订但尚未开房的房间数

（7）今天订量的预测如下：

今日订量（预测）= 渠道常规日订量总和 + 今天当前在手预订总和

（8）暗价原理：对于敏感房型，不适合在公开渠道以公开的较低价格出售，于是采用暗价的方式，接受其下一级房型的价格，实现该房型销售量的增长。

（9）升级销售的目的：用这个方法，实现套房的暗价销售，减少套房的闲置，也可以让豪华大床房多出一间有效空房继续销售，阶段性实现酒店豪华大床房的供应体量。

（10）升级销售的方法：原价销售、折扣促销、前台散客升级置换、协议单位及会员升级置换。

（11）折扣促销方法：如每天18点，推出当天套房较低折扣的抢购、秒杀、限时抢购等活动。

（12）升级置换方法：比如推出幸运客人馈赠活动，每天向5～10个前台散客升级套房活动，提高前台散客的消费体验，获取更好口碑的同时，降低套房的闲置率。

（13）升级销售程序：补差价者优先、价高者优先。

（14）超额预订的目的：通过超额预订，抵消那些临时取消的预订，减少或杜绝因为临时取消产生的客房空闲，有效地提高当日的出租率。

（15）超额预订统计和计算方法：以月为单位，统计取消、NO-SHOW 等数据的总和，用总和除以当月可售房的总数，再乘以 100%。

（16）超额预订应变方法：催预离、核预抵、预订等待、周转休息、转送客人去其他酒店。

（17）超额预订后保房顺序：预付—担保—团体—协议/会员—其他。

（18）每日预订时间控制节点：

① 上午 9 点，基本上度过了当日的第 1 个高峰期；

② 上午 11 点，核实预离数量；

③ 中午 12 点，基本上度过了第 2 次退房高峰；

④ 下午 14 点，基本上度过了第 3 次退房高峰；

⑤ 下午 16 ~ 18 点，前台将和所有预抵的客人进行确认是否按时抵店，确定具体到店时间，分理出取消预订的订单。

（19）酒店想有效实现满房，就必须有效解决两个问题：一是如何通过升级销售，让滞销房型不再出现闲置；二是如何通过超额预订，消除预订取消与 NO-SHOW 造成的空房。

3.6　【失败案例】旺季收益提升策略

【本节概述】

从酒店年度经营角度看，酒店不可避免地要经历市场淡旺季的正常波动，在这种情况下，酒店通常会采取"淡季低价冲量，旺季提价增收"的综合策略，确保经营年度的出租率与收入不出现明显波动（下滑），实现单房收益的相对稳定和有效提升。

在市场需求相对较高时期（旺季），以减少空置为目的的"升级销售、超额预订"等组合技法得以充分运用，然而，在落地实操中，很多酒店运用了这样的组合技法后依然无法有效实现当期收益的最大化，其核心问题是在实操过程中，忽略了对预订节点的分析和控制。

本节以情景案例阐述的方式，讲述宇儿酒店如何有效提升出租率，增加满房天数，再以旺季增收失败的案例，详细阐述收益管理实操中常见的执行问题。

3.6.1 旺季预订实操

故事发生在第 8 个月，宇儿小姐执行"满房计划"的一天。

这天中午 12 点 30 分，当酒店基本度过第二次退房高峰期后，酒店房态为：标准间在手预订 28 间（总 30 间），大床房在手预订 25 间（总 30 间）。

这时，有旅行社计调经理打电话到前台，告知有一个小团队将入住，要 5 间标准间。

前台小文检查了房型后，告知旅行社计调经理没有房了，不能接受预订。同时，小文考虑标准间只剩下 2 间了，应该留给前台卖高价房，于是，在 OTA 端停售了标准间房型。

这时候，小文想起了宇儿总经理关于冲刺满房的要求：凡拒绝订单时，均需逐级报告。

主管接到小文的报告后，赶紧停下查房的工作，打开 PMS 酒店管理系统，查询房态信息，发现虽然标准间只剩下 2 间空房了，但是标准间今天将预离 10 间，预抵有 5 间，其中有 1 间房客人会延住，算下来标准间还有 6 间空房，前台主管告诉小文说："我们还有 6 间呀，这 5 间房是可以接的。"

这时候，主管想起宇儿总经理关于"冲刺满房"的要求：每一个房型，剩下最后 3 间的时候，必须向她汇报。

宇儿小姐得知情况后，表现得比较犹豫，对主管说：如果我接了这个团队的 5 间标准间，那么，我的标准间只剩下 1 间了，现在距离夜审时间还有 11 个小时的销售周期，还有机会把房间卖出去，而且还有卖出高价的可能，这样卖房间就太亏了。

于是，宇儿要求主管开始核对预抵客人的具体到店情况，挤压存在预订取消的可能，同时，再次和计划退房的客人沟通，确认退房具体时间。宇儿亲自给旅行社计调打电话，说"您需要的房间我正在协调，请务必稍等"。

再次核对预抵信息后，宇儿小姐有了欣喜的发现：

（1）预抵 5 间标准间中，有 1 间是 OTA 客人，4 间是协议客户；

（2）经销售经理与协议单位确认，这 4 间房的协议客户因航班取消，需要延迟 1 天后才能入住，房间数量不变；

（3）网络客人因未到预抵最后时间，OTA 拒绝给客人联系方式，要求酒店必须留房。

通过这次对预抵信息的核实，标准间又空出 4 间房。宇儿决定接受团队的预订，于是拨通旅行社计调经理电话，要求发订房单确认传真。

这时候，计调经理说团队人数增加了，要增加预订 3 间标准间。

这时候，宇儿做出了一个大胆的决定，接受旅行社追加的预订。主管诧异地看着宇儿说："总经理，接了的话，我们只剩下 2 间标准间了，您不觉得亏吗？"

宇儿说："你不能只看着标准间房间不多了，我们的大床房空闲体量还很大，豪华大床房和商务大床房还有 20 多间没有卖出去，必须想办法进行联动营销，进行房间置换的引流。"

主管还是没有听明白，心里嘀咕着，觉得亏的是你，现在让卖的也是你，就算你是老板，工作也不能这么任性吧？

宇儿说："今天旅行社忽然打电话来临时订房，还要临时增加订房，说明今天市场表现是标准间需求比较好，如果我们把标准间关房了，不就等于即使有再大的需求，我们也分不到一杯羹吗？"

于是，宇儿再次申明自己的决定，告知前厅和销售部：

（1）接受旅行团 5+3 间房预订。

（2）继续打开 OTA 端口标准间房型，继续销售以引流。

（3）对在店延住的，单人住标间的客人调整到大床房，房价不变，销售经理协助客人搬运行李。

（4）前台在办理入住登记时，对单身一人的客人，引导并向客人首推大床房及套房，可以增加附加值的赠送激励，比如赠送早餐、房间小食品免费、可以延迟退房2小时等办法，利用同样的方法，引导原定标准间的客人，更好地接受其他房型的安排。

（5）执行对标准间客人升级套房的政策，遵照优先原则执行。

（6）拒绝免费房订单、关闭自用房。

在宇儿的督导下，酒店首次出现100%满房。为了让全体员工养成良好的冲刺满房意识，锻炼大家的收益思维模式，宇儿制作了满房计划思维导图，悬挂在办公室。每天召开例会时，让大家学习一次，如图3-3所示：

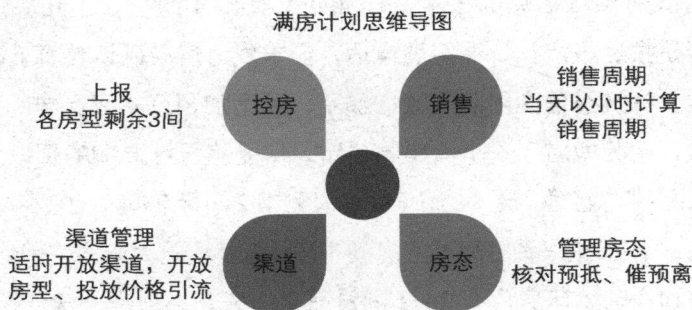

满房计划思维导图

上报
各房型剩余3间

控房　销售

销售周期
当天以小时计算
销售周期

渠道管理
适时开放渠道，开放
房型、投放价格引流

渠道　房态

管理房态
核对预抵、催预离

图3-3　满房计划思维导图

酒店经营的第8个月，是宇儿小姐的"满房计划"执行月，在宇儿的督导下，预订工作主要由前厅部负责，酒店整体出租率有了更高的提升，个别日期出现了满房，具体数据指标如下：

（1）出租率：95%。

（2）平均房价：189.38元。

（3）日收入：17 991.10元。

（4）日收入差额：+6 471.1元（补回亏空力度加大）。

看到这样的经营情况，宇儿小姐很开心。不过，她依然有一个疑问：我的收入还能不能再高一些？

于是，宇儿小姐把第9个月定义为"收益提升月"，在对员工进行了培训动员后，宇儿小姐信心满满地准备大干一场。

3.6.2 旺季收益提升计划始末

这是一个注定失败的收益提升策略。

然而，和所有故事一样，从一开始，主人公宇儿小姐并不知道自己会走向失败。其实，失败并不可怕，如果总结了经验和教训，失败可以让你获取到更多的财富。

故事是这样的：

第 9 个经营月时，时间已经进入了 11 月，市场周期开始步入商旅、会议需求交叉期，另外，11 月 15 日之后，直到次年 3 月，城市景区门票进入淡季低价销售周期，刺激了一部分以老人、退休干部、教师、社区群体为主的夕阳红旅游、自驾游需求。

也就是说，11 月的市场需求主力主要由 3 部分构成：商旅、会议、旅游。

在顾问的指导下，宇儿小姐早在国庆黄金周期间，就对 11 月的房价进行了"预埋"，提前一个月对 11 月的价格进行了小范围涨价，和各竞争对手的价差不是很大，在客人可以接受的范围内，基本可以理解为：每销售一间房，与竞争对手同等房型相比，宇儿小姐会多赚 15 ~ 30 元。

这天早上例会时，房务部经理（主管前厅和客房）高兴地向宇儿总经理汇报：11 月 25 ~ 30 日，城市内有大型会展活动，旅行社流入大量订房，这样的市场预期会很好地提高酒店出租率和收益，建议酒店将营销重心放在 12 月的年会季冲刺上，避免分散精力。

房务部经理的立场如下：

（1）11 月出租率情况较好，平均房价也相对较高，在 11 月上旬，酒店的预算收入已经达到了较好的状态，如果抓住月底的会展需求高峰期，酒店一定会增加更多满房天数，而且收入会快速拔高，这是酒店的一个新的"黄金"销售期。

（2）我们应该抓紧部署 12 月年会需求旺季的销售机会，争取更多的会议订单，避免向其他渠道投入过多精力，错过年会销售季的最佳营销时机。

（3）近期应重点做好设施设备维护保养、死角卫生、计划卫生、服务礼仪、服务流程等方面的管理和培训，确保在12月年会旺季接待中，酒店在运营管理、人员素质、市场营销、收益增收等环节能完美配合，让酒店的美誉度更好。

宇儿听了也特别高兴，非常认可房务部经理的观点，尤其让她开心的是，房务部经理已经开始站在"战略部署"的角度去考虑酒店经营与管理的问题，说明过去的8个月里，她在全面开展收益管理工作时的培训、引导没有白做。

正所谓士兵易得、良将难求。宇儿小姐心情大好，打开酒店管理系统（PMS），查看11月25～30日期间的在手预订情况，憧憬着自己要在11月和12月补回更多亏空。

就在这时候，宇儿小姐有了一系列可怕的发现：

（1）酒店30间双床房已经订满了。宇儿心想，满了也不怕，我可以继续用这个房型导流。在查询预订单后，宇儿发现，早在一个星期前，酒店的30间双床房就已经订完了。

（2）竞争对手仍有房：宇儿赶紧在OTA页面查询竞争对手双床房的价格政策，发现竞争对手都有双床房，而且价格较之平时增长了30%～50%。

看到这里，宇儿小姐的脑袋要炸了：在一个星期的预订周期里，我的酒店没有房间了，竞争对手涨价了在卖，这不就等于我把同样的产品已经贱卖了吗？

宇儿继续调阅其他房型的预订和价格情况，和竞争对手进行对比，新的发现让宇儿沉默了。她真后悔自己太乐观，一时大意，错过了这么多增加收入的机会。

（3）竞争对手各房型情况：所有房型均在OTA页面售卖，且原价格越高的房型，涨价幅度越高，最高价差已经和自己的同类房型相差100元。也就是说，同样卖一间房，竞争对手比自己多赚100元。

（4）更可怕的发现：在11月25～30日的6天里，宇儿酒店可售房数应为100间房×6天=600间夜的供应量。然而，宇儿酒店在这几天平均每天的客房库存如图3-4所示：

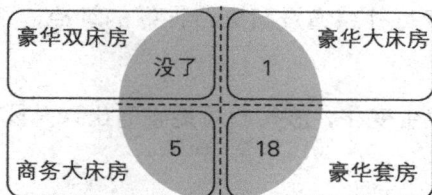

图 3-4　库存展示图

也就是说，宇儿酒店在这几天的总库存为：（1+5+18）间 ×6 天 =144 间房。占可售房总数的 24%。相当于库存只剩下 1/5 了。

看到这些数据，宇儿心里很明白，但这还不算雪上加霜，真正可怕的是这些数字背后的规律。

（5）畅销房危机：自己最畅销的豪华双床房已经售罄，次畅销的豪华大床房空房已经很少，竞争对手却通过提价的方式，为自己的畅销房型保留了不少空房，计划在未来的销售周期内逐步提价销售。

（6）畅销房引流失当：如果是常规情况，宇儿会用最畅销的双床房进行引流，升级到大床房或套房去，现在让宇儿崩溃的是，大床房库存也已经很少了，已经无法用低价房型做暗价引流了。

（7）滞销房与销售时机：所谓的滞销房，在旺季销售时期，依然是卖得最慢的，但是可以卖出高价钱，客人也相对好接受一些。目前的危机是，竞争对手的豪华房提价后，价格已经逼近宇儿的套房，宇儿自然需要给套房提价，遗憾的是，套房数量有限，对收入的整体提升难以起到支撑作用。

（8）总体上看，宇儿失去了最佳提价时机。

所有的清醒，都源于痛苦。

宇儿痛定思痛，认为此时此刻，更重要的是总结经验教训，尽力去弥补过失。于是，她有了这样的思路：

（1）预期管理没有做好，过多关注每天的收益，对未来收益可能因为市场需求变化而发生的变化没有一点防备。

（2）畅销的房间太早销售一空。

（3）对低价的旅行社渠道没有进行很好的管控，不该以这么低的价格，给这么多房间。

（4）一旦行程发生变化，旅行社可能临时出现整团取消预订……到时候，酒店的损失更大。

越想越可怕，于是，她做出了重大决定：

（1）分解旅行社占房，拒绝部分团队，无担保预订无条件拒单。

（2）明确担保住宿间夜数，确保收入不因行程变化遭受损失。

（3）调配旅行社占房，杜绝单一房型被占满。

（4）参考竞争对手，全渠道提价 20% ～ 50%

（5）各房型保留不低于 5 间房内控，在前一天或当天提价 50% 以上幅度出售。

（6）所有预订，优先接待预付、担保型预订。

（7）对于 23 日入住、25 日离店，30 日前入住、12 月 1 日后离店的订房，给予连住优惠。

11 月经营结束，宇儿心情依然不够好，因为会议占房与实际入住差距较大，产生了大量的取消，尤其是宇儿提出会议要有最低担保房量保证的要求后，取消幅度更大了，出现了大量空置房，宇儿一时束手无策，不敢再强硬，11 月经营结果如下：

（1）平均出租率：68%。

（2）开房量：2 040 间夜。

（3）平均房价：175 元。

（4）共计营收：35.7 万元。

（5）日收入：11 900 元。

（6）日收入增长额度：+380 元。

明明是一个很好的增收旺季，偏偏把酒店经营成了淡季。为了提醒自己以后不要再犯同样的错误，宇儿小姐总结了经验，并制作了思维导图，具体如图 3-5 所示：

未来市场流量预估
在店、预抵、预离、各渠道常规当天上客量

预测

风险评估
根据房型畅销度、当期收入
贡献、市场预期综合情况，
评估风险

风控

调研

调研竞争对手
竞争对手各房型、房价
投放和分布情况

限制条款
低价限制、房型限制、住宿
天数限制、担保预订限制

限制

增收

控制免费房、自用房，
减少或拒绝当天供应，争取
更多销售机会

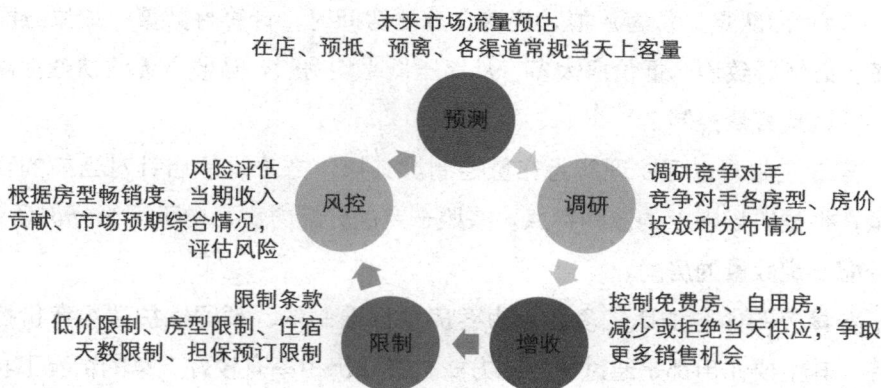

图 3-5 容量管理思维导图

3.6.3 失败原因分析及应对策略

如图 3-5 所示，宇儿这次旺季增收策略的失败，主要原因在于容量控制方面没有做好。在谈容量控制之前，我们先对宇儿的案例进行如下总结评估：

（1）旺季关房：11 月过多地把希望放在后面一周的营收提升上，原计划满房，平均房价超 300 元以上，于是，在中旬对部分房间关闭，轮流进行了突击维修，为提价做准备，中旬没有抓住。这是最失败的地方。

（2）客户流失：挤压预订水分之后，放出了房间销售，因之前拒绝订单较多，销售力度薄弱，对这一类订单跟进不及时，客户开始流失到其他酒店。

（3）细分市场占比：散客是优质价格客户群，团队为冲量客户群，应做大散客源，维系团队源，保证淡季不淡，旺季超收益。

如上总结，我们会发现这么几个有趣的现象：

（1）房间分配给谁，就决定了你的价格。

（2）预订政策不限制，自然会出现预订临时取消的情况，因为客户在取消预订时，没有任何成本支出，如此也就助长了客户预订时的随意性，该随意性造成预订的房间数量、预订时间、入住时长的不准确。

（3）拒绝订单，就等于逼客户选择竞争对手。

（4）团队是低价客源群，应该在分配房间时，计算好数量，如果分配得过多，必然导致酒店低价房太多，从而压低平均房价，让收入无法快速提高。

什么是容量控制？

容量控制，也可以理解为存量控制。其操作方法是酒店针对当前的客房存量，根据市场需求的波动特点，按照一定的分配方案，向不同细分市场／渠道分配一定数量的房间。

容量控制的方法比较多，分为客房预订限制法、预留保护法、竞价控制法等，其主要作用都是通过管控的方式，在让出租率有较好支撑的情况下，把房间卖出更高的价钱。容量控制的常用方法：

（1）预订限制法

该方法主要是通过对当前的房型与房价的预订政策进行限制，在客房数量达到或超过某个价格标准限定的数量时，即停止以该价格供应。

举例： 豪华标准间共计 30 间，给旅行社的价格是 110 元，给会员的价格是 128 元，给协议单位的价格是 148 元，给前台散客的折扣价为 168 元。

在出租率比较低的时期，酒店采取无限制供应的方法，即以不流失订单为前提，争取更好地提高出租率，提高市场覆盖面。

在旺季需求时期，酒店会采取相应的限制政策，比如，旅行社 110 元的价格最低，限制最多接受 10 间及以下的预订，一旦预订数量超过 10 间，则不再接受预订。但是不拒绝旅行社以更高价格（比如 138 元）预订该房型。如果以 110 元价格接受的订单过多，就会在旺季把更多的畅销产品以最低的价格销售出去，违背收益管理的初衷。

同样，我们在运营酒店 OTA 渠道的时候，会发现预订政策中有几个选项，一个是预付，一个是担保，还有一个是现付，这也是根据预订政策的相关限制，实现容量控制的目的。比如，现付的佣金比较高，很多酒店不开通现付功能，只开通预付和担保（在线支付），可以确保预订的有效性，减少临时取消的可能。

（2）客房预留保护法

该方法指酒店根据市场常规情况，向不同细分市场／渠道预留一定数量的客房，实现通过预订控制库存体量的一种保护办法，具体如图3-6所示。

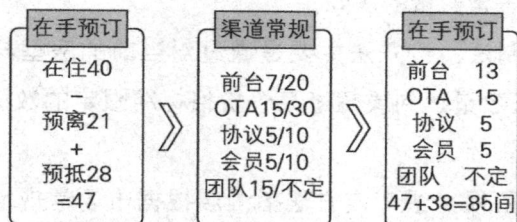

```
┌─────────┐      ┌─────────┐      ┌─────────┐
│ 在手预订 │      │ 渠道常规 │      │ 在手预订 │
├─────────┤      ├─────────┤      ├─────────┤
│  在住40  │      │ 前台7/20 │      │ 前台  13 │
│    −    │  ≫  │ OTA15/30 │  ≫  │ OTA   15 │
│  预离21  │      │ 协议5/10 │      │ 协议  5 │
│    +    │      │ 会员5/10 │      │ 会员  5 │
│  预抵28  │      │团队15/不定│      │ 团队  不定│
│  =47    │      │         │      │47+38=85间│
└─────────┘      └─────────┘      └─────────┘
```

图 3-6　客户预留保护法

在图3-6中，以前台为例，当前在手预订为7间，常规日订量为20间，则推理出今天前台应该继续产生13间的预订。于是，在容量控制方面，就要为前台这个渠道预留13间房，保证该渠道有产品向客人推销，因为前台往往是房价最高的一个销售渠道，给前台留下足够数量的房间，可以遏制"酒店以较低的价格在其他渠道销售同一产品"所占有的体量。

（3）竞标价格控制法

指酒店的某一个房型在规定的时间段，以某一个特定的价格点向客人销售。比较常见的做法有午夜房、甩尾房、钟点房等。

容量控制的积极意义：

（1）通过容量分配的思维逻辑，可以有效规避在市场需求旺季，把过多的房间以较低的价格销售出去；

（2）通过对不同细分市场容量的分配，可以平衡各细分市场的需求，并利用不同细分市场对价格的不同接受能力找到机会，把产品以更高的价格销售出去；

（3）可辅助提升酒店的经营利润。

【本节小结】

（1）散客是具有优质价格潜力（有提价空间）的客户群，团队为冲量客户群，应做大散客源，维系团队客源，从而保证淡季不淡，旺季超收益。

（2）容量控制，也可以理解为存量控制。其操作方法是酒店针对当前的客房存量，根据市场需求的波动特点，按照一定的分配方案，向不同的细分市场／销售渠道分配一定数量的房间。

（3）预订限制法：该方法主要是通过对当前的房型与房价的预订政策进行限制，在客房数量达到或超过某个价格标准限定的数量时，即停止以该价格供应。

（4）客房预留保护法：该方法指酒店根据市场常规情况，向不同细分市场／渠道预留一定数量的客房，实现通过预订控制库存体量的一种保护办法。

（5）竞标价格控制法：指酒店的某一个房型在规定的时间段，以某一个特定的价格点向客人销售。比较常见的做法有午夜房、甩尾房、钟点房等。

（6）在出租率比较低的时期，酒店采取无限制供应的方法，即以不流失订单为前提，争取更好地提高出租率，提高市场覆盖面。

（7）我们在运营酒店 OTA 渠道的时候，会发现预订政策中有几个选项，一个是预付，一个是担保，还有一个是现付，这也是根据预订政策的相关限制，实现容量控制的目的。

（8）畅销房危机：自己酒店最畅销的豪华双床房已经售罄，次畅销的豪华大床房空房已经很少，竞争对手却通过提价的方式，为自己保留了不少畅销房型的空房（库存），计划在未来的销售周期内逐步提价销售。

（9）畅销房引流失当：如果是常规情况，可以用最畅销的双床房进行引流，升级到大床房或套房去，若大床房库存也已经很少了，就无法用低价房型做暗价引流了。

（10）滞销房与销售时机：所谓的滞销房，在旺季销售时期，依然是卖得最慢的，但是可以卖出高价钱，客人好接受。

3.7　未来收益预期管控方法

【本节概述】

收益管理是在结合历史数据的基础上，对市场动态趋势进行模拟画像，采取预订进度分析（预测）、容量控制、动态价格管理、客户优化等综合实操技法，实现对未来收入预期的管理与控制。

本节以故事阐述的方式，讲解宇儿小姐基于旺季策略的失败，发现要想经营好酒店，对未来收益预期进行管控十分重要，要预先发现问题并应对解决，才能保证在未来 7 ～ 30 天的销售期内的收入得到保障，于是，她开始关注预订进度环节。

虽然宇儿小姐的"旺季收益提升计划"以失败告终，但是，从宇儿小姐这 9 个月的经营情况来看，目前已经实现收入 304.64 万元，距离当期收入预算 316.8 万元，差额仅为 12 余万元。

可以说，宇儿小姐在后期的经营工作中实现了后发制人，通过后面 4 个月的努力，基本实现了对之前 5 个月收入亏空的有效填补，具体分析如表 3-17 所示。

表 3-17　宇儿小姐 9 个经营月度数据统计分析表

项目/月份	3月	4月	5月	6月	7月	8月	9月	10月	11月	合计	当期预算	年度预算
出租率/%	88	47	35	40	70	80	89	87	68	65.65	80	80

续表

项目/ 月份	3月	4月	5月	6月	7月	8月	9月	10月	11月	合计	当期 预算	年度 预算
间夜 数	2 728	1 410	1 085	1 200	2 170	2 480	2 670	2 697	2 040	18 480	22 080	29 200
平均 房价 /元	128	148	150	147	140.85	151.28	178	197	175	164.65	144	144
收入 /元	349 184	208 680	162 750	176 400	305 644.5	37 574.4	475 260	531 309	357 000	3 046 401.9	3 168 000	4 204 800

如表 3-17 所示，当前 9 个月的收入为 304.6 万元，较之年度（12 个月）预算的 420.48 万元相差 115.88 万元。距离完整经营年度还有 3 个月，即每个月的收入预算为 38.63 万元（115.88 万元 /3 个月）。这样的月度任务指标对现在的宇儿来说，基本没有难度。

宇儿出色的经营成绩不仅得到了董事会的充分肯定，而且受到了国内某知名精品酒店集团公司的关注，该集团公司向宇儿的团队递来橄榄枝，给出了加盟和高薪聘请两种方案供宇儿选择。

宇儿拒绝了这样的邀请。在她的眼里，她需要的是筹资做更大的平台，而不是给别人做高级打工仔。

对于前 9 个月的成绩，宇儿内心并不是十分满意。因为她算了这么一笔账：

截至 11 月底，酒店在 9 个月的经营中，平均出租率为 65.65%，我们以整数 66% 计算，则表示平均每天实际销售 66 间房，这也就意味着每天还有 34 间房是空置的。9 个月共计有 275 天的销售期，则表示在 275 天中，每天都空闲着 34 间房。

那么，空置房间数为：275 天 ×34 间 =9 350 间夜。

如果每间夜按照 3 月开业酬宾时的最低平均房价 128 元计算，则应产生收入为：9350 间夜 ×128 元 =119.68 万元。

应该产生收入却没有产生收入，那就是不对的。

如果产生了这些收入，就可以用 9 个月完成全年的预算指标，这样下去，就一定能够缩短投资回报周期，有可能在两年内收回全部投资，并且有赢利。

宇儿小姐找到了问题，却怎么也找不到解决问题最简单有效的办法。宇儿请来顾问，谈完自己的分析，直接了当地向顾问提出如下要求：

（1）请你告诉我怎么破解我目前的瓶颈。

（2）我不想把这么多空置的房子用最低的价格卖出去，我想用较高或者更高的价格卖出去，这样一来，我的投资回报周期会更短。

（3）我不想再追加投入，我想让你告诉我，怎么才能在不追加投入的情况下，让我每天的收入可以变得更高。

顾问听完，笑着说："有办法，你的所有问题都能解决，现在你要做的，是认认真真听我讲一堂课。"

3.7.1 神秘的预订进度与借势营销

顾问查询完酒店管理系统（PMS）后制作了一个表格，如表 3-18 所示，然后开始向宇儿小姐讲解神秘的预订进度与借势营销。

表 3-18　预订进度表　　　　　　　　　　　单位：间

类型	房量	预订进度							
		今天	昨天	前天	3 天前	4 天前	5 天前	6 天前	7 天前
套房	20	8	8	8	3	2	2	1	0
豪华大床房	30	24	30	30	25	16	8	8	5
商务大床房	30	30	25	15	8	6	3	0	0
豪华双床房	20	20	20	6	5	2	2	0	0
合计	100	82	83	59	41	24	15	9	5

1. 最早预订时间

客房最早预订时间是指酒店某一个房型，从获取到的第一个订单开始计算。有了最早预订时间，该房型也就有了预订进度的周期。

（1）套房：从表 3-18 可以看出，在 7 天前，该房型一个订单都没有，而在 6 天前，产生了第一个订单，预订了 1 间夜。在 5 天前，预订变成了 2 间夜，即增加了 1 间夜预订，合计有 2 间夜。在 4 天前，显示仍然是 2 间夜，没有产生新的订单。在 3 天前，订单变为 3 间夜，则表示这一天增加了 1 间夜的预订。

从3天前到前天，订单从3变为8，则表示这一天新增了5个订单。

（2）豪华大床房：在7天前已经有了5个间夜，6天前从5变成8，表示这一天增加了3个间夜。而4天前从8个间夜变成了16个间夜，表示这一天增加了8个间夜。

（3）其他房型：同上。

顾问分析：

从预订进度表中可以看出，在这一个销售周期，酒店的豪华大床房最早有新订单产生，而且隔一天就增加了3个订单，两天后又增加了8个订单。

顾问要求宇儿小姐查询这些订单的客人信息。宇儿查询后，发现都是外地客人，而且入住时期都是连住5天左右。顾问告诉宇儿，大床房型通常对应商务客人的属性，建议和这几个客人联系一下，了解他们来这个城市是旅游、出差，还是来学习或者参加会议，根据经验判断，客人来这个城市开会学习的可能性很大。

这时，前厅经理表示名单中有几个客人她相对熟悉，是她亲自给客人办理的入住手续。于是，她主动给客人打电话，询问客人入住期间是否需要其他帮助，趁机打听客人本次出行的目的。

通过了解，果然和顾问判断的情况一样，这几个客人都是来这里参加财务系统的一个学习班，其中课堂学习3天，还有1天安排参观旅游。

顾问告诉宇儿，以后要多根据预订较快的房型判断客人的属性，关注预订周期起点预订房间的客人，对客人的出行目的越了解，越方便根据预订增速来动态调整房型的价格。

看完最早预订时间，接下来就要关注各房型的预订增速，如表3-18所示。

以豪华大床房为例，较快增速时机是从5天前的8间房增加到4天前的16间房，净增长8间房，之后又从4天前的16间房增加到3天前的25间房，净增长9间房，之后又增加到前天的30间房，净增长5间房。

顾问提示：

（1）增速幅度分析：这个房型是所有房型中预订最早，增速最快的房型，开始增速体现在 4 天前，且越临近入住日期，增速越大。

（2）提价时机分析：上面的数字就给你的涨价时机做出了提示，如果你在 4 天前对这个房型进行第一次提价，订量可能会减少，但是你通过提价控制了低价的预订数量，为后期有空房卖出更高价格奠定了基础。

（3）增速增收天花板：在前天，这个房型已经订满 30 间房，而距离入住日期还有至少两天的销售周期，这就给你增加收入设置了天花板。也就是说，从前天开始，你有两天的时间，对所有要预订这个房型的客人都只能拒绝，拒绝订单，就是逼你的客人去竞争对手酒店入住。我给你一个口诀：房型过早销售一空就是损失，就会把你的客人逼到竞争对手酒店。

2. 平均停留时长分析法

顾问要求宇儿对今天在手预订的 82 间房的订单进行详细查询，统计每个客人的入住时长。宇儿完成统计后，结论如下：

（1）入住 1 天：11 间。

（2）连住 2 天：8 间。

（3）连住 3 天：29 间。

（4）连住 4 天：21 间。

（5）连住 5 天及以上：16 间。

顾问分析：

目前的客人构成是连住客人占比较大。对于连住的客人，变价方面只可能住宿时间越长，房价相对越便宜。可是，你经营酒店是为了让每一天都有更好的收入，所以，你要经常考虑的是如何让每一个客人愿意接受以较高的价格入住。

前面我们分析了，会议型的客人预订酒店的周期一般比较早，属于有计划出行。当你在 7 天前发现这个订量变化时，就应该及时与客人沟通，了解他出行的目的，如果你在 7 天前就了解到有这样的会议信息，那么，你会在 7 天前开始第 1 次调整房价，6 天前会第 2 次调整房价，5 天前第 3 次调整房价，直到你在昨天进行最后一次调价。

这样做就可以让你把不同的价格分别销售给入住 1 天、连住 2 天、连住 3 天、连住 4 天的客人，而且入住日期越接近，价格也越高，你在这个房型上的收入会增长 20% ~ 30%。其他房型的操作方法也是一样的。

遗憾的是你没有做，所以你就这样错过了增收的时机。以后千万要记得，房间不要过早销售一空。

3. 其他隐性问题分析法

顾问让宇儿认真查看表格中的数据，让她自己找出其他问题。宇儿小姐认真分析后，做出如下汇报：

（1）豪华大床房从昨天的 30 间，减少到今天的 24 间，有 6 间预订取消了。这说明我的预订政策太宽松，应该对这个房型进行比较严格的预订政策，比如只接受预付和担保型的订单，这样就不会有这么多临时取消的订单。

（2）豪华大床房和豪华双床房都在昨天就已经满房了，我从昨天就开始拒绝订单，把客人逼到了我的竞争对手那里，这其中肯定有愿意出较高价格的客人。

（3）我的套房只销售了 8 间，还是 12 间房空闲，可惜我没有做超额预订，如果做了超额预订，结合升级策略，我完全有机会把所有的套房都卖出去。

宇儿小姐回答完问题，见顾问的神情不是很满意，以为自己说错话了。心里有些忐忑。顾问笑着说："我们研究预订进度的目的，不只是为了通过控制预订进度来提高收入，因为你想要的不只是收入增加，你还想要口碑更好、酒店品牌的影响力和竞争力越来越强，所以，研究好了预订进度，就一定要和营销策略相结合，这样才会让你在竞争群中产生一定的影响力。"

4. 借势营销技法

顾问向宇儿做出如下说明。

以这次的客源结构和特点来分析，主要客源是来本地开会学习的，且入住时间比较长，一般是 3 天的学习时间，通常会住 4 ~ 5 晚。在你第一时间获得这个会议信息时，应重点考虑在公开销售渠道，以本次会议为"营销发力点"，进行借势营销，具体方法如下：

（1）酒店自媒体：在酒店微信公众号、酒店门头 LED 屏幕或挂横幅，阐述你的酒店为这次来开会学习的朋友准备好了温馨的住房，并且在房间内为大家准备了旅游攻略、舒缓精神压力的饮品等。

（2）外部渠道房型名称营销：着重在 OTA 渠道对一个房型名称的前缀进行修改，比如"某某会议大床房"，来参会学习的大多是外地人，见到与自己有交集的东西，内心会深感安慰和信赖，在这种心理诱导下，选择你酒店的概率会大幅增加。同时，每一次会议的举办，在较短时期内，消费者会大量使用百度等搜索引擎，而你的酒店匹配了关键词，曝光概率会更高，相比竞争对手，你的传播速度会更快。

（3）产品为王，价格增收。既然做了宣传和推广，那么一定要把自己的产品设计好，让客人感觉到实至名归——即使支付了较高价格，也觉得性价比很高。具体做法有很多，这里简要举例如下：

①引导客人：礼宾见到客人时，询问客人是否参加 ×× 会议。如果客人回答"是"，礼宾回复客人，"我们为您开辟了绿色订房通道，您可以优先办理入住"，也可以先让客人进房间休息，让礼宾或服务员帮助客人办理入住手续。

②房间产品优化：会议客人对酒店的传播效果远远好于本地休闲客人。所以，在客人支付了较高价格的前提下，房间内的小食品、饮品最好全部或部分供客人免费食用。客人一旦感受到更深切的关照，很大概率会拍照转发朋友圈，为酒店点赞。

③服务流程再造设计：对于入住时间较长的客人，除了饮食不方便外，还有洗衣服的问题也比较闹心。建议客房服务员开夜床时给客人留便签，询问客人是否需要洗衣，可参考如下范本：

尊敬的客人：

您好！

欢迎您入住 ×× 酒店。我是客房服务员 ×××。我得知您本次是来参加会议，会连住我们酒店 3 天，猜想您可能需要洗衣服，我特意为您准备了洗衣液，已放置在洗漱台。如果您还有其他需要，请您拨打内线电话9，服务台的同事会尽快为您解决。

祝您工作愉快！

客房服务员：×××

从调查的案例可以看出，女性客人看到这样的贴心便签后，转发朋友圈的可能性高达95%，在OTA留好评的可能性高达87%，男性客人转发朋友圈的可能性为81%，在OTA留好评的可能性为76%。

我们都知道，酒店的好评率也会影响酒店在OTA上的排名，同时会让其他客人更信任你的酒店，更愿意预订你的酒店。

3.7.2　预订增速与营销政策组合策略

顾问提醒宇儿小姐，对于预订增速的观察，主要用于如下几个方面：

（1）某一天，房型的预订速度和增量忽然加大，说明市场对这个房型的需求量增加了，也说明竞争对手的这个房型可能已经满房，导致流量外溢。

（2）预订增速可以作为提价幅度的参考。如果增速过快过大，那么，酒店在变价时就可以胆子大一点，提价幅度稍微高一些。

（3）如果促使预订增速的是OTA客人或前台的自来散客，那么，可以放心操作提价策略。

（4）如果促使预订增速的是协议单位客人或会员客人，那么，应尽量引导客人选择高价房型，不宜对这一类客人贸然提价。同时，如果提价，要尽量考虑给予客人更多附加值服务，比如延迟退房、房内消费品全免费、接送机服务等。

关于预订增速与营销策略的组合技法，顾问向宇儿介绍了一家他目前正在指导的酒店案例。

某商务酒店，周六、周日的出租率较低，于是推出了周末特价活动：凡周六、周日入住原价218元标准间的客人，均可享受特价138元超值优惠。

该酒店的推广方式是门口LED等展示广告内容，同时在OTA上挂出周末特价房特惠价格。活动已经执行了两个星期，却发现这两个周末的入住率并没有很好地提升。总经理安慰大家说，可能是周末来我们这个商圈的客人本来就不多，即使你给了低价，他们也不会来住，因为他们周末就没有住酒店的需求。

顾问对此有疑问，打开酒店 PMS 系统，查询预订进度和预订增速的相关数据，发现以这个特价订房最多的是下个周六和周日。于是，顾问提醒总经理，每一个新的促销价格出台后，一定要关注以这个价格预订的入住日期，然后从这个价格产生的第一个订单开始做统计，找出预订进度分布的时间段，再找出预订增速突出的时间段。

顾问询问总经理："下个周末附近有什么会议或者社会活动吗？"总经理想了想说："有的，市旅游局要举办一个花卉文博展览会。"顾问继续查询预订订单，发现这个时间段，酒店的标准间已经预订了 80%，都是以 138 元的超低价格预订的。

这个时候，总经理也意识到这个问题，赶紧安排相关人员，在各个宣传平台下架特惠活动。很遗憾的是，大多数房间已经被低价预订了，增收的机会也就这样白白流失了。

宇儿听了顾问讲解的案例，认真做了笔记。

【本节小结】

（1）客房最早预订时间是指酒店某一个房型，从获取到的第一个订单开始计算。有了最早预订时间，该房型也就有了预订进度的周期。

（2）要根据预订较快的房型判断客人的属性，关注预订周期起点预订房间的客人，对客人的出行目的越了解，越方便根据预订增速来动态调整房型价格。

（3）预订增速分析的关键点：增速幅度、提价时机、增收"天花板"。

（4）房型过早销售一空就是损失，就会把你的客人逼到竞争对手的酒店。

（5）提价时机：发现增速这个订量变化时，就应该及时与客人沟通，了解他出行的目的，如果你在 7 天前就了解到有会议信息，那么，你可以在 7 天前开始第 1 次调整房价，6 天前开始第 2 次调整房价，5 天前第 3 次调整房价，直到在昨天进行最后一次调价。

（6）研究预订进度的目的，不只是为了通过控制预订进度来提高收入，还想要口碑更好、酒店品牌的影响力和竞争力越来越强，所以，研究好了预订进度，就一定要和营销策略相结合，这样才会让你在竞争群中产生一定的影响力。

（7）借势营销的三个关键点：酒店自媒体广告；外部渠道（OTA）房型名称营销；产品为王、价格增收。

（8）产品为王、价格增收策略应把握的三个方面：引导客人，房间产品优化，服务流程再造。

（9）从调查的案例可以看出，女性客人看到贴心便签后，转发朋友圈的可能性高达 95%，在 OTA 留好评的可能性高达 87%，男性客人转发朋友圈的可能性为 81%，在 OTA 留好评的可能性为 76%。

（10）某一天，房型的预订速度和增量忽然加大，说明市场对这个房型的需求量增加了，也说明竞争对手的这个房型可能已经满房，导致流量外溢。

（11）预订增速可以作为提价幅度的参考。如果增速过快过大，那么，酒店在变价时就可以胆子大一点，提价幅度稍微高一些。

（12）如果促使预订增速的是 OTA 客人或前台的自来散客，那么，可以放心操作提价策略。

（13）如果促使预订增速的是协议单位客人或会员客人，那么，应尽量引导客人选择高价房型，不宜对这一类客人贸然提价。同时，如果提价，要尽量考虑给予客人更多附加值服务，比如延迟退房、房内消费品全免费、接送机服务等。

（14）每一个新的促销价格出台后，一定要关注以这个价格预订的入住日期，然后从这个价格产生的第一个订单开始做统计，找出预订进度分布时间段，再找出预订增速突出的时间段。

3.8 迎战淡季，提升品牌影响力的方法

【本节概述】

只要面对市场，我们就不可避免地要经历淡旺季。在这种时候，酒店人的共识是"旺季做销量，淡季做市场"，原意是在旺季的时候，想办法获取更多的销量，在淡季的时候，要尽量去开拓市场，为旺季的到来做好铺垫。这样的说法似乎是正确的，然而，笔者看来这却是个伪命题。如果我这样反问："旺季市场需求本来就高，你需要的是做销量，还是做增收？淡季市场需求规律性降低，你开拓市场花费的人力、物力与财力，与淡季的营收成正比吗？"

所以，笔者的立场是"旺季做增收，淡季做销量"。

本节以故事阐述的方式，讲述宇儿酒店在春节后迎来第一个市场淡季，也是全年淡季周期最长的一个"春淡"，宇儿小姐如何运用渠道管理、渠道营销、社群营销，实现了淡季增量、增收，同时提高了酒店品牌的美誉度。

度过春节月份（2月），宇儿小姐酒店的第一个经营年度结束了，在公司年会上，宇儿小姐向董事会和全体员工汇报了酒店过去一年的经营情况，得到了大家热烈的掌声，董事长在年会现场宣布，酒店超额完成的收入，全部列入员工奖励计划，将在前半年按月计入员工的工资。

宇儿在酒店经营一年，其主要经营数据如下：

（1）酒店年度实际收入 435.28 万元，较之年度预算收入 420.48 万元，超额完成 14.8 万元。

（2）酒店年度实际平均房价 163.82 元，较之预算 144 元，增长 19.82 元。

（3）酒店年度实际单房收益（RevPAR）119.24 元，较之预算 115.2 元，增长 4.04 元。

（4）酒店年度实际出租率为 72.79%，较之预算出租率 80%，低 7.21%。

宇儿在做年度经营汇报之前，她在自己的经营日志中，写下了这么一篇文章，摘要如下：

也许是我求胜心太切，总觉得这样的营收表现并不是我的初衷。我原本希望收入可以更高，因为我的初心一直没有变，我想要在更短的时间内收回投资，也只有这样，酒店才能快速建立起自己的经营理念和管理文化。

呵呵，我不是只想做一家酒店的投资人，我的目标是连锁酒店集团。

今年的经营中，存在的主要问题是前 5 个月的亏空太大，后面 7 个月的营收虽然实现了追赶超越，也只是更多在弥补前 5 个月的损失。年度平均出租率没有达到 80% 的目标，也是因为这个原因造成的。在新的一年，我一定要突破这个瓶颈。

现在摆在我面前最现实的问题是 3 月这个最大的淡季月份，我怎么才能做到淡季不淡，最好能把它做成旺季。按照常规的经营思想，淡季到了，我应该整体调低价格，去抢市场流量，可是，我真的应该这么去做吗？淡季除了降价，就没有别的办法了吗？

宇儿写完这封经营日志，想了很久，还是没有下定降价抢市场流量的决心，出于信任，最后她决定把这封日志抄送给顾问，想从顾问那里得到帮助。

3.8.1 淡季经营前期普遍存在的营销失败案例

顾问收到邮件后，很快就回复宇儿。但是，顾问的回复内容，却是一个刺痛宇儿的案例，案例情况如下：

【案例摘要】

某酒店有 100 间房，在 3 月是淡季，出租率不到 30%，为了提高出租率，酒店推出了促销活动，在大堂布放了水牌公示，内容如下：

尊敬的客人：

您好，本酒店 3 月 10 日～4 月 15 日期间，隆重推出预订标准双床房均享受超低价 120 元/间的特惠活动。

您只需拿起您的手机，任意拍我们酒店 3 张照片，发布在您的朋友圈，告诉大家您在××××酒店，特惠房价只需 120 元……

活动执行期间，经常见到这样的情况：酒店的会员/协议客户，在前台办理入住时，发现特惠活动比自己的价格还要低 40 元，于是参与了这个活动，享受了 120 元特惠活动。

前厅经理非常高兴，他很好地完成了"每天扩散 20 人"的目标。然而，酒店总经理自活动开展以来，心情一直不好，因为活动开展 15 天以来，收入、平均房价、单房收益都下降了，具体如下：

（1）该酒店在去年同期（3 月）的经营情况：出租率为 27%，平均房价为 176 元，3 月 1 日～15 日的收入为 71 280 元，单房收益 47.52 元。

（2）该酒店目前的经营情况：3 月 1 日～15 日，出租率为 35%，平均房价 104 元，收入为 54 600 元，单房收益 36.40 元。

（3）同期对比：出租率上涨 8 个点，但是平均房价下降 72 元，收入减少 16 680 元，单房收益下降 11.12 元。

为什么降价了，配套的宣传推广也做了，出租率上来了，收入反而下降了呢？

邮件的末尾，顾问告诉宇儿，后天上午他在"圣奈尔酒店"二楼会议厅有一个淡季经营探讨会，主讲淡季增量增收策略，如果宇儿有时间，他邀请她参加。

毫无疑问，宇儿一定会去的。她同时整理了困扰自己的很多问题，准备在研讨会上提问。

3.8.2 失败营销案例的6个诊断方法

在研讨会上，宇儿做了如下细致的笔记：

1. 酒店价格政策诊断

表3-19所示为酒店价格政策：

表 3-19 酒店价格政策

单位：元

房型	门市价	前台价	会员价	协议/OTA
标准双床	380	268	160	180

从表3-19可以看出，酒店目前120元的特惠价格，远远低于所有销售渠道/细分市场的价格。酒店的目的是通过高性价比的价格吸引更多客人来订房。

会员和协议客人享受低价后，又陆续开始投诉，认为成为酒店会员没有多大意义，并没有得到价格上的更多关照。随着投诉的增多，客人的不满开始累积，流失的可能性增加。

2. 定价没有区分细分市场

酒店做特惠价政策的目的是通过低价获取更多新的市场流量，即为了更好地扩展客源。但是，这种不做任何限制的定价，反倒让原来一直愿意以160元价格入住的会员现在以120元价格入住，同时告诉了更多会员，不用支付160元了，120元就可以入住。于是，很多会员包括协议单位的客人，都不再用原来的高价入住，都享受了120元的特惠价格，导致酒店的平均房价下降，收入也下降了。

3. 最好卖的房子，用了最低的价格

该酒店的标准双床房共有30间，属于相对好卖的房型。我们要统一思想认识，无论是淡季还是旺季，畅销的房型永远是畅销的，不好卖的房间永远是不好卖的。比如酒店的套房，永远是最难卖的。

案例酒店出现的问题，是将最好卖的房子，进行了大幅度的降价，以为可以带来更多新的预订。尴尬的是，最好卖的房子用最低的价格卖出去了，剩下的都是不好卖的房子，而且价格都比这个高，客人接受度会更差。

4. 房型没有实施动态定价

从收益管理角度看，每一个房型对应每一个细分市场，也对应每一个销售渠道，不同细分市场的价格不同，不同销售渠道的价格也不同。同样，不同的细分市场对房型的需求量不同，不同的销售渠道对某个房型的预订进度也不一样。

酒店应该根据某房型在不同销售渠道的预订进度，执行动态房价。例如：今天的双床房，有今天的预订，也有昨天的预订，还有前天甚至更早时间的预订。如果每一天都以同样的价格接受预订，必然导致这个房型很快被订完。因为畅销的房间永远是畅销的。

假设：在今天早上9点，我们发现双床房120元的价格已经被预订了20间，那么，今天只有10间双床房可以销售了，我们应该考虑这个房型的价格提价20元或者恢复到原价进行售卖。

但这样就出现了一个问题：因为活动政策里说明，只要客人分享3张酒店照片到朋友圈，就可以享受这个价格。如果涨价，客人肯定会投诉。

那么，从这个问题就可以看出，酒店在制定营销政策的时候，缺乏收益思维，不懂得如何控制销售进度，不懂得如何进行容量控制。

所以，这个营销政策是有缺陷的，至少应该增加一条提示：本特价房为限量供应。

但这样一来，又会出现一个问题：既然你的房间是限量供应，为什么我用160元订双床房时，你就有房间了呢？你这不是欺诈吗？

这就涉及产品设计策略的问题。

5. 产品设计问题

假设我们依然要用标准双床房（共30间）来做这个营销活动。在我们推出120元低价时，应该对这个房型进行细分。比如，给这个房型另取一个参与活动的名字，叫特惠双床房。具体设计如下：

（1）特惠双床房：每天供应房间数20间，特惠价120元。每天卖够20间，该房型就满房，停止用这个价格接受预订，即当天的特惠活动结束。

（2）标准双床房：原名称不变，每天供应 10 间房，会员价格 160 元，其他细分市场价格维持原价。

这样就可以让一个房型既卖 120 元的特价，也能卖 160 元的高价。差别仅在于酒店目前在手的预订量是否达到了预期。

6.升级引流问题

这个时候，肯定会有人说，我们做特价的目的，就是为了把出租率做上去，现在即使把 30 间双床房都卖出去，出租率也只有 30%，并没有达到我们的目的。

我们不如这样看这个问题：引流房的设定是为了吸引更多的流量。如果这个房间的价格政策引流效果好，即使这个房型满房了，也可以继续售卖，把客人升级到下一级房型，如豪华双床房。

升级的策略常见的有如下几种：

（1）如果客人接受豪华双床房的价格，推荐客人加房费（补差价）进行升级。

（2）如果客人不接受豪华双床房的价格，可以用标准双床房的价格免费升级。

（3）刺激客人接受豪华双床房的价格，可以增加一些附加值，比如可以延迟退房到下午 4 点，可以赠送早餐，赠送代金券，下次入住时可以使用，等等。

（4）淡季是出租率较低时期，通过低价引流，在一定要把客人留下的前提下，尽量通过其他附加值的方式，让客人可以更好地接受相对较高的价格。努力实现低价引流、提高出租率，通过附加值提价增加酒店收入。

综上所述，淡季营销政策的制定，是酒店收益管理开展很重要的组成部分，一定要认真把握好收益管理的五个要素：在合适的时间，把合适的产品，以合适的价格，通过合适的渠道，销售给合适的客人。

3.8.3　淡季增量增收的 5 个经营策略

有了这个案例的启发，宇儿小姐的脑洞大开，她结合自己过去一年的经营心得，设计出了"3 月不淡，增量增收经营方案"，摘要如下：

1. 供应体系优化策略

供应体系优化是指酒店在产品投放形式、投放渠道、投放价格、产品价值设计4个维度运用组合技法，为淡季营销工作清除壁垒，实现拓宽市场覆盖面、提升出租率、差异化定价实现收入增长、价值附加提高客户忠诚度和满意度的目的。其具体方法如下：

（1）产品投放形式：无论是淡季还是旺季，酒店的豪华双床房始终是最畅销的，其次是豪华大床房，其对应的价格分别是豪华双床房138元，豪华大床房168元。宇儿以此为切入点，对以上房型进行了细分设置，方法如下：

① 豪华双床房：共计30间，其中15间以138元的常规价格继续销售，同时虚拟出"经济双床房"的名称，对应价格为108元，用来导流和刺激OTA、前台散客等对价格特别敏感的客户群。

② 豪华大床房：共计30间，其中15间以168元的常规价格继续销售，同时虚拟出"经济大床房"的名称，对应价格为148元，用来导流和刺激OTA、前台散客等对价格比较敏感的客户群。

③ 两套价格组合营销方法：经济大床房148元的价格与豪华双床房138元的价格非常接近，这就会让两个房型的价格产生联动营销的作用，选择148元经济大床房的客人，可能会因为豪华双床房的附加值转而选择豪华双床房，由此会觉得占了便宜，性价比很高；而选择138元豪华双床房的客人，如果想要更大更舒适的睡眠空间，很可能会忽略10元的价差，选择148元的经济大床房。仅10元价差，就让客人有了更多选择。与此同时，108元的经济双床房是在畅销房的基础上，对价格进行了下调，用来应对竞争对手的低价竞争。

④ 通过以上价格与产品的结合，既能应对竞争对手的低价竞争，也能增加客户的选择机会，给予客人附加值，也会让客人认为性价比更高，提高客人的满意度。

（2）投放渠道：很多时候，采取了降价促销的策略，并没有让出租率和收入得到有效提升，其中的根本问题是对特殊价格产品选择错了投放渠道。

比如，协议或会员类客人，其中大部分是商务出行为主，他们有报销的标准，属于公务类消费，只要你给出的价格在他们的报销范围内，他们对价格多一点或少一点，并不十分敏感，他们更在意的是享受到了什么样的服务，感受到了什么样的消费体验，尊贵感、舒适度、便捷度等内心诉求更加强烈。

而对于通过询价、比价方式来的客人，他们对价格十分敏感，对可以享受到的服务体验在意程度并不很高。

所以，最新、最低的价格，应更多向可以获得新生客源的渠道重点投放，用来吸引更多新生流量，比如 OTA 渠道、旅行社、会议会展公司等。

这时，前厅经理反问宇儿小姐：如果这样做，协议单位和会员客人会有意见的，凭什么同样的房型，你给别人的价格要比自己的价格低那么多？

宇儿小姐笑了，说："这就是我下面要强调的，怎么让客人开心地愿意支付更高价格。"

（3）产品价值设计：对于支付不同价格的客人，要给予不同的服务延伸，具体如下：

① 对所有在同等房型支付更高一级价格的客人，均给予赠送早餐、延迟退房 2 小时、赠送睡前牛奶、订房最晚保留时间延迟到 20 点的服务。

② 对协议或会员类客人，均有权享受以酒店当前最低价格入住特惠房型，且即使该类客户用了最低价格入住，依然享受赠送早餐、延迟退房 2 小时、赠送睡前牛奶、订房最晚保留时间延迟到晚上 8 点等服务保障。

③ 对协议或会员类客人，如以原价（当前最高价格）入住，在享受如上服务保障的同时，可免费洗衣（免费使用洗衣机、免费提供洗衣液）、熨烫衣服，房内小食品或饮品免费食用，且同时享受免押金入住、退房甩卡走人的特殊礼遇。

④ 对以当前最高价入住的协议或会员客人，根据出租率情况，可享受优先升级套房礼遇，其他服务保障和礼遇可同时享受。

2. 销售渠道优化策略

宇儿酒店当前分销渠道有美团酒店等 OTA 平台，其中，产量最高的是美团酒店网，其客源供应量占 OTA 渠道的 80%。于是，宇儿决定采取"做强优势资源，提高渠道产量"的策略，与美团酒店商务拓展部门（BD）深入沟通，确定了如下调整方案：

（1）商圈：开通酒店双商圈搜索引擎，提高酒店首次曝光机会。

（2）简介：文字优化酒店简介，着重介绍酒店交通便利程度、周边生活环境、酒店服务理念、酒店惊喜服务类型（如生日蛋糕、儿童礼物等）。

（3）图片：更新所有展示图片，3月份为草木发芽的季节，整个城市缺少绿色，宇儿选择所有酒店外观、环境、大堂、房间等区域的照片，均以绿色植物为衬底焦点拍摄。从焦点图上看去，宇儿酒店一派绿色升级，较之竞争对手的白、黑、红、彩等色调，反差效果很明显，起到了吸引客人目光的作用。

（4）严格清理代理或管理代理的价格，和 BD 配合，一旦发现有代理在其他渠道挂出较低价格，要通过预订的方式查找代理源头，与其进行法律交涉，要求其下架或调整价格。

3. 渠道强化营销策略

该环节工作部署主要分为两个方面。

（1）与 OTA（美团酒店）深度合作，参与其"挂冠"、全城促销、连住特惠、抢购返现等营销活动，确保在美团酒店整个渠道的任何活动界面，都有宇儿酒店曝光的机会和预订通道。

（2）网评营销：从服务流程入手，设置一连串打动客人拍照、留言的暖心服务，同时对留了好评的客人及时进行电话回访，立即兑现在住房费减免的承诺，对离店后留言的客人，以快递形式向客人递送感谢信和精美小礼品（有酒店 LOGO）。

这个做法，反倒让已经离店的客人，再次去留好评，同时在微信朋友圈表达对酒店服务的满意，义务为酒店做推广。

当员工发现客人再次留言或发了朋友圈时，再次通过留言回复的形式与客人互动，并再次快递 100 元代金券，让客人在下次入住时，可以在豪华房型及套房享受立即减免 100 元的特殊福利。

其活动主要宗旨：只要客人还在互动，酒店就不要停，一直要有响应，要像和客人谈恋爱一样，让彼此感受到被关注。

收益管理：有效降低空置率，实现收益翻番

4. 社群营销策略

社群主要指以特殊兴趣爱好组成的群体，比如酷跑、夜跑、户外登山、自驾游等群体。

实现方法：以该群体的管理员为主要突破口，与其洽谈酒店向该微信群提供的特惠价格服务，群成员来店入住，报微信群名称，即可享受特惠价待遇。同时，对管理员的推广有适当提成。

营销方法：同 OTA 渠道。客人互动不停，酒店就一直响应。

5. 组织架构优化策略

为了做好淡季收益提升的综合策略，宇儿特意成立了执行小组，具体情况如下：

组长：宇儿总经理

副组长：前厅部经理

组员：接待员小文、接待员小五、预订兼秘书罗茜

组长职责：

策划并组织淡季收益策略的执行、优化和调整；

直接负责产品投放形式、服务价值设计环节。

副组长职责：

落实渠道管理方案；

组织并落实渠道营销方案；

考核组内员工作推进的进度和质量。

组员职责：

小文负责 OTA 留言界面互动营销；

小五负责通过快递方式与客人互动；

罗茜负责社群互动营销及管理员提成核算。

小组福利：

每人 500 元现金补助 + 增收比例提成；

计划每人每月额外获取收入不低于 3 000 元。

在宇儿的亲自督导下，每一项工作都得以扎实推进，酒店员工的精神面貌大为改观，其他员工纷纷表示要加入增收小组，并主动承担了很多额外的工作。

3月21日上午，宇儿小姐在办公室对3月的运营情况进行了梳理，发现了如下惊喜：

（1）出租率较好地稳定在85%，共有5天实现了满房。虽然没有去年3月开业酬宾期的88%的出租率高，但是酒店的平均房价比去年高很多。

（2）平均房价148.24元，较去年3月128元的平均房价高20.24元。

（3）目前收入37.8万元，较去年同期的22.52万元，收入增长了15.28万元。

（4）新开拓客源群体：自驾游群3个、户外活动群5个，社群共导流735个间夜。

（5）好评率：好评留言总数328条，平均每条互动2.3次。好评总数超过了去年最高月份（10月）的209条，破了历史最高纪录，较之多出119条。

在整个3月，宇儿酒店成为了商圈内最火的酒店，朋友圈里到处传播着宇儿酒店客人留言的信息。宇儿酒店一时成了网红酒店。

在董事会的积极推动下，公司通过股权稀释，增加了一个合伙人，该合伙人带来了其公司旗下6家酒店，划入"MK·宇儿"酒店管理公司旗下。宇儿成为酒店管理公司执行董事兼总经理。

【本节小结】

（1）旺季做增收，淡季做销量。

（2）引流房的设定是为了吸引更多的流量。如果这个房间的价格政策引流效果好，即使这个房型满房了，也可以继续售卖，把客人升级到上一级房型。

（3）淡季是出租率较低时期，通过低价引流，在一定要把客人留下的前提下，尽量通过其他附加值的方式，让客人可以更好地接受相对较高的价格。努力实现低价引流、提高出租率，通过附加值提价增加酒店收入。

（4）供应体系优化是指酒店在产品投放形式、投放渠道、投放价格、产品价值设计4个维度运用组合技法，为淡季营销工作清除壁垒，实现拓宽市场覆盖面、提升出租率、差异化定价实现收入增长、价值附加提高客户忠诚度和满意度的目的。

（5）通过以上价格与产品的结合，既能应对竞争对手的低价竞争，也能增加客户的选择机会，给予客人附加值，也会让客人认为性价比更高，提高客人的满意度。

（6）最新、最低的价格，应更多向可以获得新生客源的渠道重点投放，用来吸引更多新生流量，比如 OTA 渠道、旅行社、会议会展公司等。

（7）对于支付不同价格的客人，要给予不同的服务延伸。

（8）互动营销宗旨：只要客人还在互动，酒店就不要停，一直要有响应，要像和客人谈恋爱一样，让彼此感受到被关注。

（9）商圈：开通酒店双商圈搜索引擎，提高酒店首次曝光机会。

（10）简介：文字优化酒店简介，着重介绍酒店交通便利程度、周边生活环境、酒店服务理念、酒店惊喜服务类型（如生日蛋糕、儿童礼物等）。

（11）图片：更新所有展示图片，3月份为草木发芽的季节，整个城市缺少绿色，选择所有酒店外观、环境、大堂、房间等区域的照片，均以绿色植物为衬底焦点拍摄。

（12）严格清理代理或管理代理的价格，和 BD 配合，一旦发现有代理在其他渠道挂出较低价格，要通过预订的方式查找代理源头，与其进行法律交涉，要求其下架或调整价格。

（13）与 OTA（美团酒店）深度合作，参与其"挂冠"、全城促销、连住特惠、抢购返现等营销活动，确保在美团酒店整个渠道的任何活动界面，都有酒店曝光的机会和预订通道。

（14）网评营销：从服务流程入手，设置一连串打动客人拍照、留言的暖心服务，同时对留了好评的客人及时进行电话回访，立即兑现在住房费减免的承诺，对离店后留言的客人，以快递形式向客人递送感谢信和精美小礼品（有酒店 LOGO）。

第三篇

↓

酒店收益管理综合实操"6M"技法体系

03

第四章

酒店业普遍存在的 11 个痛点问题及想要提升的 6 个方面

【本章概述】

收益管理的知识体系涉及酒店产品的设计、定价、市场细分、渠道管理、预测、价格优化、市场优化、渠道优化、容量控制、超额预订等众多知识点，在学习收益管理的基础知识后，我们需要把每一个知识点都及时有效地去具体的工作中实操运用。然而，酒店因为所处城市、商圈、客源结构、销售渠道开发等因素的不同，收益管理的知识在运用中经常出现理论和现实难以对标、与酒店的实际情况差异较大等问题，难以破解。

本章故事结合收益管理在中小单体酒店（经济性、快捷）、精品主题酒店、商务类酒店、会议型酒店、旅游度假类酒店、城市公寓、民宿等不同经营业态的具体情况，在千余家酒店案例中对收益管理实操的共性问题进行高度提炼，凝结成"6M 综合实操技法"，让收益管理的知识与原理，有效地与酒店的实操环境相结合，确保收益管理工作在不同业态酒店的执行中能够立竿见影。

4.1　酒店经营中普遍存在的 11 个痛点问题

"欲行其事，知所求，而行善法，知行合一，无所不应。"

在案例酒店调研、顾问指导的过程中，我们发现在学员系统学习了收益管理的基础知识后，依然有如下诸多问题摆在我们面前，让我们一时难以找到解决的办法。为了便于理解，笔者以案例中普遍存在的共性问题，采取"问答模式"予以说明，方便大家找到和自己有共性的问题，然后精确地找到可以破解的方法指导。具体情况如下：

（1）我家酒店的地段位置还不错，酒店也是新开业不久，设施设备都挺新的，但是，我旁边的酒店经常都可以满房，可是我家酒店的出租率连一半都不到，我也想了很多办法，比如打折、促销、给客人送礼品等，做活动的时候，出租率还能上来，可是，活动一停，出租率不停地往下掉。让我最无法接受的是，活动做了很多，出租率也上来了，可是收入还是没上来。我现在就想知道，有没有什么办法，可以让我家酒店的出租率能提上来，不说满房了，至少能达到 80% 以上吧，我不仅想让出租率上来，还想让它比较稳定，千万不要再让我像坐过山车一样，真是受不了这样的打击了。

答：影响出租率的因素有很多，首先你应该学会如何有效地去诊断你的出租率问题，了解酒店的具体情况，发现你还不知道的更多隐性问题，然后逐一破解。

（2）我的酒店在一栋商业大厦上，周边写字楼也比较多，酒店也非常多，尤其是中小酒店，房间有五六十间的那种。和我的酒店在一栋楼上的酒店就有三家，他们算是我的直接竞争对手吧？可是，这些酒店总是扰乱市场，经常降价，我指的经常降价是只要我一降价，他们肯定要降得比我的低，我要是再降价，他们还会往下降，这不是扰乱市场吗？好像跟我有仇一样，搞得经常有客人到我们前台指责我们，说"你看你们家楼上的酒店，就比你们便宜，你们老板心也太黑了吧"。我真是委屈死了，现在价格这么低，我天天在赔钱，再这么下去，我要亏死了。对这种问题，我应该怎么做？

答：竞争对手对你针对性地降价，是把你作为主要竞争对手。最让你尴尬的可能是你和竞争对手的酒店因为投资额度不同，他们降价，未必是在亏本经营，但是你降价就肯定亏本。

（3）我的酒店已经开业两年多了，生意还算不错，旺季的时候，出租率基本都在80%以上，淡季的时候，也有50%～60%，我知道这样的经营情况也不算好，但是我不知道怎么能更好地让我的出租率上来。我还有一个问题，这个问题困扰我很久了。我的酒店房间价格不高，这可能是我酒店出租率还算稳定的一个主要原因吧，我一直想把我的房价再涨一些，因为我旁边酒店的价格，好几家都比我高，而且生意也都不错。之前，我也试着涨过价，可是效果特别不好，涨价后，出租率马上就下去了，连很多老客户都不来了。我想知道，有没有什么办法，可以让我把价格涨上去，客人还能满意地接受？

答：你提出的两个问题，一个是出租率不高，想再提上来；另一个是想涨价，但是客人接受度不好。从你酒店的具体情况看，这两个问题其实是一个原因引起的，那就是"产品设计和价值设计"的综合技法没有运用好。

（4）我们是一家连锁酒店，旗下有18家酒店，其中有一部分酒店就在景区周边，这里的淡旺季特别明显。淡季的时候，出租率都比较低，有没有什么办法，可以让我在淡季的时候，收入可以做得更高一些？

答：首先你要清楚一个问题，市场进入淡季时期，大量的市场需求减少了，也就是说，客人的总量变少了。但是，淡季的客人少，并不是说客人都不愿意接受较高的价格，而是你被大家或者你固有的思维模式影响了，认为淡季就应该降价、搞促销，不然就没有客人来。实际上，很多时候，降价也未必有客人，旺季也需要搞促销。

（5）我是个新人，刚开始接触酒店行业，现阶段在经营一家酒店，据说以前这家酒店的生意还不错，但是去年下半年，周边连着开了几家酒店，生意一下子就不好了。很多朋友都要我去了解一下竞争对手，我也去看了，他们有的确实比我的酒店好，但有些酒店还比不上我的，价格方面我也调整了，我的价格算是其中比较低的，可是生意还是不见好，我现在不知道该怎么做了。

答：首先你要了解一点，现在是"流量全城跑、全城搞竞争"的时期，客人选择酒店，不仅仅只是看地段和位置的。也就是说，在你发现你周边的竞争对手之前，和你酒店匹配的市场流量已经流失了 80% 左右。你需要知道你的客人在哪里，他们在想什么，知道怎么去有效地评估你的竞争对手，怎么去制定制衡你竞争对手的收益策略。

（6）我是一家酒店集团的人力资源总监，我们旗下有 100 多家酒店。我们酒店的经营方式是集团统一规划指导、店长负责制。这两年来，有一部分酒店的生意不太好，不太好的情况也不尽相同：有些是出租率一直做不上来；有些是出租率还可以，但是收入上不来；有些是出租率不好，收入也不高，口碑也不好。对于这种问题酒店，我们也想了很多办法，效果不太明显。我觉得主要问题是店长对这些问题酒店失去了做好的信心。我也尝试过采用某集团酒店"军管店"的模式，在全集团层面选派优秀店长去管理问题店面，薪酬结构主要是底薪＋收入提成。我们的底薪还不错，算是业内中等偏上。选派去的店长刚开始还很努力，时间久了，好像也失去了信心，也不再指望拿收入提成了，一个月也就拿个底薪。我想尝试降低底薪、提高收入提成比例的办法，简单来说，就是设置阶梯考核的办法，去刺激大家的积极性，但是又担心比较冒险，万一这些管理人员不满意，流失到竞争对手那里去了，问题就更严重了。

答：从您的观点看，您认为酒店经营情况不好，和管理体系、薪酬激励体系有关，这一点我非常赞同，您的做法我也非常认可。同时，我也有不同的看法，我的立场是，酒店经营情况好与不好，应该分为两个层面看：一个是经营层面的问题，一个是管理层面的问题。这两个问题虽然是辩证统一的，但是，我不觉得这是"鸡生蛋和蛋生鸡"的问题。问题肯定是经营的定位、策略的制定方面与酒店所处商圈、客源结构等方面不是十分匹配。所以，我建议首先应该重点考虑如何提升经营状态，经营情况有所好转，大家会更有信心，这个时候对薪酬激励才会燃起挑战的勇气。您集团旗下酒店出现的问题各不相同，所以我建议您组织店长一级人员系统学习，让大家根据自己遇见的不同问题，去找到相关的解决办法，先把经营状态扭转过来。

（7）我的酒店生意还算好，出租率也比较高，店长他们干得都不错，我们酒店在那一片算是最好的酒店了。我现在经常考虑这样一个问题，我们酒店就是 158 间房间，每天也就只有这么多房间可以卖，我不可能临时增加房间，所以，我想问的是，怎么才能让我一间房间多挣一点钱，收益管理不就是让酒店的收益最大化吗？这个问题能帮我解决吗？

答：您提出的这个问题比较普遍。其实，无论您当前的生意好还是不好，大家都想让自己酒店的每一间房都可以挣出更多的钱。酒店的产品不可储存，就像您说的，每天只有这么多房间可以卖，没办法把昨天没卖出去的房间拿到今天继续卖。

（8）我特别讨厌酒店的差评。有些时候，确实是我们工作中出现的一些问题让客人不满意从而留了差评，我们也立即改正了，可是，客人不愿意删除差评，我们也想了很多其他办法，这些差评大部分都很难清理掉。有这些差评挂在那里，就会影响别的客人订我们家酒店。还有更让人恼火的，有些差评提出的那些问题，其实压根就不是我们酒店的问题，或者说，这些留言有点无理取闹、无中生有的意思，我怀疑这些差评就是竞争对手故意留的。可是，这种情况我们也只能哑巴吃黄连了，毕竟没有抓到证据。有没有什么办法，可以让我们把这些差评去掉？还有，让想污蔑我们酒店的竞争对手有所畏惧，不然他们永远这么肆无忌惮，我还怎么经营。

答："关于"差评"处理的问题，不同的 OTA 平台有不同的解决办法，而且他们很关注这些问题，也在积极想办法帮店面通过技术手段处理。这个问题如果站在另一个角度看，OTA 是服务商，它既要对酒店负责，也要让客人满意，所以，OTA 只能去和客人交涉，在商家和客人之间做权衡和说服。

就您的问题，我更想和您分享的是，好评和差评其实都具备一个隐性的功能，那就是"公关"，酒店之所以选择在 OTA 平台销售房间，更多的是看好 OTA 巨大流量的广告窗口，那么，既然是广告窗口，为什么我们不能尝试去经营好"差评"，让它产生更多、更有利于你的广告效应呢？

（9）收益管理说酒店要把握时机涨价，这样才能获得更多的收入，可是，这个涨价究竟该怎么涨？什么时间涨价才能挣钱？不要我一涨价，客人不来了，跑到我竞争对手那边去了，那我不是在给竞争对手打工吗？这个涨价到底涨多少才合适？

答：首先，您说的把握涨价的时机，这样能让酒店获得更多的收入，我特别赞同。但是，很多时候降价了也一样可以帮您挣更多的钱。收益管理看上去是对价格运用了各种方法，其实，收益管理的核心知识与有效操作技法并不只是这样，您说的只是其中一个小的方面。涨价的操作技法是收益管理实操过程中含金量最高的一个环节，也是您在当天收入和出租率能不能提高、平均房价能不能提高、收入能不能得到有效增长的一个特别重要的影响环节。

（10）收益管理是不是很难呀？好像要用很多数据出来说话，我从小数学成绩就很差，我能行吗？还有，收益管理是不是有什么工具可以用？就是那种比较简单的，不用动太多脑子，不用干太多活儿，我看了数据，就能知道我应该怎么做，就能提升我的收入的那种工具。我这个要求是不是有点不厚道呀？可我还是希望您能跟我说"这都不是事儿"我真的不喜欢太复杂的事情。

答：您的问题比较多，我逐一为您解答：

① 收益管理真的不难，其实就是把握好核心的五要素：在合适的时间，把合适的产品，在合适的渠道，用合适的价格，销售给合适的客人。

② 收益管理是要用数据说话的，因为我们的经营管理工作不能完全靠个人的经验去判断，很多时候，在竞争关系的变化下，个人经验是不准确的。

③ 数学成绩差，并不代表不能学习收益管理。只要您不是那种收了客人钱，经常给客人多找回钱的人就行。

④ 收益管理是有工具辅助的。工具分为两种，一种是自己手工设计和制作。常用的数据分析工具，前文已经提供给您了，您可以直接套用，或者根据自己

酒店的情况，修改一下表格。另一种工具是系统工具，目前市面上比较多，美团酒店的后台也有这样的收益管理系统，可以帮您检测竞争对手的价格动态、查看未来一段时期的市场流量、给出您价格建议等。

⑤ 通过看数据，就可以知道自己遇见了什么问题、应该怎么去做。要很好地学习才能通过数据看出规律和问题，一定要在学习好知识点以后，多落地实操，不要怕犯错，否则永远没有进步。

（11）我的酒店在大学城附近，平时周末的生意比较好，尤其是周五和周六，基本上都可以满房，但是周内的生意就很差，出租率很低，一天十来间房的现象都有，而且我不敢涨价呀，周末来的大多是学生，他们的消费能力不太高，一涨价，他们也不来了。这是我最头疼的问题，酒店已经开业 3 年了，成本还没收回来，压力特别大，遇见这种情况，我应该怎么办才好？

答：首先您的情况是客源结构比较单一，比较惨的是，您的主要客源又是学生，他们的消费能力相对弱，需求周期明显，对价格的敏感度非常高。这种情况下，您应该尝试从客源开发、渠道管理、市场培育等几个方面着手。

诚然，以上问题是在收益管理实践中，发现酒店业普遍存在的共性问题，其中还有很多个性的问题，比如某一类客源流失比较快、客人从线上转到线下、如何让会员客人越来越多、怎样把从 OTA 渠道的客人有效培育和转化成酒店的忠诚客户等。

在市场末端，客人的需求变化是多种多样的，在经营末端，酒店在不同经营时期的诉求也是不断变化的，这种情况下，就需要我们更好地学习收益管理知识的核心原理，以不变的知识和原理，去应对市场末端和经营末端的各种变化，真正有效地实现酒店收益的最大化，而不是纸上谈兵。

4.2 酒店想要提升的 6 个方面

现在我们需要站在更高的层面去看上述酒店所面临的痛点问题。你会发现，虽然大家所面临的处境、面对的问题、想要的结果各不相同，但是，基本上都有一个共同需求体系，如图 4-1 所示：

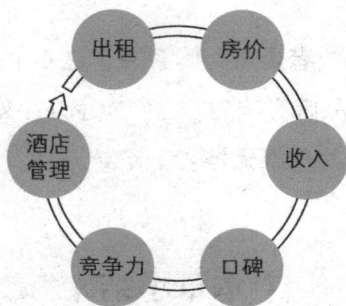

图 4-1　酒店经营需求

具体阐述如下：

（1）出租率越来越高：无论是周内还是周末，无论是淡季还是旺季，我都不要低出租率，要出租率越来越高，最好经常满房。

（2）平均房价越来越高：不要低价，要高价，最好价格越来越高。

（3）收入越来越高：一间房能不能卖更多的钱？淡季能不能多挣点钱？旺季怎么去挣更多的钱？我的收入能不能更高？

（4）口碑越来越好：以客户对酒店的评价为主要表现形式，希望好评越来越多，客人对酒店的认可度更好，愿意义务帮助酒店去做推广，酒店的美誉度越来越好。

（5）竞争力越来越强：不再担心竞争对手降价，即使竞争对手降价，我的客人也不会流失，我的收入也不会受到太大影响，我的酒店在不同的市场需求时期，将成为商圈内酒店定价的风向标，成为大家定价的参考酒店。

（6）管理越来越轻松：优秀的酒店管理模式，不是让店长（总经理）、业主长期陷于具体的事务性工作，而是让高级管理人员有更多思考时间，去关注市场动态、研究竞争对手、研究产品与价格的销售时机，带领员工一起做好经营工作，让酒店的收入越来越多，员工的收入也越来越多。收益管理知识的普及及具体应用，会让每一个员工始终关注如何让一间房卖更多的钱，如何让客人更加满意，更重要的是，他们不是只懂得这些道理，而是真正在具体工作中能寻找一切时机，让这些目标实现。那个时候，人人都是酒店的收益参与者，一切都将变得非常轻松。

当你的酒店用 6 个月或者更短时间解决了这 6 个痛点，我相信，到那个时候，你的酒店和你个人的品牌影响力，也会像宇儿小姐一样，得到溢价和增值，你的酒店事业将步入另一片广阔天地。

| 本章小结 |

◎ （1）收益管理的知识体系涉及酒店产品的设计、定价、市场细分、渠道管理、预测、价格优化、市场优化、渠道优化、容量控制、超额预订等众多层面。

◎ （2）酒店因为所处城市、商圈、客源结构、销售渠道开发等因素的不同，收益管理的知识在运用中经常会出现以偏概全、与酒店的实际情况差异较大等问题，难以破解。

◎ （3）在市场末端，客人的需求变化是多种多样的；在经营末端，酒店在不同经营时期的诉求也是不断变化的。

◎ （4）收益管理可以让酒店出租率越来越高、平均房价越来越高、收入越来越高、口碑越来越好、竞争力越来越强、经营管理越来越轻松。

◎ （5）酒店业经营中目前存在的 11 个共性痛点。

第五章

收益管理综合实操"6M"体系解析

【本章概述】

从酒店学习并运用收益管理的评估情况看，**80%** 的学员在系统学习收益管理知识后，依然面临无法有效落地的尴尬。究其原因，酒店收益管理知识虽然具有很强的适用性，但依然无法对每一家酒店都适用。各家酒店因所处的位置不同、商圈属性不同、客源结构不同、预订进度不同、销售渠道侧重点不同、产品结构不同，造成无法用共性的知识去解决个性的问题。为了有效解决这一难题，本章立足于酒店在收益管理实操中几个关键的经营时期，提炼出简便易行的收益管理综合实操技法"6M"体系。同时，结合美团酒店"公明收益"工具，让酒店开展收益管理时，在数据整理、分析、市场预测方面更加便捷、有效。如对"公明收益"，扼要阐述以下内容：如何利用"公明收益"的"智能医生"功能，诊断及优化美团酒店销售渠道；如何利用"竞争圈"功能，实时获悉竞争对手变价、关房、限制销售等动态；如何利用"天眼功能"，提前获悉城市及商圈流量及敏感价格区间。书中以实际案例解析的方式，简洁生动阐述实操技法与"公明收益"工具的联合运用方法，让酒店收益管理工作更加轻松，便于酒店业主、总经理及收益管理人员真正将收益管理在酒店的运营环境中有效落地，并实现"6M"维度的有效提升。

5.1 【画像法则】如何破解酒店低出租率难题

【本节概述】

常规情况下，我们认为酒店因为所处商圈不同（如景区及景区周边、商务区），或遭遇市场淡季时期，酒店的出租率会相对比较低（甚至下降），在这种时候，我们会忽视这么几个问题，比如细分市场订量的减少趋势、表现状态；房型对于出租率的支撑作用；出租率是否真实显示了经营情况，等等。尤其是客源相对单一的酒店，比如景区或大学城周边的酒店，其出租率的波动情况特别明显。

本节以案例阐述的方式，讲述宇儿在新接手一家酒店时，如何通过对一张表格、对出租率进行具体的诊断与分析，找出问题的症结，并给出收益提升的策略与建议。

在公司的积极推动下，宇儿已晋升成为酒店管理公司的董事兼CEO，负责旗下6家酒店的经营与管理，以及新物业的开发。目前，公司合伙人贾先生给宇儿提供了一家酒店的资料，让宇儿考虑是否可以接盘，具体情况如下：

1. 酒店的基本信息

这是一家快捷酒店，总房间数有100间，位于火车站旁边，在市区内。物业年租金为65万元，无转让费，无物业费，电费8毛，水费按民用收费标准，酒店没有餐厅，有1间会议室，面积约50平方米，酒店2013年开业，平均房价100元/间左右，酒店2017年年初进行了内部翻新装修。

2. 贾先生的态度

很想接手，因为租金很低，没有转让费，利润空间比较大。

3. 调研情况

为了对酒店的综合情况有更多了解，贾先生先后去酒店入住体验了4次，从入住办理、入住体验、离店等环节综合判断，消费体验比较好。

4. 贾先生认为存在的不足

卫生间地砖不够美观，垢渍、水锈较多，洗澡时下水不够通畅，贾先生考虑接手后对地砖进行统一更换。空调的制冷效果不好，从网评情况看，这一问题比较突出，是客人入住体验不好的主要因素之一。

通过对酒店周边商店、餐厅等场馆进行调研访谈，大家对这家酒店的经营情况反馈如下：生意还行，挺好的，旅行团还挺多的……

这样的调研信息让贾先生信心大增，更加有自信能把这家酒店经营好。宇儿小姐比较谨慎，提出让业主提供这家酒店过去12个月的经营数据，认为只有看了经营数据，才能对酒店的具体经营情况有比较准确的判断。

经过与业主交涉，查阅经营数据的请求被业主拒绝了。

贾先生认为不看经营数据也没关系，这只能说明业主把酒店的经营搞得很不好，生意挺好，反而没有挣钱，是他不会搞经营，所以不好意思给大家看他的数据。他经营不好，不代表我们经营不好。

然而，宇儿坚持不给看数据的话，这家店坚决不考虑。经过与业主的反复协商，业主提供了近2个月的出租率统计日报。

5.1.1　出租率诊断技法

宇儿对出租率统计日报，按照周规律特点进行了汇总整理，如表5-1所示：

表 5-1　周规律分析表

类型 / 日期	周二	周三	周四	周五	周六	周日	周一
出租率	57.00%	67.01%	75.26%	100.00%	83.51%	100.00%	58.16%

这一天发生了什么？←┛

公司内部对这组数据进行了充分的论证，情况如下：

（1）酒店的出租率从周二至周五有逐步增量的表现，周三至周四，增幅不大，但是周四至周五，增幅很明显，同时，周六出租率开始下滑，周一与周二的出租率相对较低，这些特点都在说明一个问题，酒店有较好的商务性质的客源群体，特别利好的是，平均每周至少有两天是100%可以满房的。

（2）商务性质的客源群体可能来自酒店前台、协议单位、会员、OTA渠道。这就说明，酒店无论在直销渠道还是OTA分销渠道，都能有效吸引商务类客源。

（3）商务类客源是散客群体，属于酒店可以有效开展动态定价来优化客户培育体系的支撑客源，因为该类客源对价格的承受力不一样，主要差异来自公司的报销额度，所以，定价具备良好的弹性空间。

对于这样的定论，宇儿始终没有给予正面回应，因为她一直在思考一个问题：为什么周五和周日的出租率都是100%，周六的出租率却只有83.51%，这一天发生了什么？

宇儿小姐分析，周六出租率下跌的原因可能有以下几种情况：

（1）周五入住的商务客人中，有16间房的客人退房，或临时取消订房。

（2）如果上面的推理成立，那么，周日又满房，难道说周日的商务客人又增加了吗？这显然不符合商务客人的规律。

（3）另一个大胆的推理是这家酒店既有稳定的商务类客源，又有旅游类客源，比如以家庭为单位的出游客人，通常选择周末出行，这样就会把周五至周日的出租率拔高。但是，能同时把这两类客源都做好的酒店，经营不善的可能性又很小。

（4）继续推理如下：周五的客人中，有16间房的旅行团，这个旅行团在周六按照行程计划，去其他酒店或在其他城市入住，到周日才返回本酒店继续入住，所以出现了周五和周日的满房。

（5）如果以上推理都正确，那么，还有一个问题不好解释，那就是这组数据是通过2个月的每日出租率情况，以星期的属性进行的平均。难道，这家酒店每到周五都会接10多间房的团队，然后周六不在酒店入住，周日又返回入住吗？

宇儿小姐的这个疑问，引起了贾先生的重视，贾先生也隐约觉得这里面的问题可能被掩盖了。于是，在查询每日的房间销售量（见表5-2）以后，他们有了非常震惊的发现。

表 5-2　每日订量分析表

类型 / 日期	周二	周三	周四	周五	周六	周日	周一
可用房	100	97	97	97	97	73	98
当日销售	57	65	73	97	81	73	57
出租率	57.00%	67.01%	75.26%	100.00%	83.51	100.00%	58.16%

从表 5-2 可以看出以下问题：

（1）当日销售：周五和周日的出租率都是100%，可是，当日销售的房间数量却完全不同，周五销售了 97 间房，周日只销售了 73 间房。然而，他们为什么出租率都是 100% 呢？这就需要我们审视它的可用房。

（2）可用房：周五的时候，可用房是 97 间，销售了 97 间，所以出租率是 100%，这个毋庸置疑。周日的可用房是 73 间，销售了 73 间，所以出租率依然也是 100%。它们之间的差异就在于，为什么周五的可售房数是 97 间，但是周日的可用房数是 73 间呢？

（3）同等销售量：周四和周日的当日销售房间数都是 73 间，可是周四的出租率只有 75.26%，周日的出租率却是 100%，它们的差异在哪里呢？依然是当天的可售房间数不一样。

宇儿看到这里，恍然大悟，笑着说："这个老板真是百密一疏，而且太懒，作假都嫌麻烦。"

这个时候，贾先生也看明白了其中的蹊跷，对宇儿坚持要经营数据的谨慎态度由衷地佩服。

原来，这家业主早已经计划把酒店盘出去，为了卖个好价钱，所以考虑怎么样才能让自己的出租率高起来，因为出租率越高，说明来店的客人越多，生意就越好，自己在生意好的情况下没有挣到钱，是因为自己不懂经营，这样反倒向对经营能力有自信的人使了一个障眼法，让他们能更快地下决定接手自己的店，自己也方便卖出个好租金。

这家店的第一步，是把周三至下周一每天总房数100间，用可售房的方式，调整到97间。这样可以在出租率比较高的时候，让出租率再虚涨几个点。

这里需要澄清几个问题：

1. 出租率计算公式

实际销售房数 / 每日可售房数 ×100%。

比如：当天实际销售71间房 / 每日可售73间房 ×100%=97.26%。

2. 可售房与总房数的关系

（1）总房数：指酒店建设的房间总数。

（2）可售房数：指总房数减去当天的维修房、故障房等无法向客人出租房间数后的房数。

3. 可售房数如何变化

在PMS系统中，对某个房间进行设置，包括维修、检修、故障，然后锁房，系统则自动扣减该房间数，直接显示出可售房间数。

4. PMS系统中的出租率

PMS系统中的出租率，是用可售房间数除以当日实际销售的房间数生成的，与房间总数无关。

宇儿小姐和大家讨论完酒店的数据情况后，认为：

（1）酒店业主的经营意识有问题，没有收益最大化的经营意识。比如，周日的可售房控制到了73间，可是，他实际也销售了73间，这里面就可能存在房间订满以后，依然会有订单需求，酒店拒单，造成客人流失，出现收入流失。

（2）周一和周二是酒店出租率最低的时期，如果要控房做翻新或者检修，在这两天进行控房是比较合适的，至少不会因为控房造成供应量短缺，流失赚钱的机会。

（3）这样的数据反倒给我们看出这家酒店潜在的市场机会，这家酒店周二至周五的出租率逐步增加，周末有其他客源补充，高峰需求较稳定地出现了

5 天，这是利好的表现。

（4）按照这个规律特点，等我们接手后，客房的计划卫生要放在周一和周二，员工的休假安排也尽量安排周一和周二稍微多一些，这样就不会在出租率比较高的时候，让员工临时加班，增加其他费用支出，影响员工的休息。

这个时候，顾问反问宇儿小姐："还有什么在影响酒店的出租率？"

宇儿小姐回答说："谢谢您的提醒，刚才我们一直谈的是出租率规律，它对应的是细分客源的表现，同时对出租率有影响的，还有房型的原因。"

表 5-3 所示为房型畅销程度与出租率之间的关系：

表 5-3 房型畅销程度与出租率之间的关系表

类型	房量（间）	价格（元）	星期二	星期三	星期四	星期五	星期六	星期日	星期一	一周销售（间夜）	一周收入（元）	周可售量（间夜）	未售间夜
套房	20	358	0	0	0	1	2	1	0	4	1 432	140	136
豪华大床房	30	218	8	7	8	10	6	5	2	46	10 028	210	164
商务大床房	30	168	11	14	17	21	21	23	10	117	19 656	210	93
豪华双床房	20	138	16	19	20	19	19	20	19	132	18 216	140	8
合计	100		35	40	45	51	48	49	31	299	49 322	700	401

顾问给了大家 5 分钟时间，要求所有参会人员计算表 5-3 中每一个房型的平均房价和平均出租率。

等大家计算完成，顾问提醒大家：

（1）在每一次做客房经营分析时，要养成习惯，核算每一间房的出租率、平均房价、收入、单房收益，检查目前该房型的价格对出租率和单房收益的支撑情况。

（2）计算出单房收益，然后依次排列，看各个房型价格与单房收益的关系。通常情况下，价格最高的房型，反而是收入贡献最差的房型，单房收益也最低，所以，这种价格造成了有价无市，会拉低酒店的当天收入。

（3）从表格数据看，套房的销售情况最差，其次是豪华大床房；销售最好的是豪华双床房，说明这个房型是最畅销的；其次是商务大床房，这个房型属于次畅销房型。

5.1.2 诊断结果及收益策略建议

通过以上一系列分析，如果做好房型管理、控制好预订热度、结合超额预订、升级策略，该酒店的出租率可以得到较好的拉升，同时，也可以通过价格优化的方式，让酒店的平均房价和收入都有明显的提升。

1. 收益提升机遇分析

（1）豪华双床房：分别在星期四、星期日两天全部卖完，在星期三、星期五、星期六、星期一均成功销售 19 间，星期二销售 16 间。在这组数字背景下，应该出现过如下问题：

① 星期四与星期日，该房型订满后，不再接受预订，于是出现了订单流失，客人流失到竞争酒店；

② 其他日期该房型的销售热度依然很高，但最终没有满房，很可能是因为预订取消或 NO-SHOW 原因引起的房间空置；

③ 该房型市场热度比较高，而且总房间数比较少，从大市场环境分析，双床房在本商圈的需求热度很高，该酒店在这个房型上的体量太小；

④ 该房型应考虑尝试执行动态定价，尤其是在 OTA（美团酒店）渠道，在每天 16 时左右，考虑提价。

（2）商务大床房：一周内只有星期五、星期六、星期天的热度比较高，但是离满房的差距还很大，其他日期的需求量很低。结合其热度依然体现在星期五、星期六、星期天的情况，可以初步判断，该房型的定价与竞争对手价差较大，且明显高于竞争对手，倒逼客人优先选择竞争对手酒店，在竞争对手酒店接近满房涨价，或者满房后客源溢流，才来订该酒店。

（3）豪华大床房：市场需求量较低，其价格较高。这样的价格可以对应的客源群体相对较少，比如旅行团客人不接受这种价格；商务类、会议类客人能接受的较少；家庭式旅游客人，不太喜欢一张床的房间。以上几个方面的原因，都会导致该房型销售情况差。

（4）套房：典型的有价无市，长期滞销。在酒店产品结构中，属于鸡肋型产品。

2. 收益策略建议

（1）豪华双床房：该房型热销，房型数量少，应考虑用"只接受预付、担保型订单"的方式，减少其取消的可能；结合竞争对手的变价情况，对该房型适当涨价；对该房型超额预订，即该房型订满后，依然接受预订，对一个人来店住宿的客人，升级到商务大床房或豪华大床房，尽量减少这两个房型的空置，同时让最畅销的房子空出房间来继续销售。

（2）商务大床房：价格咬住竞争对手同类房型价格，保持平等竞争力。

（3）豪华大床房：价格向下调整到 188 元左右，主要参考竞争对手同类房型价格，与其接近或相同。价格是由市场需求决定的，不是商家自己认为房间值多少钱，市场就一定会买单。同时，价格受竞争对手价格政策的影响，所以，一定要多去参考竞争对手的定价。

（4）套房：价格明显过高，导致长期没有出租率，建议尝试的方法是将价格下调到接近豪华大床房，同时更多接受豪华大床房型的升级客人，让客人有更好的消费体验，提高客人满意度。

（5）价格政策调整好以后，还要多去参考竞争对手的其他附加值政策，比如竞争对手承诺的退房时间，如果竞争对手承诺退房时间延迟到 16 点，那么，在不影响当天钟点房销售的情况下，应酌情考虑同样的延迟退房政策；又如，竞争对手送早餐，提供宵夜，提供管家暖心服务（如免费洗衣、免费熨衣、免费擦鞋等），酒店也应该同样复制该类服务，只有这样，才能确保在同等产品和服务质量的情况下，客人在价格差异不大的情况下，选择你家酒店，而不是等竞争对手满房了，客人没有办法，才来你这里入住。

3. 酒店综合诊断及建议

（1）酒店的商务类客源基础比较好，应着重考虑对该类客源进行优化。优化方法如下：

① 根据客人在季度的入住次数、入住间夜量进行排序，分出 A、B、C 类，对分类好的客人，首先考虑进行会员的转化，转化为会员后，分别给予其不同的

礼遇政策，比如生日礼物、延迟退房、免费升级、最优折扣等，提高客户的忠诚度。

②对筛选后的客人，进行逐一电话、短信一类问候服务，唤醒沉睡客人，提高客人对酒店的关注度，同时向客人推荐目前酒店针对他的优惠政策。

（2）着重加强对旅行社、会议类团体市场的开发，加强对周边商务公司客户的开发。对本地客源的开发程度，会影响酒店日常稳定出租率的基本量，如果协议单位客户体量够大，日常订房能达到30间，那么，酒店的稳定出租率、提价增收收益政策就会有更好的保障基础。

（3）加强渠道建设与管理：应重视分销渠道（OTA）的产量贡献，用好OTA这个增量增收的工具。OTA是酒店快速获取外部客户群的一个重要渠道，对于这个渠道来的客人，又可以通过优化房型、优化价格政策、优化增值服务、积极参加OTA的营销活动来实现短期内增量的目的，从而有效支撑酒店的出租率获得稳定的上升。换个角度理解，如果OTA渠道的客源贡献每天可以达到20%，商务客人可以达到30%，自来散客可以达到20%，那么，酒店的出租率得到了基本保障，剩下的就是提价、增收了。所以，每个渠道的产量目标和开源政策要非常明确。

举例来说，如上酒店，从历史销售规律看，美团酒店销售渠道月均产量为120个间夜，即平均每天约产生4个间夜。该酒店计划提升美团酒店渠道的产品竞争力，提高酒店在美团酒店分销渠道的综合能力。主要目标如下：

①通过阶段性提量（跑间夜量）提高酒店市场渗透力。

②通过点评管理及服务优化提高酒店的好评率，间接提升酒店的支付转化率。

③在美团酒店渠道稳定增量以后，重新设计美团酒店渠道的价格投放标准，实现酒店新一次美团酒店渠道的价格优化，全面实现美团酒店渠道的市场渗透力、平均房价指数和收入指数。

围绕此奋斗目标，酒店开始设计在美团酒店拟计划实现的增长间夜数。但是，此时出现了问题，究竟拟计划增长的数据定在什么标准最合适？计划增长间夜数后，酒店的浏览量、转化率等方面的指标应该如何优化，这成为酒店目前无法破解、没有参考标准的一个难题。

这时，顾问建议该酒店使用美团酒店"公明收益"工具的"智能医生"模块。"智能医生"模块在设计酒店的计划增长间夜数后，会根据该目标，同时结合酒店的实际情况，在匹配竞争对手参考数据的情况下，就如何提高浏览量、转化率方面，给出详细的参考建议，如图 5-1 所示。美团酒店"公明收益"工具的具体使用方法在本书第九章会有详细介绍。

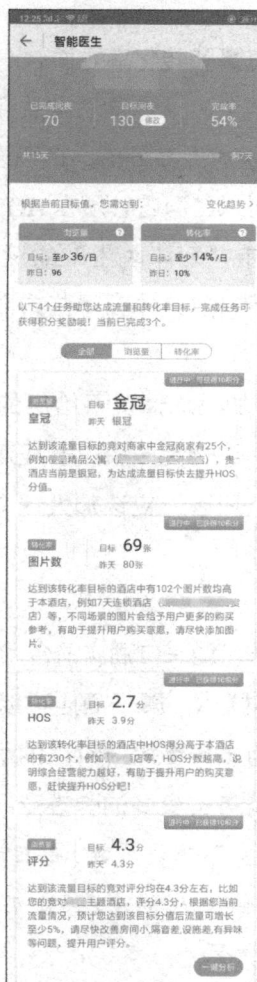

图 5-1 "智能医生"模块给出的建议

从图 5-1 中我们可以看出：

① 该酒店计划 15 天内，在美团酒店渠道实现销售 130 个间夜的目标。计划当月的后 15 天可根据前 15 天实际完成情况，适当增加新的完成目标。

② 根据当前设定的目标值，"智能医生"提示，该酒店的日浏览量应该至少达到每日 36 次，日转化率至少应该达到 14%。从图 5-1 可以看出，该酒店的浏览量达到了 96 次，超过了目标值 36，但是转化率只完成了 10%，低于日标准 14%。

③ 就该酒店如何提高浏览量和转化率方面，"智能医生"给出了具体建议：影响该酒店浏览量的因素有两个，一个是酒店点评得分，另一个是酒店皇冠权益，必须通过提升 HOS 指数快速提高分值。该酒店目前是银冠，而在商圈中有 25 个商家都拥有金冠权益，所以，酒店必须在 HOS 指数提升方面做大量工作。

通过以上公明收益工具中"智能医生"的诊断，酒店可一目了然地清楚在完成既定销售目标的情况下，应具体在哪些方面做细致的工作，从而避免酒店将大量精力用错地方。

（4）以上是在不鼓励追加投入情况下给出的建议。如果酒店可以接受一定程度的投资改造，建议把一部分大床房改造成双床房。因为酒店的双床房型比较热销，客人接受度很高，所以，应该加大这个产品的市场投放量。

【本节小结】

（1）商务性质的客源群体可能来自酒店前台、协议单位、会员、OTA 渠道。

（2）商务类客源是散客群体，属于酒店可以有效开展动态定价来优化客户培育体系的支撑客源，因为该类客源对价格的承受力不一样，主要差异来自公司的报销额度，所以，定价具备良好的弹性空间。

（3）出租率计算公式：**实际销售房数 / 每日可售房数 ×100%。**

比如：出租率＝当天实际销售 71 间房 / 每日可售 73 间房 ×100%＝97.26%。

（4）可售房与总房数的关系：

① 总房数：指酒店建设的房间总数。

② 可售房数：指总房数减去当天的维修房、故障房等无法向客人出租房间数后的房数。

（5）可售房数如何变化：在 PMS 系统中，对某个房间进行设置，包括维修、检修、故障，然后锁房，系统则自动扣减该房间数，直接显示出可售房间数。

（6）PMS 系统中的出租率：是用可售房间数除以当日实际销售的房间数生成的，与房间总数无关。

（7）做好房型管理、控制好预订热度、结合超额预订、升级策略，酒店的出租率可以得到较好的拉升，同时，也可以通过价格优化的方式，让酒店的平均房价和收入都有明显的提升。

（8）价格是由市场需求决定的，不是商家自己认为房间值多少钱，市场就一定会买单。同时，价格受竞争对手价格政策的影响，所以，一定要多去参考竞争对手的定价。

（9）套房：价格明显过高，导致长期没有出租率，建议尝试的方法是将价格下调到接近豪华大床房，同时更多接受豪华大床房型的升级客人，让客人有更好的消费体验，提高客人满意度。

（10）根据客人在季度的入住次数、入住间夜量进行排序，分出 A、B、C 类，对分类好的客人，首先考虑进行会员的转化，转化为会员后，分别给予其不同的礼遇政策，比如生日礼物、延迟退房、免费升级、最优折扣等，提高客人的忠诚度。

（11）加强渠道建设与管理：应重视分销渠道（OTA）的获客优势及产量贡献，用好 OTA 这个增量增收的工具。OTA 是酒店快速获取外部客户群的一个重要渠道，对于这个渠道来的客人，又可以通过优化房型、优化价格政策、优化增值服务、积极参加 OTA 的营销活动来实现短期内增量的目的，从而有效支撑酒店的出租率获得稳定的上升。

（12）如果酒店可以接受一定程度的投资改造，建议把一部分大床房改造成双床房。因为酒店的双床房型比较热销，客人接受度很高，所以，应该加大这个产品的市场投放量。

5.2 【竞争对手法则】如何有效评估并制衡竞争对手

【本节概述】

在谈竞争对手的时候，我们通常会认为周边的酒店就是我们的直接竞争对手，因为他们在同一个商圈里切我们的客源。然而，在当前"全城抢流"的时代，客人对于酒店的选择习惯，早已经被移动互联网培育出的筛选模式规则化了。同时，我们渴望通过对竞争对手的了解，找出自己的不足，更好地发挥自己的优势，做强客流，提高客户满意度，在这个时候，如何找到竞争对手，如何去评估竞争对手的优劣势，如何应对竞争对手的优劣势，从而制定制衡对手的策略，就显得特别重要。

本节以案例阐述的方式，讲述如何寻找竞争对手，如何获取竞争对手信息，在哪些主要方面去评估竞争对手，以及从几个方面，精确地锁定与竞争对手抗衡的办法。提供的方法简单有效，操作性比较强。

在宇儿小姐管理的几家酒店中，其中有一家酒店的情况是这样：

（1）位置在城市主干道的某商业大厦里，这家是设计师主题酒店，房间有 60 间，已经开业 2 年，酒店出租率相对稳定，平均出租率达到 75%，很少有 50% 以下的出租率，但也很少有满房的情况；

（2）酒店过去 12 个月的平均房价是 137.51 元，单房收益 103.13 元；

（3）酒店的主要客源是旅行团和商务散客，旅行客人占比为 22%，商务客人占比为 78%；

（4）从渠道产出看，前台散客的订单占比为 37%，OTA 渠道占比为 13%，旅行社占比为 20%，会员占比为 22%，协议单位占比为 8%；

（5）宇儿接手后，尝试过动态调价，效果很不理想，客人接受度比较差，提价不成功时，酒店继续以原来价格接受预订，但是，这样的操作，让客人心生不满，对酒店的信任度降低了；

（6）关于动态定价不成功的原因，酒店员工一致认为和周边几家酒店的价格低有关系，客人只要对比价格，就会不满意。

5.2.1 酒店自身竞争能力分析

宇儿小姐相信，价格是影响客人预订的一个主要因素，但肯定还有其他方面的因素在影响酒店的订量。于是，宇儿对客源获取方式进行了对比分析，她发现，占比最高的是前台的自来散客，其次是会员，最后是旅行社，协议单位和 OTA 占比相对最少。宇儿分析如下：

（1）前台来的散客占比大，说明酒店在本地商圈的美誉度比较高。前台散客长期有这么大的市场占比，说明这些客人中有很多是常来的客人，对酒店的价格、环境是比较熟悉的。我应该做的是把这些客人转化成会员。

（2）把常来客人转化成会员，这个办法肯定前任的业主和总经理都想到过，他们没有大力度去做，肯定是有原因的。宇儿对员工进行了访谈了解，发现了症结所在：

① 前台散客的价格比会员价格高，如果把前台常来的散客都转化为会员，他们享受的价格更低了，会把酒店的平均房价压低；

② 酒店会员的忠诚度很低，大多会员客人同时也有周边酒店的会员卡；

③ 会员客人选择的房型都是价格最低的，对价格比较高的房型通常都不太接受，但是，价格低的房间只有 9 间，这 9 间房订完了，会员客人就订得很少了；

④ 会员客人和协议单位的客人很多都是交叉的，既是酒店的会员，也是酒店的协议客人。

从以上情况，宇儿明白了前任总经理不重点发展会员的原因——会员质量不高，对价格太敏感。这是对会员客户市场培育时定位不准而造成的问题，后期也没有对会员体系进行优化。现在想做优化，短时间内又不可能完成，投入的时间成本比较高，只能先着手做，等一两个月后见效果。

（3）在旅行社客源方面，宇儿发现预订秩序比较乱，比如有时会在当天临时安排团队入住，有时又会临时取消订房，旅行社散客方面稍好一些，零零散散每天都有几间房入住。

（4）OTA渠道的客源一直比较少，而且不稳定。OTA是酒店有效获得外部市场流量的一个重要渠道，这个渠道也便于酒店做动态价格调控，因为这个渠道的客源体量很大，他们对价格的承受区间比较大，给了酒店涨价的空间。

想到这里，宇儿觉得无论是要做强OTA，还是要做大自来散客，或者同时做大这两个渠道的客人，她都需要弄明白几个问题：

（1）这些熟客，为什么会选择我家酒店？

（2）这些熟客，平时住哪些酒店，为什么住这些酒店？

（3）他们喜欢我们酒店的什么？

（4）他们喜欢别人酒店的什么？

（5）他们不喜欢我们酒店什么？

（6）他们不喜欢别人酒店什么？

于是，一个很重要的问题摆在宇儿面前——竞争信息的情报，从哪里来？

这个问题对已经是酒店管理公司CEO的宇儿小姐来说，不再是难题了。

5.2.2　竞争对手信息获取方式

1. 线下获取方式

前台阵地，聊天所得。宇儿要求酒店总经理和前厅经理扎在酒店前台，并做到如下要求：

（1）和每一个来店办理入住的客人沟通，沟通不是简单地向客人问好，而是要和客人进行朋友式的聊天。

（2）获取客人的如下信息：您第几次来我们城市？您这次是出差，还是旅游？您第几次住我们酒店？您之前住哪家酒店？那家酒店哪些地方有意思？您觉得那家酒店什么地方做得让您满意，什么地方让您不满意？您这次为什么会选择我们酒店？您是从什么渠道，什么方式知道我们酒店的？您住我们酒店，希望我们为您提供哪些服务？

（3）和每一个退房的客人沟通，获得如下客人信息：这次入住您有什么不满意的地方？您最期待我们在哪些方面改善？您最满意的是什么？您返程会乘坐什么交通工具？您预计下次来我们城市会是什么时间？您下次还会选择我们酒店吗？

2. 线上获取方式

关注留言板块，重点关注留言汇总分析的焦点栏目，如图 5-2 所示。

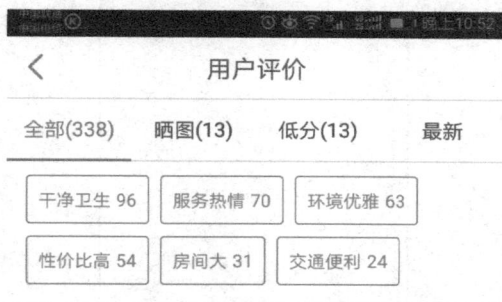

图 5-2 留言汇总分析的焦点栏目示例

同时，重点关注差评，掌握该商圈内最易让客人恼火的常见问题。

通过以上方式，找到有哪些酒店和自己的客源有相互对流的现象，这就是匹配的竞争对手，至少是在客人选择层面上存在的潜在竞争对手。观察和分析竞争对手的优势和不足，就可以发现自己的优势和不足。

3. 借助"公明收益"工具，掌握竞争对手状态

传统工作模式中，酒店要了解竞争对手的具体情况，则需要每天在不同时间关注竞争对手涨价、降价、各房型销售状态、销售政策等信息，需要有专人高频率关注每一个竞争对手的状态。但如果酒店使用美团酒店"公明收益"

工具，这些工作就可以节省大量的时间和精力。

图 5-3 所示为"公明收益"中"竞争圈"模块的分析结果。

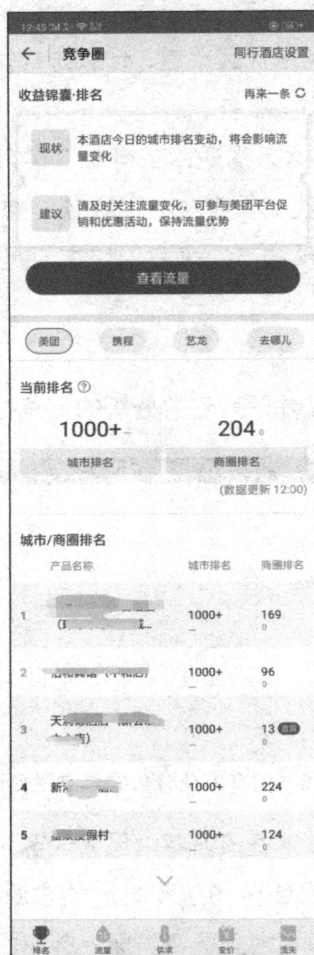

图 5-3 "公明收益"中"竞争圈"模块的分析结果

如图 5-3 所示：

① 公明收益中"竞争圈"模块的分析功能为酒店提供市场流量分析、城市及商圈酒店排名情况，让酒店对自身获取市场流量的机会与可能性一目了然。

② 在城市与商圈排名中，直观展示各竞争对手在城市与商圈的排名位置，

若竞争对手的排名优于本酒店,则竞争对手很有可能会抢走本酒店的市场流量。

③ "竞争圈"分析功能同时提供"排名""流量""供求""变价""流失"等多方面的分析及便捷操作通道,具体操作方法将在本书第九章详细介绍。

5.2.3　解析客人选择酒店时的7个思考维度

通过对客人的深度访谈,宇儿摸清楚了客人预订酒店时,通常会思考以下几点:

(1)交通是否便利(酒店位置):客人选择酒店时,和自己的交通方式有很大关系。比如,乘坐飞机的客人,更多考虑酒店附近有没有机场大巴站,这样会减少他的交通成本,也会让出行相对便利;更多客人考虑是否有地铁站、公交汽车站点是否够多、酒店距离的士停靠站有多远,等等。

(2)床型:酒店的床型决定了房型,不同房型价格也不同。有些酒店大床房价格高,有些则是双床房价格高。客人在选择时,如果是一个人出行,那么订大床房还是双床房都无所谓,主要看价格;如果是两个人出行(如参加会议、旅游),更多看双床房,这样拼房住可以节省差旅费用;家庭出游的客人,则更多会选择双床房或家庭房。所以,床型在不同的销售周期内,市场需求也是不一样的。

(3)早餐:如果酒店提供早餐,可以省去自己解决早餐的困扰,且订房客人中,商务客人对早餐的需求度更高,如果酒店没有早餐,流失的商务客人较多。

(4)预订政策:是否只能是在线支付(预付),是否只接受担保预订,如果有这样的限制,那么,那些出行计划比较随意、行程可能会出现变动的客人,则不会选择你家酒店,而是会选择可以接受现付(到店支付)的酒店,这样则不用担心自己的出行计划被预订酒店的位置限制。因为商务一类出行、自驾游、自由行的客人,行程计划发生临时变化的可能性很大。

在以上环节进行逐一排除后,客人会留下相对满意的酒店,进行以下几个维度的评估:

（5）价格：一般会先考虑在自己承受能力范围内的价格，然后在选定的几家酒店中进行对比；

（6）特色：在对比价格的同时，酒店的装修特色、文化特色、房间大小、服务特点等作为是否选择这个房价的参考标准。

（7）评论：在以上环节都被认可后，客人通常会在 3 ～ 5 家酒店中进行最后一项对比，然后下订单。对于评论，客人会有至少两个维度的评估：

① 评论总数：根据酒店的开业时间，再从酒店的总留言数，大致判断酒店是否受客人欢迎、交通是否便利；如果交通便利，则入住的客人会比较多，如果入住客人比较多，则留言会比较多。所以，评论总数会影响新客人对酒店接待了多少客人的判断。

② 好评总数：好评越多，客人秀图越多，则新客人下订单的可能性越大。

通过以上思维模拟训练，知道客人选择酒店时会考虑的问题，然后逐一去检索竞争对手酒店，用这种思维方式，换位思考自己是客人，竞争对手有哪些地方吸引了自己，自己的酒店有哪些地方让自己不满意。

5.2.4　评估并制衡竞争对手的综合技法

1. 评估竞争对手

在获取了竞争对手的信息后，我们可以对竞争对手进行评估，见表 5-4。

表 5-4　评估竞争对手

酒店	开业	类型	特点	房间	双床	大床	套房	位置优势	地段		卫生		早餐		设施设备		服务		合计
									好评	差评	好评	差评	好评	差评	好评	差评	好评	差评	
A	3年	知名连锁	常规	110	50	40	10	火车站	50	20	70	30	65	35	65	35	91	9	24.2
B	1年	知名连锁	常规	70	40	15	5	火车站	80	20	70	30	92	8	82	13	77	23	30.2
C	1年	单体	情侣主题	80	15	40	25	商城	90	10	96	4	70	30	90	10	97	3	33.6
D	2年	单体	设计师	60	20	20	20	主干道	80	10	80	40	85	35	95	5	65	35	24
E	3年	单体	快捷	50	25	20	5	火车站	50	50	87	23	85	15	71	29	69	11	25.4

（1）从表5-4可以看出，D酒店在地段、卫生、早餐、设施设备、服务等几个维度的综合评估方面，只有设施设备的得分最高，且高于所有竞争对手；而在地段、卫生、早餐、服务等几个方面，表现都不够出色；这也就好理解为什么会员、协议客人对这家酒店没有忠诚度了。只有客人在想要舒适度的时候才会考虑这家酒店，如果想要其他的便利，肯定不会选择这家。

（2）地段：酒店一旦建成，不可能随意更改酒店的地段（位置），所以，酒店地理位置成为了酒店的死穴。好在商圈中只有一家酒店地段位置优于自己，这不足以成为自己的完全劣势。

（3）卫生：卫生状况是可以通过计划卫生、日常清扫的督导与检查得以改善的，这属于软服务环节，不用追加投资就可以改善。从综合评估情况看，C酒店的卫生状况最让客人满意，而D酒店的卫生情况是最差的。该酒店必须加强对员工业务能力和责任心的培训，尽快改善卫生状况。

（4）早餐：D酒店早餐的得分也是竞争对手中分值较低的。

（5）设施设备：D酒店设施设备环节的满意度最高，这说明该酒店关于设备使用和保养的管理工作做得很到位，同时，也说明该酒店给客人提供舒适性居住环境方面有绝对的优势。

（6）服务：D酒店的服务是令客人最不满意的一个环节。

2. 制定制衡竞争对手的策略

（1）地段：充分利用OTA渠道的宣传优势，在酒店的公开信息页面上强调酒店距离机场、机场大巴站、火车站、市中心等的距离以及交通方式，解决客人的顾虑；在对预订客人进行预订确认时，征求客人是否需要酒店工作人员在机场大巴站、地铁站、公交车站等候和迎接客人，解决客人的后顾之忧。在OTA的评论回复中，均回答：为了方便您入住酒店，我们会安排工作人员在机场大巴站、地铁站、公交车站迎接您。也许这样的回复，并不是留言客人提出的问题，但是，这样扩充答案范围的目的，是为了让更多的客人看到酒店有这样的免费服务。

（2）卫生：酒店当前的卫生管理制度和政策暂时放弃，因为如果政策好，员工肯定愿意执行。现在的情况明显是有规章制度却没有执行效果，与其继续执行，不如寻找更简单有效的方法。宇儿的做法是，组织员工去 C 酒店参观学习，同时给员工在 C 酒店订房，让员工去真实感受。学习后，召开座谈会，鼓励员工提出改善目前工作流程和卫生标准的方法。

（3）早餐：酒店目前的程序式做法是，早餐菜单每次设定一周的菜单，每周更换一次，每天的菜不重样。原本以为这样会让客人更加满意。在组织员工体验了一个星期 B 酒店的早餐后，发现 B 酒店主菜每天都有，花样菜式每天都会变，而且主菜的口味始终保持一致性。同时，如果当天入住酒店的南方客人多，次日早餐的主菜会相对调整为比较清淡的口味，如果当天入住的北方客人多，则次日早餐安排有面条；如果湖南、湖北、重庆、成都的客人多，则早餐尽量安排有米粉、米线一类口味较重的餐饮。简单概括，B 酒店的早餐之所以受到很多客人表扬，是因为 B 酒店始终在调整每天的出餐内容，宇儿的酒店则是一套菜单闯天下，惹了不少麻烦。

（4）服务：在让员工体验了 C 酒店的热情、细致、周到的服务后，宇儿告诉大家："我不用大家做太多的工作，也不要你们挖空心思去想怎么超过 C 酒店的服务。我只希望，C 酒店怎么做的，我们就怎么做。因为他们现在的服务内容、服务模式是经过市场检验的，客人的评价非常高，我们只需要模仿，就可以非常准确地做到让客人满意，避免我们辛辛苦苦为客人服务了一大堆内容，结果客人完全不需要。"

很多时候，我们要做的并不是费神、费心、费力地去思考如何激励员工，如何构建优质服务流程，如何打造服务能手，如何制定早餐收入提升计划，我们需要的，可能仅仅是放下对竞争对手的抵触或敌意，低下头，走近竞争对手，学习、复制他们优秀的方面，我们就能找到超过竞争对手的捷径。

【本节小结】

（1）竞争对手信息线下获取方式：前台阵地，聊天所得。宇儿要求酒店总经理和前厅经理扎在酒店前台，并做到以下工作：

　　① 和每一个来店办理入住的客人沟通，沟通不是简单地向客人问好，而是要和客人进行朋友式的聊天。

　　② 获取客人的如下信息：您第几次来我们城市？您这次是出差，还是旅游？您第几次住我们酒店？您之前住哪家酒店？那家酒店哪些地方有意思？您觉得那家酒店什么地方做得让您满意，什么地方让您不满意？您这次为什么会选择我们酒店？您是从什么渠道，什么方式知道我们酒店的？您住我们酒店，希望我们为您提供哪些服务？

　　③ 和每一个退房的客人沟通。

　　④ 获得如下客人信息：这次入住您有什么不满意的地方？你最期待我们在哪些方面改善？您最满意的是什么？您返程会乘坐什么交通工具？您预计下次来我们城市会是什么时间？您下次还会选择我们酒店吗？

　　（2）模拟客人选择酒店时的7个思考维度：地段（位置）、床型、早餐、预订政策、价格、特色、评论。

　　（3）客人一般会先考虑在自己承受能力范围内的价格，然后在选定的几家酒店中进行对比。

　　（4）在对比价格的同时，酒店的装修特色、文化特色、房间大小作为是否选择这个房价的参考标准。

　　（5）对于评论，客人会有至少两个维度的评估：

　　① 评论总数：根据酒店的开业时间，再从酒店的总留言数，大致判断酒店是否受客人欢迎、交通是否便利；如果交通便利，则入住客人会比较多，如果入住的客人比较多，则留言会比较多。所以，评论总数会影响新客人对酒店接待了多少客人的判断。

　　② 好评总数：好评越多，客人秀图越多，则新客人下订单的可能性越大。

　　（6）掌握分析和制衡竞争对手几个维度的思考方式。

5.3 【实操技法】某酒店 18 天收益管理诊断书

【本节概述】

如我们所知，收益管理有很强的行业适用性，其核心原理是对"5 要素"的合理运用，其经典的技法讲解有"麻将技法"，指"每一个技法都应该和打麻将时的麻将组合一样，诸如 2 张组合、3 张组合、4 张组合、吃、碰、杠等"的综合运用，才能确保赢局；如果操作方法不当，即使是一把好牌，也可能会沦为输局。

收益管理的组合技法可用一句话来高度概括：在合适的时间，把合适的产品，在合适的渠道，以合适的价格，销售给合适的客人。但是，很多朋友在系统学习了收益管理后，依然无法快速、有效地落地执行。

本节以真实案例阐述的方式，讲述某酒店总经理黄女士在学习收益管理实操技法后，当天就落地执行收益管理，在 18 天的指导期间，其取得了"0"投入而收入增长 5 万余元，单日收入破了酒店历史纪录，单日最高利润增长一倍的好成绩。本节重点讲述黄总经理在实操收益管理技法的过程中，先后遇见和克服的几个问题。

吉安市位于江西省中部地区，古称庐陵、吉州，元代初期，取"吉泰民安"之意，取名吉安。2017 年 11 月，吉安市荣获第 5 届全国文明城市。

某酒店位于吉安县，毗邻文天祥纪念馆和县城汽车站，酒店共有 112 间房。2012 年开业，2017 年装修。

黄总在参加完收益管理培训课后，计划从 2018 年 2 月 7 日起，开始尝试运用收益管理提升酒店的经营水平。顾问和她初步确定了"18 天实操训练"计划，同时，她了解了该酒店在过去 3 年同一时期的收入表现情况，具体如下：

（1）2015 年 2 月 10 日~ 2 月 27 日，收入累计为 19.39 万元；

（2）2016 年 1 月 31 日~ 2 月 17 日，收入累计为 17.55 万元，较上一年同一时期下降 1.84 万元；

（3）2017 年 1 月 19 日~ 2 月 5 日，收入累计为 16.40 万元，较上一年同一时期下降 1.15 万元。

从以上数据可以看出，该酒店连续 3 年在春节前后的 18 天里，收入逐年下滑，从经营情况看，该酒店应该存在以下问题：

（1）连续 3 年，酒店的新客源市场没有得到有效开发，且有一定幅度的流失；

（2）连续 3 年，酒店的销售渠道（直销与分销）没有进行系统管理、强化，对酒店没有起到较好的支撑作用；

（3）连续 3 年，收入呈规律性下跌，但幅度不大，说明其主要客源结构相对稳定，但房价运用方面缺乏活力（动态），无法刺激新生客源，也无法快速拉升当期收入。

由此可见，该酒店在客户市场、销售渠道、定价管理 3 个主要层面存在明显的问题。

同时，该酒店有做得较好的一面，具体如下：

该酒店对产品的细分做得相对较好，比如，共计 112 间房，其中细分出 9 个房型品类：特价房 9 间、情趣房 6 间、精品单间 22 间、精品标准房 35 间、豪华单间 7 间、豪华标准间 17 间、麻将房 11 间、三人间 2 间、套房 3 间。

收益管理主张对产品进行细分，其主要原理是，对同一产品进行细分后，与之匹配相应价格，可以对应不同消费能力的客人，增加产品的销售机会，提高成交率。

5.3.1 预订政策问题诊断

2018 年 2 月 7 日 15:22，黄总在检查该酒店分销渠道定价问题时，发现该酒店在某 OTA 渠道只接受担保型订单。

这种预订政策属于严厉型预订政策，通常在市场处于高需求期（求大于供）时使用，可以有效减少取消、NO-SHOW 等原因引起的房间空置。

该酒店目前处于市场常规情况，商圈及整个县城并没有大型展会、社会活动等可以引发对酒店住宿有高频需求的事件，显然用这种严厉的预订政策，会拒绝那些不喜欢被酒店预订政策限制的客人。

比如，担保型订单客人如果行程发生变化，没有来酒店入住，也必须支付一晚的房费。这对个人行程有变化可能的客人来说，预订你的酒店，对他存在更多的隐性成本。假设他因为工作关系需要在其他地方的酒店入住，那么，今天在该酒店的房费，不管住没住酒店，都要支付。

所以在常规情况下，采取严厉的预订政策，就等于把更多客人以及愿意支付更高价格但不愿意被限制的客人倒逼给了竞争对手。这也是该酒店分销渠道产量无法快速拔高的一个主要原因。

酒店顾虑： 开通预付及担保订单服务，酒店向 OTA 支付的佣金相对较低，开通现付订单服务，需要向 OTA 支付的佣金比例比较高，等于酒店的利润被拉低了。

评估： 这是个错误的认知。

收益管理主张酒店积极对销售渠道进行管理和优化，这样可以让更多的市场流量进来，提高酒店的销售和成交机会。如果开通现付功能，酒店同一房型的价格可以按照一定比例提高。比如豪华标准间，使用在线支付只需 118 元，使用到店支付房价则为 128 元或者再高一些。

这样的差异定价，从客人层面考虑：如果我只愿意支付 118 元，那么我的订单就不能取消了，我本次出行没有其他安排了，如果入住这家酒店，那我肯定选择价格对我最有利的 118 元；假设我本次出行还有其他变化，也有可能临时赶赴另一个城市，但目前不能确定，所以我必须先预订 1 间房，确保我今晚能有酒店住，那么，价格高 10 ～ 20 元，对我来说问题不大，至少在我多支付一点费用的情况下，我的安全保障系数更高了。如果该酒店没有现付 128 元的价格政策，我肯定会选择其他酒店。

所以，预订政策是酒店对同一个房型差异化定价的表现方式，这种定价方式对酒店和客人都有好处，也不会造成酒店支付佣金后利润变低。

5.3.2　内部工作程序问题诊断

黄总的酒店对 OTA 开通了直连功能，即 OTA 的订单可以同步到酒店 PMS 系统。这一功能必须由授权的工作人员对 OTA 订单进行预订确认，才可以同步到 PMS 系统。

该酒店有这个授权的只有黄总一人，其他员工没有授权，也不懂如何操作。

当天出现了如下情况：

竞争对手的最低价房型（引流）已经关房，竞争对手最低价的房型以 128 元销售，而黄总酒店的引流房价格目前还是 98 元，其中差价有 30 元。这种情况下，黄总的引流房就有了提价的机会，而且提价幅度比较大，收入增长的幅度也就比较大了。

但是，黄总在接到这个提价要求时，自己正好在高速路上开车，没办法立即操作，酒店的其他员工也不懂如何操作，白白浪费了约一个小时的涨价时机。

5.3.3　畅销房控制问题诊断

酒店用来吸引流量、提高出租率的房型通常有两种：一种是最低价的引流房，另一种是预订比较快的畅销房。两种房型的差异如下：

（1）引流房：一般会有相关的缺陷，比如房型不规则（异形房）、没有窗户、房间面积过小等，这种房间的价格也最低。

（2）畅销房：房型相对规整，价格相对较低，但预订热度很高，通常较早就卖完了。

当天晚上 19:30，酒店入住 54 间，预抵 23 间，空置 35 间，黄总咨询顾问是否需要提价。

这时，顾问要求黄总对所有在手预订的价格进行摸排，计算出目前的平均房价，同时检查哪个价格售出的房间数最多。

黄总检查完表示：今天给了团队 20 间房，房价为 115 元。

此时，酒店上一级最畅销的房间也只剩下 3 间，其他的房型都是价格相对高、卖得相对慢的房型。

存在的问题：对畅销房型的容量没有进行控制，卖得过快，目前畅销房型只剩下 3 间，即使涨价销售，对收入的支撑也不会太大。畅销房无论在淡季还是在旺季，都是卖得最快的房型。这个房型过早卖完，就失去了有效提价的机会。

策略评估：在这个环节，酒店欠缺的是"容量控制"的意识，首先是用最低的价格，给旅行团房间数量较多，这样会拉低酒店的平均房价，也会拉低酒店的收入，这时，就一定要对畅销房进行控制，适当留出房间进行提价销售，来保证平均房价和收入有弥补性增加。而该酒店却在这时将畅销房卖得过快，让酒店失去了增收的机会。

酒店应该把握的销售策略：先把滞销的房子销售出去，适当时机可以考虑降价销售，对畅销的房型适当控房，然后通过提价的方式销售，以此达到提升出租率与平均房价的平衡，有效提高酒店的收入。

5.3.4　房型与房价组合问题诊断

2 月 8 日下午排查酒店房型与房价组合问题时，发现如下问题：

酒店三人间、棋牌房、情趣房的挂单销售价格都是 168 元。

针对这一问题可做如下优化：

（1）对酒店房型进行功能性细分，并对细分后的房型进行差异化定价，且每一类房型之间应保持一定的价差，通过这个价差，让酒店的所有产品能填补更多的市场价格区间。以美团酒店为例，100 元以下是一个消费者热度搜索价格区间，100～200元是消费者热度搜索的一个价格区间，200～300元是消费者热度搜索的一个价格区间，等等。

这个时候，你想让酒店在美团酒店上获取更多的订单，就需要对房型进行细分，然后进行差异化定价，确保你的房型在这3个价格区间内都有产品投放，才可能增加更多的销售机会。

（2）该酒店3个房型约20间房，且功能各不相同，却都放在了168元的价格上，也就是说，将20间房放在了100～200元的一个价格区间。而在这个价格区间，消费者对价格的敏感度也不一样，比如，有的客人能接受168元及以下的价格，而有的客人能接受188元，也能接受更高价格，比如198元。客人对认可价格上下浮动10元均有一定的接受程度，酒店要利用这个接受程度，通过差异定价来把更高价格的房销售给愿意支付的客人。

于是，黄总按照要求，计划对这一价格进行拆分。但是，在关于对这些房型怎么定价时，又出现了问题。顾问给出的定价原则如下：

（1）畅销房：对这3个房型进行热度对比，平时销售得比较快的房型，可以考虑适当提价；

（2）棋牌房：黄总表示，3个房型中，棋牌房卖得最快。

分析：棋牌房对应的大多是休闲客人，这类客人通常以本地客源为主，也就是常客为主，如果给这个房型涨价的话，客人可能不能很好地接受。所以，在这个时候，对这个房型涨价的同时，要考虑给这个价格更多附加值，让客人感觉到涨价也值。比如，在不影响白天钟点房销售的情况下，对棋牌房可以延迟退房2小时。

（3）对应细分市场策略：较多使用这个房型的通常是会员客人，于是，黄总同时对会员客人进行了福利调整，即会员客人接受个别房型临时提价，均给会员客人提供延迟退房2小时的礼遇政策。从执行情况看，会员客人对这个政策接受度很高。当月仅有2个会员提出异议，其他均能接受。

（4）重新定价：按照这样的调整策略，黄总对3种房型进行了差异化定价，情趣房168元，三人间178元，棋牌房188元。

5.3.5　变动价格执行初期的顾虑诊断

2月9日13点，黄总与顾问沟通，计划从今天开始，酒店针对所有细分市场都开展变动价格，但是，黄总心里依然没有底，主要顾虑如下：

（1）如果动态定价引起客人的反弹，增加客人不满，以后就麻烦了；

（2）如果不做动态定价，那么，酒店的经营情况和之前没有什么变化，增加收入和提高出租率的可能性也就没有了；

（3）如果成功了，老板自然是满意的，如果失败了，老板不满意倒是其次，问题是，因此给老板的生意带来损失，以后怎么好意思见老板。

反复思考后，黄总还是决定要做改变，不能再这样下去了，于是她给老板发了一条微信，告诉老板她的计划，同时表示，她想尝试，但是不敢保证一定会有很好的结果，希望老板给她一点意见。

老板很快回复她说，"你做吧，我支持你"。

于是，黄总召集酒店的骨干员工进行了动员，大家也都表示，愿意支持黄总的工作，一定会全力配合。

没有了这方面的顾虑，黄总放下了担子，时时关注各个竞争对手的动态变化和在线预订的变化情况，临时给出前台动态定价的标准。

顾问提示：

在执行动态定价的时期，要在每天的关键时间段关注如下几个问题：

（1）直销渠道（前台、会员、协议单位）等客源的订量增加时间段、订量增加的幅度。如果出现快速增长，可考虑适当提价。

（2）分销渠道（OTA）：关注订单增加的时间段和增加的幅度，如果出现快速增长，可考虑适当提价。

（3）关注竞争对手动态，如果竞争对手的某个房型关房、提价，则自己酒店对应的房型也同步提价；如果竞争对手某个时段只接受在线支付，说明他的这个房型数量不多了，果断提价到和竞争对手同等价格，或略高价格。

（4）房型管理：个别房型如果存量不多，则适当提价，提价时参考竞争对手同一时间的价格，不宜过高。

（5）附加值：提价的同时，为客人提供一定的附加值赠送，以客人满意为前提；如果客人不接受提价，则可以原价销售，相应取消附加值赠送。

（6）动态定价执行的前提是确保不让任何一个客人因为价格问题流失，以留下客人入住为唯一考核标准。

5.3.6 房型分配问题诊断

2月9日23:22，黄总对当天的策略问题进行了自查，发现了一个重要问题：

当天是小年夜，按照往年同期的市场表现，这一天的出租率不会太高。黄总担心同样的问题继续出现，于是把部分高价的房型销售给了旅行社团队，希望能保证出租率的增长。但是，从23:22的市场流量情况看，当天的订量效果较好，黄总意识到自己犯了一个错误：把太多房间以较低价格给了旅行社团队。

这时，顾问要求黄总排查每天凌晨时间段自然上客量的平均数值。黄总很快回答说：上客周期会延迟到凌晨两点左右，高峰期时，这个时间段大概能有15间房。

顾问要求用当前的收入对比去年小年夜的收入。黄总对比后表示，比去年小年夜当天已经增加了6 321元。

顾问评估：今天出现的问题，依然是容量控制操作的问题。给了旅行社过多的房间，造成低价房占比较大。好的方面是，黄总根据去年同期的市场表现，对今天的情况进行了预判，然后考虑用团队来冲量，确保出租率有效提升。这是运用收益管理的预测方法来控制和提升未来预期的收入。

今天需要注意的问题是，既然给团队的房间数比较多，就应该提前考虑对引流房和畅销房进行内控，避免这两个最低价的房型过早销售一空，失去了提价、增收、引流的机会。

5.3.7 特价与引流技法问题诊断

对有缺陷的房型，我们用最低的价格进行销售，却发现即使是有缺陷的房间，依然卖得很快、卖得很好，其主要原因是这类房型价格最低。在这种时候，我们会错误地以为，价格是刺激客人最好的因素。实际上，这样的想法并不完全对。

我们都知道，客人在选择这一家酒店时，经过了交通、床型特色、预订政策、早餐、价格、特色、评论等多个环节的综合考虑，会再次对房型、价格和预订政策进行对比，如果可以订到这家酒店的最低价，客人会觉得性价比更高。

这也就是说，客人希望订到酒店最低价的房型，并不代表这个最低价的房型永远都只能是一个价格。只要它在客人预订时，价格是最低的就好。同时，客人接受最低价格，并不代表客人乐于或只愿意接受相对差或性价比不高的服务。

所以，这就要求我们至少要把握好以下几点：

（1）特价房是为了引流用，引流需要在预订高峰时间段发挥重要作用，所以，特价引流房不应该在预订高峰期关房；

（2）引流的特价房应该是最低价格，但并不代表价格不能变动；

（3）特价引流的同时，要考虑到店的二次营销，尽量通过前台，把预订最低价格房型的客人，通过赠送附加值服务引流到更高价格的房型；

（4）即使客人入住最低价房型，也应该给予最好的服务，让客人感受到尊重，让客人知道如果愿意增加很少的钱，就可以享受到更多更好的服务；

（5）特价引流是为了把客人引进来，然后通过二次甚至三次营销，让客人愿意支付更多的钱去享受更多更好的服务。

案例中酒店的黄总，通过 18 天的收益管理，取得了如下成绩：

（1）收入较去年同期增长了 5.10 万元；

（2）在酒店业绩连续 3 年下滑的情况下，实现了逆势增长；

（3）酒店平均房价增加了 30 元；

（4）在同等满房的情况下，最高收入 1.8 万元，较历史最高收入 1.2 万元增加 6 000 元；

（5）同等满房的情况下，较历史最高利润 6 000 元，利润增长了一倍。

在当月，黄总的酒店收入较去年同期总增长 15.72 万元。

从案例中可以看出，黄总是位有胆有识有魄力的总经理，有很强的团队领导力和号召力，同时也有很强的执行力，当然，黄总的收益管理能有这么好的效果，也离不开业主对她的认可和默默支持。所以，收益管理是一项系统工程，涉及人、工作流程、综合技法的充分结合与运用，仅仅只是学到了收益管理的知识，未必就一定能做好收益管理工作。

收益管理的所有知识原理都在为落地执行服务，在具体实操过程中，一定要结合酒店自身的实际情况，合理运用相应的技法去实现增收的目的，切不可任意套用。

【本节小结】

（1）严厉型预订政策，通常在市场处于高需求期（求大于供）时使用，可以有效减少取消、NO-SHOW 等原因引起的房间空置。

（2）在常规情况下，采取严厉的预订政策，就等于把更多客人以及愿意支付更高价格但不愿意被限制的客人倒逼给了竞争对手。这是酒店分销渠道产量无法快速拔高的一个主要原因。

（3）收益管理主张酒店积极对销售渠道进行管理和优化，这样可以让更多的市场流量进来，提高酒店的销售和成交机会。如果开通现付功能，酒店同一房型的价格可以按照一定比例提高。

（4）酒店用来吸引流量、提高出租率的房型通常有两种：一种是最低价的引流房，另一种是预订比较快的畅销房。

（5）引流房：一般会有缺陷，比如房型不规则（异形房）、没有窗户、房间面积过小等，这种房间的价格一般最低。

（6）畅销房：房型相对规整，价格相对较低，但预订热度很高，通常较早时间就卖完了。

（7）先把滞销的房子销售出去，适当时机可以考虑降价销售，对畅销的房型适当控房，然后通过提价的方式销售，以此达到提升出租率与平均房价的平衡，有效提高酒店的收入。

（8）对酒店房型进行功能性细分，并对细分后的房型进行差异化定价，且每一类房型之间应保持一定的价差，通过这个价差，让酒店的所有产品能填补更多的市场价格区间。

（9）在执行动态定价的时期，要在每天的关键时间段关注以下几个问题：

① 直销渠道（前台、会员、协议单位）等客源的订量增加时间段、订量增加的幅度；如果出现快速增长，可考虑适当提价。

② 在分销渠道（OTA），关注订单增加的时间段和增加的幅度，如果出现快速增长，可考虑适当提价。

③ 关注竞争对手动态，如果竞争对手的某个房型关房、提价，则自己酒店对应的房型也同步提价；如果竞争对手某个时段只接受在线支付，说明他的这个房型数量不多了，果断提价到和竞争对手同等价格，或略高价格。

④ 房型管理：个别房型如果存量不多，则适当提价，提价时参考竞争对手同一时间的价格，不宜过高。

⑤ 附加值：提价的同时，为客人提供一定的附加值赠送，以客人满意为前提；如客人不接受提价，则可以原价销售，相应取消附加值赠送。

⑥ 动态定价执行的前提，是确保不让任何一个客人因为价格问题流失，以留下客人入住为唯一考核标准。

（10）特价房是为了引流用，引流需要在预订高峰时间段发挥重要作用，所以，特价引流房不应该在预订高峰期关房。

（11）引流的特价房应该是最低价格，但并不代表价格不能变动。

（12）特价引流的同时，要考虑到店的二次营销，尽量通过前台，把预订最低价格房型的客人，通过赠送附加值服务引流到更高价格的房型。

（13）即使客人入住最低价房型，也应该给予最好的服务，让客人感受到尊重，让客人知道如果愿意增加很少的钱，可以享受到更多更好的服务。

（14）特价引流是为了把客人引进来，然后通过二次甚至三次营销，让客人愿意支付更多的钱去享受更多更好的服务。

5.4　【四率法则】出租率较高时期，如何更好地提高收入

【本节概述】

较高出租率时期，是酒店全面提升平均房价、综合收入、市场美誉度、市场竞争力的关键销售时期。大多数酒店虽然长期处于80%以上的高出租率，但是100%满房天数很少，收入也没有得到很好的拔高。究其原因，更多是因为对"四率"问题的关注不够、管控不当引起的，白白错失了很多综合经营能力提升的机会。

本节以案例阐述的方式，重点阐述"四率"出现的原因、特点以及实操管控的技法，帮助商家找到打造畅销房型的方法，把长期不好卖的房子更好地卖出去，让一间房卖出更多的收入，让出租率在平均房价的稳步提升中越来越高。

在宇儿小姐管理的酒店中，有一家酒店客源比较稳定，酒店出租率长期处于80%左右。这种现象和她在"满房计划"中的问题很像，于是，宇儿组织酒店领班以上管理人员去"MK·宇儿"酒店轮岗实习，希望能让大家掌握一定的方法，破解"四率"引起的经营瓶颈。轮岗结束后，宇儿发现酒店的执行效果并不理想。她这才意识到员工虽然知道了相关知识，但是缺乏综合操作技法的指导，导致大家在工作中无法有效地配合。于是，宇儿邀请顾问到酒店来，就"四率管控实操技法"为大家做系统的培训说明，具体如下。

5.4.1 四率释义

1. 拒单率

酒店某一个房型较早销售一空，导致满房后对预订该房型的其他预订拒单。

（1）拒单演示：假设酒店豪华标准间 20 间，今天上午 9 点检查房时，发现未来 3 天的豪华标准间均在一周前就被一旅行团队占房。那么，从该团队预订占房的一周前直到入住当天，至少有一个星期的销售时期，酒店对所有预订该房型的订单，只能以满房的形式拒单。

（2）拒单影响：首先，酒店会损失一个星期内愿意以更高价格入住这个房型的订单，也就是说，这个房型失去了涨价增收的机会；其次，该房型对 OTA 渠道的订单采取满房拒单，会影响酒店在 OTA 渠道的排名和曝光度，同时，酒店在 OTA 关房至少一个星期，会让该房型的市场热度下降。一个星期后再上架销售时，又需要花费约一个星期的时间去培养市场热度。很多销售机会就在这样的流程中流失了。

（3）拒单破解方法：酒店应时刻掌握房型容量分配，就部分比较畅销的房型，在接受大单预订时，同时做好升级到滞销房型的准备，确保畅销房型在预订高峰时间段有足够的房源供应，实现用畅销的房型和畅销的价格去获取更多的订单。

2. 流失率

酒店对预订的响应不及时，造成客户流失。

（1）流失率演示：第一种情况是在退房高峰期，前台员工忙于办理退房手续，对此时致电预订酒店的客人，员工缺乏有效的沟通时间，假如客人此时对房型或者房价有疑问，进一步咨询的时候，前台员工没有足够的耐心去说明或者引导客人下定决心订房，由此可能让客人感觉到酒店服务态度冷漠、强硬，而不愿意订房；第二种情况可能是对 OTA 渠道来的订单，员工没有及时发现，或忙于其他工作，没有及时受理，客人因较长时间没有得到预订确认，只好转订他处；第三种情况比较常见，OTA 订单酒店没有及时确认，OTA 客服会致电提醒酒店及时处理订单，但在这个时候，酒店如果房态比较紧张，需要协调房间，同样会延长客人的等待时间，把"可能无法正常入住"的风险转嫁给客人，客人自然不会接受没有安全保障的回复，就会转订他处。

（2）流失率的影响：酒店日常的出租率是依靠每一个客人的订单实现的，每流失一个客人，酒店则可能损失不止一个间夜的收入，如果客人流失到竞争对手酒店，要挽回客人的时间和费用成本则会更大。

（3）流失率的破解方法：客人预订房间，合理的等待时间是3分钟，3～5分钟的预订等待会让客人处于焦虑期，超过5分钟的等待，会增加客人转订他处的可能。所以，酒店要做到所有预订必须在3分钟以内完全响应。客人等待时间越长，对酒店的不满越多，对酒店的第一印象越差，留好评的积极性也会降低。

3. 空置率

酒店部分房型（如套房）因为价格较高，造成长期空置。

（1）空置演示：假设酒店套房有20间，昨天只销售了5间，空置了15间，那么，酒店不可能在今天，把昨天空置的15间房拿出来和今天的20间套房一起卖。所以，昨天没有卖出去的房间，只有分摊的成本，不会有任何收入贡献。

（2）空置影响：每天有一定的房间空置，酒店就很难出现满房天，除非每天钟点房的出租率和收入可以完美弥补套房空置的影响。

4. NO-SHOW 与取消率

指预订了房间但是没有入住的订单。

（1）NO-SHOW 的影响：客人预订酒店房间，酒店通常会给予一定的预订保留时间，比如常规情况下，预留至当天18点整。有时，对于当天的临时预订酒店会和客人确认具体到店时间，然后为客人预留房间至约定好的这个时间。假设客人订了房间却没有来入住，则会导致酒店在"为客人保留房间的时间内"无法去销售该房间。

常见的恶意竞争（取消）案例：某酒店分别安排不同员工向竞争酒店订房，导致竞争对手酒店畅销房型满房，这时，该酒店对同类房型涨价销售，在自己酒店满房后，则取消对竞争对手房间的预订。

（2）破解方法：在出租率较高时期，酒店应严格执行预付、担保、交付定金等预订政策，减少订单取消的可能性。同时，对每一个订单要做到有效沟通，尤其是在 18 ~ 20 点，要与客人确认具体到店的时间。因为这个时间段是酒店日常预订的第三个高峰时期，如果错过这个预订高峰期，酒店就只剩下23 点左右的销售高峰期了。

所以，收益管理倡导酒店不要太早把畅销房销售一空，不要太早让酒店满房，这样都会让酒店错过提升出租率、提升平均房价、提升收入的机会。

5.4.2 如何破解四率引起的经营困境

1. 预订进度综合控制法

指有效利用拒单、空置、取消现象发生的时机，与涨价时机的技法组合，实现减少空置、减少取消、减少拒单、提价增收的目的。

表 5-5 所示为预订进度综合分析情况：

表 5-5 预订进度综合分析表

滞销空置 NO−SHOW取消

以下数据来自上午9点

类型/价格/日期	房量	预订进度							
		今天	昨天	前天	3天前	4天前	5天前	6天前	7天前
套房	20	8	8	8	3	0	2	1	0
豪华大床房	30	24	30	30	25	16	8	8	5
商务大床房	30	30	25	15	8	6	3	0	0
豪华双床房	20	20	20	6	5	2	2	0	0
合计	100	82	76	52	41	24	15	9	9

拒单流失　　　涨价时机

（1）拒单与流失出现的时机：在某一房型接近满房时，会集中出现拒单，造成客人流失。如表 5-5 中，豪华大床房在前天订满 30 间、商务大床房在今天上午9点订满30间、豪华双床房在昨天订满20间，在这种情况下，这3个房型都会因为没有房间可以供应而开始拒单。

（2）NO-SHOW取消出现的时机：豪华大床房在昨天显示已经订满，而在今天上午9点，发现在手预订只有24间，说明有6间房被临时取消。

（3）滞销与空置现象：套房截至今天上午9点，只销售了8间，空置12间。如果在今天不能把套房全部卖出去，就会产生空置现象。酒店也就不可能满房。这是酒店不能满房的主要瓶颈。

（4）涨价时机：如商务大床房在昨天订量25间、豪华大床房在3天前订量25间时，这两个房型只剩下5间空房，因为这两个房型还有2～3天的销售周期，所以不担心卖不出去，因此这时就可以进行涨价销售了。

2. 滞销房型价格投放技法

表5-6所示为滞销房型价格投放解析：

表 5-6　滞销房型价格投放解析

滞销房价格投放点平衡法　常规、提前预订　　　　延迟退房、接机、接站
以下数据来自上午9点

类型/价格/日期	房量	预订进度		
		房价	昨天	
			已定	收入
目前	20	258	8	2 064
假设一	20	218	15	3 270
假设二	20	358	1	358
		258	8	2 064
		188	6	1 128
		168	5	840
合计	20			4 390

会员奖励　　积分+现金奖励

对于滞销房型(套房)，要想快速有效地销售出去，常见的方法是降价销售，但是，降价到多少合适呢？有人提出通过需求的价格弹性分析方法来测算这个价格点。

　　然而，摆在我们面前最棘手的问题是，酒店的套房数量有限，同时，市场的需求受到竞争对手临时变价的影响，我们通过需求的价格弹性计算出来的房价，投放在市场上未必受客人欢迎，而且，酒店每天的市场供求关系不一样，当天的预订高峰期一旦出现，销售时机转瞬即逝，我们很难去准备把握。

　　所以，我们在"6M 实操体系"中，倡导在实际工作中体会价格与需求的关系，用最简单的方式解决最复杂的问题，如表 5-6 所示，具体解释如下：

　　（1）目前：酒店当前的套房价格是 258 元，销售了 8 间房。也就是说，对于 258 元的价格，市场有一定的接受度，可以销售 8 间，收入为 2 064 元。

　　（2）假设 1：假设我们把套房价格调整到和豪华大床房 188 元接近的价格，定价为 218 元，保持 30 元价差，前台引导客人：只要多出 30 元，就可以享受酒店的套房待遇。用这个价格销售出去了 15 间房，收入为 3 270 元。较之 2 064 元，套房收入增长了 1 206 元。

　　（3）假设 2：宇儿酒店的会员体量较大，于是针对会员推出这套价格体系，具体如下：

　　① 会员常规价：258 元，正常销售了 8 间。

　　② 会员奖励价：对本月第 2 次及以上次数入住酒店的会员，每天限量 6 间房给予 188 元的感恩回馈价格。每天只用这个价格销售 6 间。这个方法有效吸引了会员再次订房的可能性，遏制了会员在竞争对手处订房的积极性。

　　③ 会员积分奖励：每天拿出 5 间套房，以 100 个积分 +168 元的现金就可以入住。如果会员想以 168 元的价格入住套房，就必须核销 100 个积分。用这个方式刺激会员参与酒店积分活动的积极性，通过积分激励，提升了会员对酒店的忠诚度，套房也销售得更快。

　　④ 提价销售：用以上办法，当天套房销售了 19 间，仅剩 1 间房，于是，宇儿把套房价格提价到 358 元，针对所有客人进行竞价销售。愿意出这个价格的客人，可免费享受延迟至 18 点退房，同时可享受 2 次火车站接送站、1 次机场免费接送服务。

　　通过这个方法，宇儿不仅成功把所有套房销售出去了，实现了 100% 满房，同时，套房的收入为 4 390 元，较不变价时期的 2 064 元收入，增长了 2 326 元，收入翻了一倍。

3. 超额预订、提量增收技法

影响酒店高出租率无法满房的另一个重要原因，是酒店没有积极有效地开展超额预订。

我们必须明白一个道理，酒店即使满房，也是遵循一定的规律，比如，最低价格的房型最先订完，其次是畅销房型订完，再次是次畅销房型订完，最后才是滞销房型订完。

这样的一个规律，就给了我们很多可以增加收入的机会，比如：

（1）最低价房型满房时，酒店的次畅销房型及滞销房型还有大量空房，这时，如果我们对最低价房型进行超额预订，然后对预订的客人，按房价从高到低排列，对出价最高的客人，优先把房间升级到次畅销房型。这样既可以实现次畅销房型的有效销售，也可以避免把次畅销房用最低的价格销售出去，影响酒店的收入。

（2）畅销房型及次畅销房型满房时，我们依然可以对预订的客人，按房价从高到低排列，对出价最高的客人，优先把房间升级到套房，这样既可以实现套房的有效销售，也可以避免把套房用最低/较低的价格销售出去，影响酒店的收入。

4. 管控升级增加收入技法

在实施对某一房型超额预订时，我们必然会面临一个问题，那就是房型升级。那么，怎么做才能让升级的策略产生更多收入呢？

（1）补差价优先升级：比如，从 188 元的豪华大床房升级到 258 元的套房，如果客人愿意补 70 元差价，则优先升级；如果愿意补 50 元差价，则允许升级。

（2）先到者升级：很多时候，为了抓住有效的销售时期，我们必须尽快把畅销房的订单升级到其他房型，来确保畅销房型依然有房可以投放到市场销售。那么，对先来酒店办理入住的客人，则优先推荐及引导客人升级。

（3）不补差价升级顺序：如果当天做了超额预订，客人又不愿意补差价，则对客人按照房价从高到低排列，考虑对客人进行免费升级。升级时，应该把握以下顺序：

① 预付、担保的客人优先免费升级，因为这些客人几乎没有取消的可能性；

② 会员免费升级，即如果你酒店的会员是储值型会员（先缴纳 5 000 元办理储值会员卡，然后每消费一次，费用扣减一次），则优先免费升级；

③ 协议类客人免费升级，该类客户是公务类消费，对价格并不十分敏感，但期待有更好的消费体验，提高该类客人的满意度，对该单位年度入住贡献会有积极的推动作用；

④ 前台散客升级；

⑤ 其他。

【本节小结】

（1）拒单率：酒店某一个房型较早销售一空，导致满房后对预订该房型的其他预订拒单。

（2）拒单破解方法：酒店应时刻掌握房型容量分配，就部分比较畅销的房型，在接受大单预订时，同时做好升级到滞销房型的准备，确保畅销房型在预订高峰时间段有足够的房源供应，实现用畅销的房型和畅销的价格去获取更多的订单。

（3）流失率：酒店对预订的响应不及时，造成客户流失。

（4）流失率的破解方法：客人预订房间，合理的等待时间是 3 分钟，3 ～ 5 分钟的预订等待会让客人处于焦虑期，超过 5 分钟的等待，会增加客人转订他处的可能。所以，酒店要做到所有预订必须在 3 分钟以内完全响应。客人等待时间越长，对酒店的不满越多，对酒店的第一印象越差，留好评的积极性也会降低。

（5）空置率：酒店部分房型（如套房）因为价格较高，造成长期空置。

（6）NO-SHOW 率：指预订了房间但是没有入住的订单。

（7）NO-SHOW 的破解方法：在出租率较高时期，酒店应严格执行预付、担保、交付定金等预订政策，减少订单取消的可能性。

（8）收益管理倡导酒店不要太早把畅销房销售一空，不要太早让酒店满房，这样都会让酒店错过提升出租率、提升平均房价、提升收入的机会。

（9）破解四率宏观控制法：有效利用拒单、空置、取消现象发生的时机，与涨价时机的技法组合，实现减少空置、减少取消、减少拒单、提价增收的目的。

（10）影响酒店高出租率无法满房的另一个重要原因，是酒店没有积极有效地开展超额预订。

（11）酒店即使满房，也是遵循一定的规律，比如，最低价格的房型最先订完，其次是畅销房型订完，再次是次畅销房型订完，最后才是滞销房型订完。

（12）升级顺序：补差价优先、先到者优先。

（13）不补差价的升级顺序：预付及担保客人、储值会员、协议单位客人、前台散客、其他。

5.5　【竞价法则】如何有效应对竞争对手的低价竞争

【本节概述】

我们一直在强调，酒店在执行动态定价时，一定要考虑竞争对手的价格，要和竞争对手保持合理的价差。但很多时候，我们的定价明明比竞争对手低，还是无法有效提高酒店的出租率。这时，我们会尝试再次调低价格，竞争对手也会再次调低价格，让整个竞争状态陷入削价竞争的恶性循环，双方都苦不堪言。

本节以案例精讲的方式，阐述宇儿小姐旗下酒店在应对竞争对手的削价竞争时，如何排查自身优劣势，如何优化客源结构，从而用差异化的策略，走出削价竞争的怪圈。

宇儿管理的这家公寓式酒店位于某商业大厦，处于城市购物商圈内，其特点如下：

（1）房间总数 30 间，其中大床房 25 间（一室一卫一厨），套房（一室一厅一厨一卫）5 间，均有洗衣机，阳台；

（2）其客源主要是外地客人；

（3）竞争对手：本大楼其他 3 家酒店；

（4）价格对标：该酒店房价最高，同类房型较之竞争对手高 30 ~ 50 元；

（5）成本风险：每日收入低于 5 000 元，则亏本；

（6）定价风险：酒店降价，对方降价，酒店再降，对方再降，酒店必然赔钱。

竞争对手具体情况：

（1）某家：共 80 间房，双床房 40 间，大床房 40 间；

（2）某精品连锁：共 60 间房，双床房 45 间，大床房 15 间；

（3）某快捷酒店：共 50 间房，双床房 30 间，大床房 20 间。

5.5.1 产品评估方法

产品评估方法是指通过对房型、床型的基本功能评估其可对应的相关细分市场类型，寻找产品与市场细分和优化的可行性。

1. 竞争对手产品特点

（1）主要房型为双床房和大床房，没有套房；

（2）双床房型均多于大床房型；

（3）双床房满足一个人睡觉或者两个人分床睡的需求；

（4）双床房满足会议、旅行团客人拼房住的需求；

（5）大床房满足一个人住或两个人同住的需求。

2. 本酒店产品特点

（1）大床房满足一个人住或两个人同住的需求；

（2）套房满足一个人住或两个人同住的需求；

（3）一室一厅一卫（一厨）一阳台，有洗衣机等设施，可满足常住、旅居、短租市场的需求；

（4）对短期入住 1 ~ 2 天的客人不具备强有力的吸引力；

（5）商务客人很少有自己做饭的时间、需求、爱好。

3. 产品评估

（1）本酒店的产品结构相对单一，只有大床房和套房，无法进行有效细分；

（2）该房型对应的客户市场无法细分，如对会议、旅行、商务类需拼房住的市场需求无法满足，客源结构相对单一；

（3）本酒店产品结构和对应的细分市场都过于单一，不具备变价、暗价引流的操作空间。

5.5.2　价格评估方法

价格评估方法是指对酒店在销售方式、定价方式上是否可以细分，以及动态定价、产品附加值提升的可行性进行综合分析。

1. 竞争对手酒店价格属性

（1）房型可以细分，价格可以对应进行细分；

（2）拥有钟点房、单日租、连住优惠、短租优惠、长包房优惠、团体入住优惠等多价格体系，变价空间大，操作灵活；

（3）对应的在手预订中，可根据库存体量的逐渐减少，对部分房型进行提价销售；

（4）出租率为 60% 时，可提价 10%；出租率为 80% 时，可提价 20%；出租率为 90% 时，可再提价 5% ~ 10%；

（5）涨价的同时，可通过延迟退房、赠送早餐等方法促使客人更好地接受。

2. 本酒店价格属性

（1）房型不可细分，价格不可以对应进行细分；

（2）其客源多是外地客人，所以无法有效建立钟点房、单日租、连住优惠、短租优惠、长包房优惠、团体入住优惠等多价格体系。价格形式相对单一，无法有效增加酒店的销售机会；

（3）只有一套价格体系（含淡季、旺季、平季价格）。

3. 价格属性评估

（1）酒店建设成本较高，无法与竞争对手进行低价竞争；

（2）酒店客源结构单一，定价形式单一；

（3）酒店价格高于竞争对手，外地客源在筛选入住该商圈酒店时，会优先考虑价格较低的酒店，在竞争对手酒店满房、关房、涨价、限制预订政策的前提下，才可能会考虑该酒店。

5.5.3 销售渠道评估方法

销售渠道评估是指根据酒店的获客方式，对订单来源的渠道进行对比分析，在不同的销售渠道实施不同的营销策略，实现更好获客的目的。

1. 竞争对手酒店销售渠道

（1）客源来自本地及异地；

（2）本地客源群有企事业单位、旅行社等；

（3）本地及异地客源通过 OTA 渠道获客；

（4）可通过社群营销获客。

2. 本酒店销售渠道

（1）客源主要来自外地，且只能满足能接受较高价格的客户；

（2）主要通过 OTA 渠道获客；

（3）社群营销从未有效开展过。

3. 销售渠道评估

（1）本酒店销售渠道单一，只能依靠 OTA 渠道获客；

（2）OTA 渠道客源在选择酒店时处于优势地位，常常在几十家酒店中进行交通、床型、早餐、预订政策、价格、特色、评论等多个维度的逐一筛选，才会选择一家酒店入住，该酒店被有效选中的概率很低；

（3）在无法充分依靠 OTA 渠道做大客源的前提下，酒店必须加强直销渠道的建设和营销；

（4）酒店从未开展过社群营销，其市场可挖掘的潜力较大。

4. 综合评估

通过对以上环节的综合分析，宇儿发现如果想很好地同时规避酒店房型产品结构单一、定价方式单一、无法有效动态定价、销售渠道单一、无法充分依赖 OTA 渠道等多方面的不利因素，最好的办法就是做社群一类的营销，这样至少可以同时解决两个问题：

（1）在本地社群进行营销，可有效转化本地客源，提高本地客人的关注度和购买机会；

（2）社群营销可有效辐射外地客源群，增加客源来源，社群发展本地和异地客源，OTA 主要获取异地客源，两者互动营销，则可同时有效实现 OTA 渠道对本地客源的营销。

5.5.4　市场拓展及营销方法

宇儿发现这家酒店存在的主要问题是客源结构太单一，想要快速让酒店的生意好起来，首先要做的就是对酒店的客源结构进行优化，于是，她制定了如下提升策略：

1. 客户优化

对入住过酒店的客户的档案进行梳理，按照预订频率、月入住次数、季度预订次数、年度预订次数进行排列，对客户进行唤醒消费的营销。具体如下：

（1）按照设定环节对客户进行 A、B、C 分类；

（2）根据客户入住的信息，查询客人的生日，向客人致电问候、发短信问候，唤醒客户对酒店的印象；

（3）对近期过生日或已经过生日的客户，在电话祝福的同时，告知客人已经向其登记住址快递了生日礼物，向客人表达酒店对他 / 她的关注，提高客人对酒店的满意度；

（4）即日起对所有入住的客人，要求前台及店总与客人充分沟通，最好更多地获知客人的讯息，比如配偶的职业、生日，子女的年龄与生日，来本地的出行目的，如客人是商务拜访性质，则了解客人拜访的公司主营业务，同时安排人员去该公司签订入住协议，争取把酒店打造成客人商务交流的场所，即打通客人商务链的上下游企业；

（5）即日起对所有入住客人进行增值服务。

2. 启动增值服务计划

（1）家庭类营销，如房间增加儿童牙刷、牙膏、拖鞋、浴巾、儿童坐便器等，照顾好小孩，家庭类消费的满意度会直线上升；

（2）房间内免费放置点心、水果、牛奶、饮料，提高客人的性价比体验；

（3）前台免费为客人提供茶水、咖啡、柠檬水等迎宾软饮；

（4）对入住两天以上的客人，每天赠送一个果盘，并留便签，提醒客人注意饮食营养；

（5）对身体不舒服的客人，协助送往医院就医，店总必须亲自去房间或医院看望；

（6）对戴眼镜的客人，前台第一时间赠送眼镜布及眼镜袋；

（7）如房间入住有女客人，则第一时间在卫生间内布放卫生巾，并留便签，该卫生巾免费提供；

（8）免费提供洗衣液。

3. 产品定位及宣传

宇儿发现，酒店的产品结构虽然单一，但换个角度看，反而是一种优势，因为酒店具备旅居型客人及商务型客人常住的特点。于是，宇儿在酒店介绍方面费了一番心思，以 OTA 渠道为例：

（1）酒店简介：突出体现酒店为自驾旅游、短租、长租的客人提供贴心管家服务。

（2）留言回复：在回复客人的问题后，植入酒店提供增值服务的具体内容，让更多没有入住过的客人在第一时间就了解到酒店的与众不同。

（3）图片优化：对酒店每个房型的照片进行翻拍，重点体现酒店提升附加值的相关产品，比如儿童用品、卫生巾、小食品、洗衣液、果盘等。同时，聘请形象好的员工做模特，以图片拍摄的方式，体现从办理入住到走进房间及查看服务设施和服务内容的每个方面，确保客人在酒店页面上停留的时间，客人停留得越久，下订单的可能性越大。

4. 市场拓展与维护

适宜旅居型的酒店，对应的客户群是自驾游群体。于是，宇儿主动和主做自驾游的旅行社联系，启动深度合作计划，深度发展自驾游一类客源体，方法如下：

（1）合作发起自驾游客户关怀计划，旅行社承接自驾游团队业务，酒店向自驾游团队提供最优价格入住及免费洗车服务。

（2）酒店承诺视出租率而定，为每个团队提供 3 ～ 5 间免费房（与旅行社承诺，差价由旅行社赚取），增加旅行社利润，提升旅行社投放团队的积极性。

（3）家文化服务：聘请退休人士做酒店的迎宾大使及楼层服务员，唤醒客人对酒店家文化的认可。对年纪大的员工进行统一培训，其服务话术均是家庭聊天式的。比如，迎宾时提醒客人：房间里面的饮料是免费提供的，你们出去玩，一定要把水带上，外面天气干燥，小心上火……

自驾游客户面对年纪大的员工提供服务时，对服务的苛求度会降低，同时利用老员工特有的亲切感和酒店的增值服务，反差式增强客人对酒店服务的认可度。

通过以上一系列经营策略的调整，酒店很快获得了老客户的认可和好评，同时也做好了自驾游的市场群体。经常有自驾游的客人主动和店总联系，推荐客人入住，酒店的出租率逐渐增高，更可贵的是，因为客源架构与其他三家竞争对手有明显差异，竞争对手无论怎么低价营销，酒店的客源都没有受到太大影响，让公寓式酒店的市场竞争力明显增强。

以上是公寓式酒店的经营策略调整方法，与此相类似的还有在大学城附近、以学生为主要客源的酒店，因为客源结构单一，这类酒店的出租率在周内和周末有明显的淡旺季差异，而且，酒店很难通过涨价的方式增加收入，因为学生对价格的敏感度很高，只要涨价，学生就可能不再接受。所以，遇到这种经营问题，酒店首先要考虑的是如何让自己的客源结构丰富起来，客源结构越多，酒店抵抗市场竞争的能力就越强，而且可通过变价与附加值服务，让酒店增加收入的机会变多，真正告别被动经营的局面。

（4）利用"收益天眼"，提前获知市场供需状态，争取更多新客源。

在酒店做好上述准备工作的前提下，依然要重点关注的是如何获得新客源。在这种情况下，酒店希望能有办法提前获知未来7～15天市场的流量状态、供需关系变化等信息，获得这些未来市场信息后，结合市场给出的敏感价格等信息，酒店能有效地投放产品和给出价格，拓展更多新客源，提高市场占有率。酒店可利用美团酒店"公明收益"的"收益天眼"功能，实现这些目的。具体情况见图5-4。

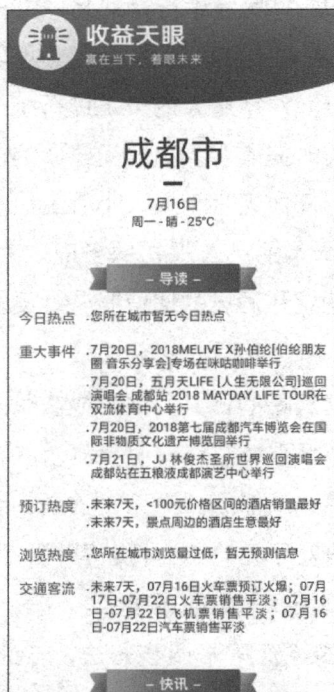

图 5-4　"公明收益"的"收益天眼"功能

从图 5-4 可以看出：

① "收益天眼"主要从城市今日热点、重大事件、预订热度、浏览热度、交通客流等多个维度进行对比分析，为酒店未来经营周期如何调整经营策略提供参考。

② 如预订热度分析，"收益天眼"显示，酒店未来 7 天内，低于 100 元价格区间的需求量最大，这时，酒店应该在这个价格区间设置房型，适当调整并加大库存，争取更多销量。未来 7 天，景点周边的酒店生意最好，因此，在景点周边的酒店，应酌情提升房价，以争取更多收入。本书将在第九章详细阐述该功能的具体使用说明。

【本节小结】

（1）产品评估方法是指通过对房型、床型的基本功能评估其可对应的相关细分市场类型，寻找产品与市场细分和优化的可行性。

（2）价格评估方法是指对酒店在销售方式、定价方式上是否可以细分，以及动态定价、产品附加值提升的可行性进行综合分析。

（3）销售渠道评估是指根据酒店的获客方式，对订单来源的渠道进行对比分析，在不同的销售渠道实施不同的营销策略，实现更好获客的目的。

（4）要同时规避酒店房型产品结构单一、定价方式单一、无法有效动态定价、销售渠道单一、无法充分依赖 OTA 渠道等多方面的不利因素，最好的办法就是做社群一类的营销。

（5）客户优化：对入住过酒店的客户的档案进行梳理，按照预订频率、月入住次数、季度预订次数、年度预订次数进行排列，对客户进行唤醒消费的营销。

（6）酒店简介：突出体现酒店为自驾旅游、短租、长租的客人提供贴心管家服务。

（7）留言回复：在回复客人的问题后，植入酒店提供增值服务的具体内容；让更多没有入住过的客人在第一时间就了解到酒店的与众不同。

（8）图片优化：对酒店每个房型的照片进行翻拍，重点体现酒店提升附加值的相关产品，比如儿童用品、卫生巾、小食品、洗衣液、果盘等。同时聘请形象好的员工做模特，以图片拍摄的方式，体现从办理入住到走进房间及查看服务设施和服务内容的每个方面，确保客人在酒店页面上停留的时间，客人停留得越久，下订单的可能性越大。

5.6　【淡季技法】淡季酒店经营策略

【本节概述】

在"画像法则"部分，我们谈到了酒店在出租率较低时期，如何通过对出租率对应房型、细分市场的相关规律研究，用渠道管理、产品细分、市场细分和培育的方式，提升淡季的营收能力。

我们都知道，淡季时期减量的是市场需求，并非减价格，淡季时期依然有不少高价需求。本节重点对在常规淡季经营时期存在的错误认识、工作重点如何安排、如何化解淡季危机、淡季营销方法进行重点阐述，便于大家在酒店经营时期能制定出更好的提升策略。

5.6.1　如何正确地认识淡季

在很长一段时间，酒店人对于淡旺季的认识，大约是这样的：

（1）旺季抓销量；

（2）淡季抓市场；

（3）旺季抓服务；

（4）淡季抓管理。

其实，我们反过来去思考，可能会得到以下不同的认识：

（1）旺季订量本来就很高，还用投入更多精力去抓销量吗？需要关注的是如何做好容量控制和预订进度的控制，让一间房卖出更多的收入；如何更好地激发优质客户的购买欲望。

（2）淡季做市场，组织人员拜访客户，甚至去其他城市开发客户，建立合作关系，争取旺季有更多的合作。淡季时期大家都没有太多的商务和出行需求，你花费的人力和财力，可能只是一个对于旺季的期许。不应该在客户没有购买意愿的时候，向客户努力推荐你的产品，因为客户现在没有购买计划，你说得再多也无法产生成交率。

（3）旺季的客人最多，一定要抓好服务质量。这个出发点是完全正确的，也是十分有必要的。问题是，旺季时期酒店员工进入了较高强度的工作状态，而优质的服务是通过一定的服务深度和频率实现的，服务员有那么多精力吗？忙得过来吗？你旺季增加人手了吗？

淡季要抓管理，要向管理要效益，这是酒店的一个通病。但是我们发现，比较普遍的现象是，淡季进行管理强化的酒店，一般会出现员工强流失和客人强流失的尴尬局面。

这是为什么呢？

我们先来看看淡季时期酒店经营管理的痛点是什么。

1. 减员增效

高昂的人工成本一直是酒店重负，反过来理解：如果通过一定的管理手段，压缩人员编制，减少在岗人员数量，酒店的工资支出就会大幅削减，省下的工资就等于是酒店利润，可以有效支撑酒店的年度 GOP。于是，在淡季时期，由于员工的工作量不够饱和，酒店会通过以下方式减少在岗人员数量：

（1）对离职的岗位，暂时不补充人员，实现减编目的；

（2）加强管理力度，加强处罚力度，员工自然会有流失；

（3）对部分有业务关联的岗位进行合并，鼓励一岗多职、一人多能，实现减编减岗减人数的目的。

2. 节能

淡季时期因为出租率较低，酒店开始全面进入节能状态，比如楼梯间的灯关闭一半；楼道的照明灯关闭一半；楼层封锁（锁房）；空调、暖气等严格限制开放时间，于是，出现的情况大致如下：

（1）酒店从大堂到房间，一片昏暗，让人感觉不够明亮，以为走进了廉价低档酒店；

（2）在减员背景下再进行锁房，酒店无法进行畅销房型的超额预订及升级处理，在即使有市场小增量的时间段，酒店也无法借势做好增收；

（3）房间太热或房间太冷，造成客人投诉；

（4）洗澡热水出水太慢、热度不够，造成客人投诉。

3. 跟风促销

淡季最常见的就是各酒店层出不穷的折扣优惠和促销活动，只要见到别的酒店做促销活动，酒店就会着急，好像别人做了，自己不做促销活动就是无能的表现，于是，咬定竞争对手的促销活动内容，跟风做促销。这个时候，经常会出现一个问题，那就是别人的促销活动真的实现了揽客增收的目的，可是自己的促销活动不但没有收到效果，反而收入在减少。其根本原因是对自身客源属性和销售渠道的属性没有充分了解和把握，导致在合适的时间，用错误的方式和错误的价格，把产品销售给了固有的客户。

4. 降耗

因为做了促销，价格自然降低了，这个时候出于对成本控制的考虑，酒店服务及产品相应的附加值都在减少，常见的表现如下：

（1）对客房定价时，考虑价格已经很低了，部分原本赠送的内容不再免费提供，比如软饮、热饮、小食品、"四液"、一次性拖鞋等，希望通过客人房间内消费的方式，增加酒店的其他收入，但这是最容易激怒客人的地方。

（2）服务内容和环节减少：比如枕头从四个减少到两个、床巾不再提供、"四液"方面客人不要求，假装客人不需要补充；布草不再是一天一更换，只要客人不离店、不要求，假装客人不需要；减少洗涤费用；酒店茶吧、书吧等场所不再开放，减少能源消耗，等等。

5.内部培训

我们通常会认为，淡季劳动强度不大，是最好的练兵时期。于是，开展各种形式的培训，比如前台员工开房业务比赛、客房员工铺床比赛、酒店基础知识竞赛、消防安全培训和演练、团队凝聚力培训与训练等。对于酒店开展的各类强化业务技能的培训，我们应该给予足够的鼓励和支持，但应该注意如下几个方面：

（1）前台员工开房培训与比赛的情景设置背景是怎么样的？如果只是对常规流程的熟练程度进行比赛，这就与实际的服务场景发生了偏离，我们可以想象得出，客人对入住及退房有投诉时，通常是因为让客人等待久了、开发票速度慢了等，而这些问题发生的原因，恰恰是因酒店处于入住或退房高峰期，一个员工可能要同时响应多个客人的服务诉求。所以，如果要培训和比赛，应该模拟旺季接待时期的场景，让员工的业务素质在复杂的接待环境中得以养成和提高。

（2）房间清扫及铺床比赛，也应该更多设计客人需求的情景，让员工以实际工作的状态去解决客人的问题和满足客人的需求，从而实现员工综合业务素质、应变技巧的提升。比如，情景设置带小孩入住的客人，对房间卫生、通风、温度、铺床特色等方面进行竞赛，谁考虑到的层面更多，能更多给带小孩的客人惊喜和满意，谁就获胜，这样可以训练员工养成面对不同的客人提供不同标准和特色服务的能力，此外，还有情侣、老人、客户接待高端客人等情况，均可以提供不同的训练方式。

6.员工和客人的双流失

酒店淡季的表现是多个酒店都不能满房，但是，从实际调研情况看，还有不少酒店在淡季时期的满房天数依然是很多的。而出租率普遍不好的酒店，通常都在面临员工流失、客源不足的尴尬。究其原因，其实和自己的经营策略有直接的关系。员工流失的原因比较多，可能是收入低、工作量（非常规工作）大、对培训等淡季日常工作感到厌烦、没有上升通道等。而客人流失的原因则相对明显，主要是对酒店当前提供的服务质量、服务水平、服务流程、价格等不满意，而在同等价格的情况下，其他酒店能给予他更好的消费体验，他们更愿意选择其他酒店。

5.6.2　淡季存在的 4 大利好因素

我们应该始终有一个自信的认知：市场始终都在，只是变了个形式。淡季减的是需求，不是价格。即使是淡季，依然有高价需求。在有这个认知的情况下，淡季对你就会有以下的利好方面：

（1）竞争对手：基于以上分析，竞争对手大多在淡季提供低价、低值的产品，如果你用同价、高附加值产品竞争，市场自然会更青睐你。这是竞争对手的主动弃权带给你的市场机会。

（2）客户价值：在淡季时期，依然来你酒店消费的客人，如商务、协议、旅行社（提供团队、散客客源），他们在旺季及其他时期复购的可能性更大，应重点做好这一类客源的维护和营销。

（3）服务提升：在淡季时期，酒店有更多的时间和精力去研究客户档案、客户习惯、客户喜好，优化和设计酒店服务体系，同时，也有更多精力对目前的客人提供更深入、细致、周到、热情的服务，淡季客人的满意度越高，对酒店旺季的复购及口碑营销越有利。

（4）口碑营销：在淡季做好深度服务的同时，注重引导客人留好评。做得比较好的酒店，在淡季会让出部分房价折扣，来换取客人的好评。其利好方面是，酒店好评的积累需要一定的周期，如果淡季有良好的积累，在旺季到来之前，酒店的好评度已经很高，更有利于获取订量。因为客人最终确定一家酒店之前，通常会在已经接受价格的情况下，仍然在 3 ~ 5 家酒店的评论中做出分析和判断，最终选择一家下订单。所以，淡季的好评积累，会直接影响旺季订量的有效增长。

5.6.3　破解淡季经营困境的 6 个技法

图 5-5 所示为破解淡季经营困境的 6 个技法：

未雨绸缪 始于旺季 终于旺季

旺季入手营销

开拓销售渠道
OTA管控放宽，拓展更多渠道

打造口碑
高价值服务支撑
深入、细致、感动
的服务

无限制预订政策

体验为先，引流为主

客户优化、针对性营销
订量、收入、频次排名

图 5-5　破解淡季经营困境的 6 个技法

基于以上分析，我们在认识和把握淡季的时候，应形成这样的逻辑：淡季的经营应该从旺季着手，其着力方面涉及客户细分、渠道管理、口碑营销、产品及服务附加值体系的设计。其主要的方法如下：

1. 旺季入手营销

所有稳定的客源建立，均来自有效的沟通和了解。在旺季时期，应重点加强客服岗位（如前台、GRO、礼宾）与客人的有效沟通，掌握客人的"营销点"信息，比如生日、生活喜好（书籍、电影、明星、作家、名人）、房型喜好等，这将成为与客人二次或多次联系时的谈资，会促进沟通的有效性，如生日祝福、明星最新资讯互动等。通过二次或多次联系，掌握客人下次来店的时机，并做好相应迎宾准备，比如预留其喜好的房型（喜欢的窗户大小、户型、楼层、房间温度）等。

2. 开拓销售渠道

优化和管理好当前的 OTA 分销渠道，在必要情况下，可适当考虑增加其他 OTA 渠道的产品投放，或重点做好某一个 OTA 渠道的深度营销，多参加 OTA 的营销活动，增加 OTA 渠道的房型投放量，取消预订限制政策，为增加订量做前期准备，比如口碑美誉度、房型热度、预订满意度打造等。

3. 无限制预订政策

在淡季来临之前，应放宽酒店的预订政策，比如不限制只接受预付形式的预订，而应同时不设置预订取消限制政策，打开预付、担保、现付等预订模式，并根据预订政策的不同，适当调整同一房型的价差，便于不同承受能力的客人选择。

4. 客户优化，针对性营销

梳理当前客户档案，根据客人的预订频次、收入贡献、订量等环节进行排序。对预订频次比较高的客人，重点加强联系次数；对订量比较多的客人，针对性增加附加值内容，提高客人的黏性和忠诚度，刺激客人多选择更高价房型来增加酒店收入；对收入贡献比较多的客人，其通常具有消费频次高、订量多、选择高房价可能性大等特点，应在增加联系次数的同时，根据客人的喜好特点来设计附加值内容，确保送给客人的东西是他喜欢的，也是他需要的，避免酒店不必要的浪费。客户优化的目的是提高客户的复购率，优化的主要切入点是让客户明确感受到，消费次数越多，他能享受到的服务越多。

5. 体验为先，引流为主

淡季酒店业涌现的各种促销造成的低价竞争是不可逆的市场情况，这就为酒店的高价营销设置了很多困难。我们无法改变市场趋势，但我们可以迎合并利用好市场趋势。所以，对淡季的营销，同时要考虑体验和引流的作用，具体如下：

（1）对不畅销的房型（通常定价较高），向优质客户免费升级，给予客人体验更高级产品的机会，刺激客人购买的欲望；

（2）向公开销售渠道（如 OTA、社群营销等）推出体验式特价营销活动，比如套房超低折扣价体验活动，次畅销房的折扣价体验活动，提高当前客户群体复购的可能性，避免客人向更低价格的竞争对手流失。这类低价体验的活动，应坚持限量供应，主要以打造市场热度、赢得关注为目的。如果低价营销的房间数量投放得过多，则会影响客人对酒店品牌价值的认可度，认为你的酒店就值这么低的价格。我们应该坚持一个认知：什么样的价格就会吸引什么样的客人。淡季的低价营销会吸引来更多接受低价的客人，这对旺季的客源培育和拓展来说，反而是个负担。所以，酒店在综合运用这个策略时，应规划性地考虑好细节。

6. 打造口碑

所有的好评都基于客人享受到了满意或惊喜的服务。所以，要打造酒店的好口碑，就必须设计好酒店的增值类感动服务，最简单的打造方式是模仿竞争对手，首先要做到人家有的服务，我也有。这就让客人在同等诱惑下，为选择你的酒店提供了 50% 的机会。在具体对客人提供服务的过程中，要认真、细致地做好深度的关怀服务，比如对家庭式出行客人的儿童进行必要的关怀和照顾，对老人进行必要的关怀和照顾，对自驾游类客人提供洗车、停车、车辆遮阳防晒、车窗除霜、车辆除雪、车辆加水等方面的服务。

5.6.4 淡季营销的 4 个常用方法

图 5-6 所示为淡季营销的 4 个常用方法：

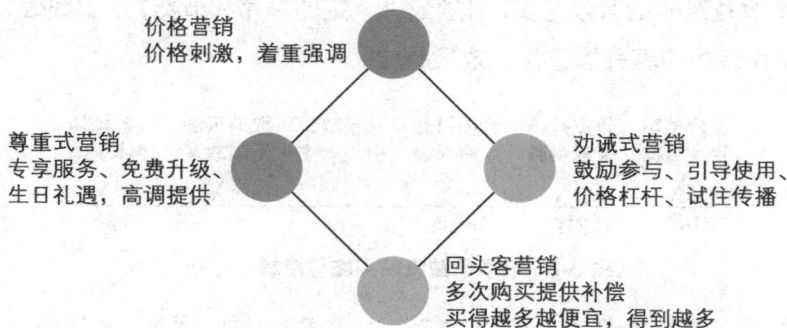

图 5-6 淡季营销的 4 个常用方法

1. 价格营销

这个方法是重点突出低价的作用，在竞争对手低价产品中获取流量，OTA 渠道适应性很强，效果非常明显。同时应考虑的组合技法是超额预订与升级处理。

2. 劝诫式营销

主要通过价格杠杆设计"试住体验"式营销，鼓励更多人参与活动，达到短时间内有效传播的目的，目前可重点考虑在"抖音"上设计此类活动，让参与活动的客人分享个人入住感受或惊喜。通过在热度频道蹭热度的方式，快速获取市场关注。

3. 回头客营销

以客户优化为前提，对多次购买产品的客户给予更多优惠刺激、附加值服务、消费唤醒服务，提高其对酒店和产品的黏性与忠诚度，抑制客户流失。

4. 尊重式营销

向某一类客人（如优质客户）提供尊享服务，比如贴身管家、生日礼遇、同来人惊喜服务等，此类服务应高调提供，并大力宣传，为酒店打造高价值客户体系奠定舆论引导的基础，便于员工向客人推荐会员卡等。

5.6.5 淡季收益策略实施与控制6步法

淡季收益策略的有效开展，必须遵循一定的顺序和节奏，从实践效果出发，用图5-7所示的步骤开展工作，效果最佳。

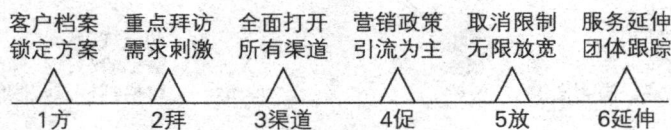

图5-7 淡季收益策略实施与控制6步法

该方法可高度概括为：1方、2拜、3渠道、4促、5放、6延伸，具体解释如下：

1方：从客户档案入手，对客户进行A、B、C分类，针对客人的消费习惯和喜好，针对性地设计营销方案。

2拜：用针对性的营销方案，对客人进行登门拜访、电话、微信等方式的沟通，告知酒店为其提供的最新优惠内容，唤醒消费，刺激购买。

3渠道：增加多个分销渠道，或重点做好订量多的某个渠道，打造酒店、房型、价格等维度的市场热度。

4 促：迎合市场趋势，对部分产品开展促销活动，与竞争对手的促销活动进行竞争。

5 放：放宽预订政策，取消非必要的预订限制，让订单可以无限制流入。

6 延伸：对散客要进行离店后的跟踪服务，如回访问候、节日祝福、新营销活动告知等；对团体要进行满意度回访，始终保持高频率沟通，争取最早获得一手客户情况信息，展开营销活动。

综上所述，我们应该摒除传统的认知观念，正确认识当前环境下的淡季市场表现，在产品设计、服务体系优化、价值链条设计、渠道建设与管理、立体式营销策略制定等多个方面积极有效地开展工作，才能抓住淡季提供的利好机遇，让淡季不淡，让淡季增收。

| 本章小结 |

◎ （1）淡季时期酒店的经营痛点：减员增效、节能、降耗、跟风促销、内部培训、客人和员工双流失。

◎ （2）竞争对手大多在淡季提供低价、低值的产品，如果你用同价、高附加值产品竞争，市场自然会更青睐你。

◎ （3）在淡季时期，依然来你酒店消费的客人，如商务、协议、旅行社（提供团队、散客客源），他们在旺季及其他时期复购的可能性更大，应重点做好这一类客源的维护和营销。

◎ （4）所有稳定的客源建立，均来自有效的沟通和了解。

◎ （5）破解淡季经营的6个方法：旺季入手营销；开拓销售渠道；无限制预订政策；客户优化，针对性营销；体验为先，引流为主；打造口碑。

◎ （6）淡季营销的4个常用方法：价格营销；劝诫式营销；回头客营销；尊重式营销。

◎ （7）淡季收益策略实施与控制步法：1方、2拜、3渠道、4促、5放、6延伸。

第四篇

↓

酒店收益管理体系建设与操作技法

04

第六章

酒店预订运营管理与
组织程序

【本章概述】

在星级酒店，80% 的订单均由预订部处理，而在中小酒店，大多未设置专业的预订部门，包括总机话务在内的相关工作，均由酒店前台员工受理，而且前台的接待、问询、收银等工作大多由一人负责。由此可见前台工作岗位的重要性。它好比一个水龙头，如果出现长流水现象，就会严重影响酒店的收入。

本章针对同一个案例中 3 个前台员工的不同表现，解析酒店前台员工应具备的个人素质，结合酒店在预订环节容易流失收入的 9 个现象，逐一解析具体应对的方法。

6.1　预订工作常见的问题

中小酒店的所有订单均由前台员工处理，而前台员工岗位一般设置为三班倒，每岗一人。这就意味着，在至少 8 个小时的销售周期内，这个员工掌握着酒店收入的命脉。我们从实际销售情境中摘选了以下几个案例：

案例背景：酒店单人间已售完，标准双人间目前还有一间空房，但因空调制冷故障，酒店临时占房，暂不出售。

同一酒店案例 1：客人抵达前台与员工甲对话

客人：你好，还有房间吗？

前台甲：您好，想要什么房间？

客人：单人间有吗？

前台甲：没有了。

客人甲：那双人房也行。

前台甲：没有了。

客人：那你还有什么房间？

前台甲：豪华商务大床房。

客人：多少钱？

前台甲：288 元。

客人：好贵，能便宜点吗？

前台甲：不能，这都是最低价了。

客人：……你，什么态度呀！（差评，投诉了。）

同一酒店案例 2：客人抵达前台与员工乙对话

客人：你好，还有房间吗？

前台乙：有的，您几个人住？

客人：我一个人。

前台乙：大床房可以吗？单人间已经没有了，标准大床房还有 1 间。

客人：多少钱？

前台乙：258 元。

客人：有点贵呀！

前台乙：是的，比单人间贵一些，但是比豪华商务大床房便宜 30 元，我们还送您一份早餐。

客人：不要早餐可以吗？

前台乙：可以的先生，需要现在开房吗？

客人：是的。

前台乙：对不起先生，这间房是干净的房间，但是空调好像有点问题，不制冷了，晚上可能会比较热。

客人：你别说这么多，你就说现在怎么办？

前台乙：先生您是我们会员吗？

客人：不是。

前台乙：您看这样行不行，您可以用这个价格，我给您升级到豪华大床房去，房间比标准大床房面积大 10 平方米，住着肯定舒服很多，同样给您赠送早餐。

客人：这个可以有，谢谢你哈！

同一酒店案例 3：客人抵达前台与员工丙对话

客人：你好，还有房间吗？

前台丙：您好，王先生，今天您一个人住吗？

客人：是的。

前台丙：有一间标准双人间 258 元，送您早餐，但是空调有问题，不能制冷，您介意吗？

客人：介意。

前台丙：豪华商务大床房还有房，需要 288 元，不含早餐。

客人：我是会员呀，都不送早餐吗？

前台丙：这样吧，王先生，酒店对会员有个新活动，充值 1 000 元，立返 100 元，我可以直接在您房费里面扣减 100 元，早餐的话 30 元，这样一来，您可以节省 70 元。

客人：也行。

前台丙：您住 1 天吗？

客人：先订 1 天吧，明天晚上在高新区有应酬，可能不过来住了。

前台丙：王先生，如果您连住两天，第二天的房费还可以再减 30 元，而且两天的早餐都免费，这样您可以节省 130 元。我建议您明天还是过来住吧，高新区到这里打的最多 25 元，滴滴拼车才 12 元左右，这样更划算。

客人：行，听你的。

我们不倡导把人分为三六九等，但就工作能力与业绩表现来看，显然结果已经出现了明显差异。

（1）员工甲工作没有热情，属于被动式服务，毫无营销意识，最终激怒客人，引起投诉，酒店的美誉度因此降低。

（2）员工乙有工作热情，有营销意识，但工作思路不清晰，对客人诉求的把握和引导能力较差。虽然最终留住了会员，并给予免费升级，获得了客人满意，但酒店没有增收。

（3）员工丙工作热情，熟悉客史资料，主动开展营销，既让客人会员充值 1 000 元，同时引导客人潜在需求，让客人多住 1 天。既让客人非常满意，她自己也获得了会员充值奖励 30 元及连住营销 5 元的奖励，合计获得奖励提成 35 元。

由此我们可以看出，酒店的营销政策是相同的，但是在不同员工的眼里，其工作表现完全不同，这里面可能有以下原因：

（1）员工甲不主动营销，可能对提成奖励没有兴趣，也可能对营销政策并不了解。

（2）员工乙主动开展营销，但没有抓住营销政策的关键点。所以，员工乙是一个优秀的前台服务人员，但不是一个优秀的前台营销人员。

（3）员工丙主动多层次开展营销引导，所有的营销点都抓住了。所以，员工丙既是优秀的前台服务人员，也是一个优秀的前台营销人员。

那么，酒店前台究竟需要什么样的员工呢？

6.2　前台员工应该是这样的招财猫

很多时候，我们认为前台是酒店服务的前沿阵地，是客人抵店的第一个服务环节，所以，我们常常忽略了前台是酒店重要的现场营销阵地的功能。客人是否能获得增值服务，能否感受到更高性价比的服务，是否愿意多支出费用，获得更多更好的服务，全在前台这个重要的阵地发生。

所以，我们在招聘前台员工时，更多考虑如下方面：

（1）形象佳、气质好：前台员工是酒店的门面，漂亮的前台员工可以让客人有美好的初次印象。

（2）热情、大方、有亲和力：让客人有美好的入住体验。

（3）沟通能力强：能准确表达自己的观点，也能准确理解客人的诉求，并能根据客人的诉求，为之提供必备的服务。

以上是酒店招聘前台员工时的基本条件。一般情况下，酒店前台员工的薪资，也是同级别薪资标准最高的一个岗位。相信酒店在面试员工时，对员工有了充分的评估和考量，认为员工符合用人标准才录用的。

然而，我们都明白一个潜规则：员工面试时的状态，往往不是常态。而员工走上工作岗位后，才会真正表现出个人的常态。于是，我们会花费大量的精力和时间，对员工进行职业素质、专业知识、工作技巧的培训，但实际效果，往往是我们期望值的折后表现。

所以，我建议在前台员工的选聘方面，不宜过分强调形象问题，而应更多看这个人是否具备"招财猫"的潜质，具体如下：

（1）聪明，反应快，学习能力强：对酒店的营销政策、管理规定能快速理解，掌握其重点环节，在工作中能很快变现，执行能力强。

（2）爱说话，喜欢与人沟通：我们经常培训员工要对客人热情，多和客人沟通，了解客人的更多信息，便于我们开展针对性的营销工作。然而，这样的劝勉或者规定，在员工的日常表现中，像打了水漂一样，石子落水话音毕，左耳朵进右耳朵出。究其原因，是员工的性格中不具备喜欢与人沟通的特点。如果员工的性格就是喜欢和别人聊天，那么，即使酒店不强调，他也愿意在工作时间允许的情况下，和客人多聊几句。他不认为这是他的工作任务，也不认为这是酒店强压给他的要求。

（3）喜欢让对方满意：这样的员工心地比较善良，说话、做事，哪怕是向客人递回身份证，都在关注客人的表情，希望通过自己的服务，让客人露出满意的笑容。这样的员工，也会想办法运用好酒店的营销政策，让客人满意，让客人为自己打 call。

（4）有较强的营销意识：这样的员工，你任何时候去测试他，他都能回答出与自己工作有关的所有奖励政策，通常情况下，他也是同等岗位上月收入最高的一类人。

6.3　预订环节流失收入的 10 个方面（预订组织程序）

常规工作中，我们更多在规定和限制员工接收订单的工作程序，确保准确录入入住时间、离店时间、房价等关键信息。但是，在具体工作的巡检中，我们发现员工缺乏对房间销售数量和房价的管控意识，常见问题如下：

（1）某一房型有房时就接订单，没房时就拒单，不懂得超额预订与升级销售，造成不必要的收入损失。

举例：某酒店有豪华大床房 30 间，房价 128 元，商务标准间 30 间，房价 158 元。目前酒店豪华大床房已满房，商务标准间有 28 间空房。客人致电要预订豪华大床房，员工告知没有房间了。

应对方法：员工应引导客人是否愿意入住商务标准间。如果客人接受价格，则可很好地推销 1 间房；如果客人可以接受房型，但不能接受价格，则可以引导客人免费升级，降低商务标准间的空置率。

（2）价格体系生硬，员工没有获得授权。

如上案例，如果没有给员工在某些情况下可以免费升级房型的授权，员工在这个环节必然只能拒单。

这里面又有一个常见的隐藏问题，就是担心给予员工授权，会出现员工收高价房钱后，却登记为低价房型，然后为客人免费升级，中间赚取差价，让酒店流失收入。

处理办法：每个房型设置库存量预警提醒，比如在豪华大床房仅剩 3 间时，需上报总经理知晓，每销售 1 间，上报一次（在微信沟通群里汇报），则总经理可及时有效地掌握酒店房态信息，及时做出相关决策。

（3）某一房型没房时，在 OTA 渠道关闭该房型。

该情景出现后，该房型就不可能因为其房型畅销或者价格畅销，为酒店继续带来预订流量。通常较早销售完的房型都是酒店的畅销房型，如果该房型设置库存预警，在总经理知悉该房型只剩下最后 3 间时，应对该房型进行涨价，提价到与上一级房型价格接近或持平的状态，与这个房型的价格产生联动营销效应，促进上一级房型的有效销售。同时，对该房型后续来的订单进行升级，比如补差价优先升级上一级房型，确保畅销房型仍有空房继续引流，提高当天的出租率。

（4）酒店空房不多时，直接关闭 OTA 渠道，留给前台销售用。

这种做法的初衷是对的，因为前台有更多机会把房间以更高的价格销售出去，但是每个酒店的上客规律不同，比如有些酒店在凌晨依然有前台上客高峰期，而有些酒店因为地段和商圈属性的问题，21点以后，自来散客上客很少，有时几乎没有，对于这种情况，酒店就不该关闭OTA渠道，可以对OTA渠道的房型进行涨价销售，这样做至少可以实现酒店在这个时间段同时在前台和OTA都有销售产品的机会，而不是把一条腿打残，只用一条腿走路。

（5）酒店接近满房时，有房也不再销售，担心已入住客人对房间不满意，留一些空房为调房、换房时使用。

这种现象很常见，前台为了减少客人的投诉率，会进行控房操作，即使当天有房，也不拿出来销售，这也是很多酒店无论怎么做都不能满房的一个潜在原因。无论当天预订情况多么好，次日的报表依旧会显示有几间房NO-SHOW。这是最让人心痛的地方，因为内耗或者内部风险规避，让酒店错失了收入增长的机会，最可怕的是，内部还在相互隐瞒实情。

（6）对客人的属性如协议单位、会员、旅行社、自来散客等归类方面管控不严格，任由员工操作。

经常出现会员客人的入住信息分类到协议单位或自来散客，当后期研究酒店细分市场产量贡献、房价贡献、收入贡献、消费频率等特点时，没有真实的数据可以参考。

（7）对低房价订房数量不做任何监督控制，导致较低房价在某一天或某一个销售时期大量占房。

这种现场的发生率非常高。传统思维模式下，酒店出租率越高，就说明生意越好。很少去考虑平均房价对收入的影响，也很少对低房价销售数量进行相应的控制来提高酒店的收入。

一般情况下，大量占房的主要是旅游团队或会议团队。这种订单的预订周期都比较长，也就是说，酒店预订在很早时间段，就已经知道这一天有低价团体占用了大量房间。因为缺少收益最大化的意识，很多人认为这种现象是正常的，不去分析为什么会突然出现量这么大的团队，这个时期有什么重大社会事件发生，竞争对手是不是这段时间都有大量预订。如果竞争对手在这段时间也处于满房或高预订量时期，那么，就应该慎重一些，或者提价，或者直接预留部分房量，让酒店有部分房间可以在后面的销售周期里提价销售，争取有更多收入的机会。

（8）对未来7日或15日的出租率不做关注和分析，直到满房后无法订房时，才意识到这个问题，错失提价增收的机会。

如上述观点，酒店应该培养预订人员，尤其是前厅经理、店总这样的高级管理人员，养成每天查阅未来15天出租率、平均房价、收入曲线的习惯，了解在未来一段时间，哪几天的出租率比较高，哪几天的平均房价比较低，哪个细分市场在某一天订量忽然增加……这些数据的变化，都在告诉预订人员未来一段时间可能会出现一次较好的增加收入的机会。同时，我们也会发现某一天出租率特别低，于是考虑了解竞争对手在同一天的订量情况，如果几个竞争对手的订量都不好，说明市场需求在这一天出现了临时性下滑，这时，酒店就应该适当调低价格，吸引一些只愿意支付低价的客人预订，从而保证酒店出租率不至于出现较大的滑坡。

（9）各房型未设置存量预警，导致房型过早销售一空，错失提价增收的机会。

对各个房型设置库存预警的目的，是为了更好地掌握在未来某一天出现的临时增量，让酒店可以较早知道某个房型在某个时间段相对畅销和紧缺，这个时候，要了解竞争对手同一时期该房型的订量情况，如果竞争对手该房型也紧缺，则应果断提价，而且可以考虑提价幅度相对增大。如果竞争对手这个时间段该房型有大量空房，则说明可能是个例现象，酒店对该房型的提价幅度不宜过大，建议参考酒店上一级房型的价格，提价到接近或者等同的价格，用多个房型价格联动营销的方式，促进上一级房型的有效销售。同时，也可以对紧缺房型进行超额预订，然后开展升级销售，确保每一个房型、每一个价格都有引流作用。

（10）缺乏对预订政策限制的合理运用，错失更多收入增加的机会。

在房间存量较少的时候，应重点考虑执行严厉的预订政策，比如只接受预付、担保、交付订金一类的散客或团队，减少取消造成的临时客房空置。对于团体一类的订单，在收取订金时，要求其承诺最低的入住天数（间夜数）。因为团体在预订时，通常会习惯性地多预订几间房，作为临时应急使用。这些房间取消的可能性就很大。同时要考虑排查酒店内部的自用房、临时占房（控房），掌握最真实的库存量，根据酒店的销售周期和预订进度，适当采取严厉或者宽松的预订政策。

综上所述，中小酒店的预订工作主要由前台员工兼任，这等于酒店收入的命脉掌握在前台员工手中，员工个人素质高低、专业知识如何、收益管理知识的掌握程度和对实操技术的具体运用熟练程度，都将影响酒店收入是否会流失、客人是否会流失。所以，前台员工一定要像招财猫一样，既能提供热情、大方、细致、满意度高的对客服务，也能把好酒店的水龙头，杜绝长流水，让酒店始终处于健康的运营状态。

预订，酒店生命之所依！

｜本章小结｜

◎ （1）前台招财猫具备以下特点：聪明，反应快，学习能力强；爱说话，喜欢与人沟通；喜欢让对方满意；有较强的营销意识。

◎ （2）预订环节容易流失收入的 10 个方面：

① 某一房型有房时就接订单，没房时就拒单，不懂得超额预订与升级销售，造成不必要的收入损失。

② 价格体系生硬，员工没有获得授权。

③ 某一房型没房时，在 OTA 渠道关闭该房型。

④ 酒店空房不多时，直接关闭 OTA 渠道，留给前台销售用。

⑤ 酒店接近满房时，有房也不再销售，担心已入住客人对房间不满意，留一些空房为调房、换房时使用。

⑥ 对客人属性如协议单位、会员、旅行社、自来散客等归类方面管控不严格，任由员工操作。

⑦ 对低房价订房数量不做任何监督控制，导致较低房价在某一天或某一个销售时期大量占房。

⑧ 对未来 7 日或 15 日的出租率不做关注和分析，直到满房后无法订房时才意识到这个问题，错失提价增收的机会。

⑨ 各房型未设置存量预警，导致房型过早销售一空，错失提价增收的机会。

⑩ 缺乏对预订政策限制的合理运用，错失更多收入增加的机会。

第七章

收益管理架构及例会组织程序

【本章概述】

学习收益管理的知识和操作技法之后，在具体工作中，依然要面临如何落地执行的难题，这就涉及很多具体的细节问题，诸如每日流量检测谁来执行？控房监督与调整谁来负责？未来市场预期谁来分析？竞争对手动态信息谁来监督，等等。所以，收益管理组织架构的设计就显得尤为重要。同时，每个人负责的具体工作、信息如何有效互通，又牵扯到收益管理例会如何组织和召开的问题。

本章重点讲解中小型酒店收益管理工作如何从总经理分解到其他工作岗位员工，以及如何有效组织召开收益管理例会，确保酒店收益管理的各项策略能有回应、有执行、有效果。

截至目前，宇儿小姐直接管理和顾问指导的酒店已经增加到 23 家，每天都涉及所有酒店的各种经营报表审阅、分析、经营政策评判、未来市场预期评估等重要工作内容，宇儿小姐几乎每天都要熬夜，日平均有效睡眠时间不到 5 个小时，短短半年，宇儿小姐的气色神韵差了很多。

不是说，收益管理能让酒店的经营越来越轻松吗？为什么她会忙成这样？长期单调的重复性的数据分析与审理工作，让宇儿产生了厌烦与排斥情绪，一个可怕的职业发展"黑洞"时期到来了。

于是，宇儿再次找到顾问，请教如何让自己的工作越来越轻松，她想要更多自己的时间去美容、去健身、去逛街、去购物、去美食、去享受生活……

在和顾问的深度沟通中，一条问题的主线逐渐清晰起来。

在 23 家酒店中，大多数酒店的收益管理工作的落地执行存在很大的问题，具体如下：

（1）懂得收益管理实操技法的管理人员太少，目前只有 9 家店的总经理系统掌握了这一套技法，其他酒店的总经理只是学习了相关知识，落地执行困难很多，遇见问题，不敢决策，只好请教宇儿小姐，等于把所有的问题都集中到了宇儿这里。

（2）曾对相关酒店的总经理组织过轮岗学习体验，直营店面的情况较好，因为宇儿小姐有直接干预人事安排的权力，对于顾问店面，宇儿无法干预人事安排，有些总经理对收益管理的认知不够，认可度也很低，导致收益管理工作没有真正落地。

（3）年轻的收益管理骨干成员太少，宇儿曾考虑在前厅主管、前厅经理中选拔一批后备管理干部，派遣到顾问店面，直接参与收益落地工作。但是这些后备干部由于之前的工作岗位比较固定，工作内容单一，缺少掌控全盘的意识和能力，比如他们对预订控制和动态定价的操作意识和应变能力很强，但是，牵涉到酒店销售渠道运营管理、客源结构单一、客源结构复杂等问题时，就显得无力应对。

顾问分析完，告诉宇儿小姐这样一段话：就像所有的高端单体酒店，它们普遍都缺少一个懂得 3 年以上市场规划与运营的营销总监一样，所有的中小单体酒店都缺少一个懂得 5 年经营规划的总经理。这是行业共有的痛点，因为职业经理人在单店的生命周期越来越短，大家无力也无心去考虑得太长远。

"那我应该怎么办？"宇儿问。

"做好组织架构设计，做好工作分工，把收益例会做好，问题会变得简单起来。"顾问笑着回答。

7.1 中小酒店收益管理工作如何分工

宇儿所管辖的中小酒店通常采用扁平式的组织架构，这样可以减少人工成本。一般采取店长负责制，客房与前厅合为一个部门，分别设置两名主管，如有优秀的管理人员，则晋升储备为管家部（房务部）经理。于是，收益管理架构设置以当前的组织架构为基础，其主要职责阐述如下：

1. 前厅部主管每日 14 项重要工作内容

（1）全面分管酒店前厅部的运营管理工作；

（2）全面负责酒店的预订管理工作；

（3）负责 OTA 等分销渠道的日常运营与管理工作，积极调研与参与分析 OTA 的各种营销类活动，提出参与活动的意见和建议；

（4）每天上午 9 点、上午 11 点、14 点、18 点、20 点、23 点分别向总经理汇报一次预订进度，包括当前在手预订、预测收入、平均房价；

（5）在以上节点同时汇报各销售渠道订量、平均房价，各房型的订量、平均房价；

（6）每个房型库存剩 3 间时，需及时向总经理汇报；

（7）按照总经理的要求，执行当天调价政策；

（8）每日上午 9 时，汇报 1 次未来 7 天的出租率及收入预测；

（9）监督酒店各类营销活动的执行情况，每周二收益例会提交分析报告；

（10）严格执行酒店预订管理制度，指导并监督员工做好客户档案信息的录入、更新和完善；

（11）每天电话或微信回访不低于 10 名客户，认真填写回访信息登记表，将即将入住、生日临近、工作或生活有重大变化的客情信息及时向总经理汇报；

（12）每日收集 10 位在住客户入住体验反馈，并做好访问登记表，对客情反馈进行分析，如有新增好评的服务类型与方式、新增差评的服务类型与方式，拿出整改意见和建议，每日上午 9 时向总经理汇报；

（13）监督竞争酒店的价格动态、营销政策变化情况，及时向总经理汇报；

（14）与客房部保持良好的客情信息互动。

2. 客房部主管每日 10 项重要工作内容

（1）全面负责客房部日常运营管理工作；

（2）协助前厅部做好房间升级接待工作；

（3）协助前厅部做好某间客房临时附加值赠送服务；

（4）协助前厅部做好在住客人入住体验信息收集工作；

（5）始终关注在住客人隐性的生活需求，如洗衣、熨衣、生理期、生病、有婴幼儿、有老人等情况，及时给予必要的增值服务与协助；

（6）根据入住客人的性别、年龄、籍贯等特点，及时调整房间内小食品、饮料等供应品种，确保客人满意；及时与客人沟通，可根据客人意见临时调整供应品种；

（7）实时关注房态，及时与前厅部同步信息；

（8）始终关注并研究竞争对手的房间服务、产品供应、房间设施改造、增值服务等环节的动态信息，及时调整服务内容与工作流程，确保产品和服务质量均优于竞争对手；

（9）房间清扫时关注客人房内消费喜好、窗户开放时间、卫生间"四液"使用情况、枕头使用喜好情况，以及房内用餐的菜品、口味特点，认真填写客户档案，于每日上午9时与前厅部信息同步；

（10）监督楼层员工进房服务质量，每日不低于2次进房服务，并为客人留便签，说明已经为客人完成哪些服务，计划为客人完成哪些服务，同时征求客人其他服务需求，并引导客人致电服务台。

3. 店长／总经理每日10项重要工作内容

（1）每日上午9时主持召开收益例会；

（2）奖励获得客人表扬的员工；

（3）完善客诉内容，指导、培训受到客人批评的员工；

（4）每日至少与3位在住客人面对面沟通，了解客人入住体验，虚心征集客人意见和建议；

（5）为当天过生日的客人赠送生日蛋糕，并带领当班员工为客人送上祝福；

（6）每日电话、微信回访1名VIP客户，了解客情信息；

（7）分别在每天上午9点、上午11点、14点、18点、20点、23点就当前房价情况，给出指导意见和要求；

（8）根据未来7天市场需求动态情况，制定或调整收益策略；

（9）审理并支持客房部主管根据竞争对手房内服务及产品调整的动态情况，调整酒店服务内容及产品结构的意见和建议，确保优于竞争对手；

（10）每日下班前审阅客房部与前厅部提交的客户档案及客情信息报告，及时给出意见和建议。

4. 前厅部（管家部）经理职责与总经理（店长）相同

7.2 收益管理例会组织程序

1. 每日收益例会

组织人员：总经理 / 店长

参加人：前厅部主管、客房部主管

会议时间：上午 9 点

预计会议时长：30 分钟以内

议题：昨日收益报告及今天收益计划

汇报内容：

（1）前厅部主管：

① 昨日出租率、平均房价、单房收益、收入；

② 较去年同期，以上数据的增减情况；

③ 以上数据增减原因分析；

④ 近期促销活动昨日收益表现；

⑤ 昨日客人好评情况、客人资料介绍，与客人互动情况，客人其他诉求；

⑥ 昨日客人差评情况、客人资料介绍，与客人互动情况，客人其他诉求；

⑦ 昨日回访客人后客情信息汇报；

⑧ 昨日访问在住客人名单、客人诉求情况汇报；

⑨ 竞争对手昨日价格动态变化、预订政策动态变化、执行的营销活动情况；

⑩ 昨日获得客人表扬或批评的员工及事项说明；

⑪ 今日在手预订情况；

⑫ 今日竞争对手营销活动情况；

⑬ 今日价格政策建议；

⑭ 今日计划访问客人名单及客情信息；

⑮ 未来 7 天的市场动态情况，个人调整建议。

（2）客房部主管：

① 昨日房间升级销售情况；

② 昨日客房附加值服务执行情况；

③ 昨日住店客人生活类需求服务提供情况；

④ 昨日与客人便签互动情况；

⑤ 昨日竞争对手客房产品变化情况；

⑥ 昨日在住客人档案信息完善情况；

⑦ 今日房态及控房情况；

⑧ 今日在手预订客情；

⑨ 今日客房产品及服务流程调整计划；

⑩ 今日客房设施设备运营情况。

（3）总经理／店长：

① 对昨天的收益情况进行点评，提出注意事项和改进问题；

② 对今天的收益计划给出明确要求及建议；

③ 针对未来 7 天的市场动态，制定营销计划与收益策略；

④ 确定回访、面谈昨日表扬或投诉客人的时间、参与人员、面谈形式等。

2. 每周收益例会

组织人员：总经理／店长

参加人：客房部主管、前厅部主管、预订人员、其他拟培养骨干

会议时间：每周二上午 9 时

会议时长：60 ~ 90 分钟

议题：上周收益报告及下周收益策略

汇报内容：

（1）前厅部主管：

① 本周收益情况与去年同期差异；

② 差异原因分析；

③ 近期营销活动效果评估；

④ 竞争对手营销活动情况；

⑤ 客人集中反馈的问题及建议；

⑥ 未来 30 天的在手预订及市场动态情况；

⑦ 未来 30 天的营销活动计划；

⑧ 近期收益管理实操方面存在的问题及解决建议。

（2）客房部主管：

① 本周附加值服务开展情况；

② 客人新增需求汇报；

③ 未来 30 天的房态情况，有无重大维修、关房、锁房情况；

④ 竞争对手客房产品及服务流程好的方面；

⑤ 客房产品及服务流程调整计划；

⑥ 客情信息重点反馈。

（3）总经理 / 店长：

① 当前收入与月度预算收入差异；

② 确定未来 30 天的收益策略；

③ 确定未来 30 天的附加值服务调整方案；

④ 确定细分市场增量增收方案；

⑤ 确定渠道管理优化建议；

⑥ 确定未来 30 天重点回访客户的名单、方案及预算。

7.3　月度收益管理专题会议组织程序与重点内容

组织人员：总经理／店长

参加人：前厅部主管、客房部主管、财务会计、其他拟储备骨干

会议时间：上午9点

预计会议时长：90 ～ 120分钟以内

议题：本月收益报告及未来90天收益策略

会议研究内容：

（1）细分市场减量的原因、特点及应对办法；

（2）细分市场增量的原因、特点及提升办法；

（3）销售渠道减量的原因、特点及应对办法；

（4）销售渠道增量的原因、特点及提升办法；

（5）增值服务优化策略；

（6）客户忠诚度营销方案，包括新增客户营销办法、沉睡客户唤醒办法、活跃客户回馈方案；

（7）口碑问题专题研究，包括差评的来源、形成原因及改进办法；好评的来源、形成原因及提升办法。

　　如上，收益管理工作是一项系统工程，其能否落地并有效执行涉及多个方面的原因，首先，是总经理是否重视，是否愿意和擅长运用收益管理的思维指导营销活动方案的制定，是否始终关注销售渠道、客户、价格、产品、服务等环节的优化和提升。总经理越重视，收益管理工作的效果越明显。

其次，要能持之以恒。收益管理工作的实际效果来源于每一天的积累，千万不能在出租率低的时候特别重视收益管理，而到了出租率较高的时期，生意变好了，心里就放松了，不再时时关注和优化策略，这样会错失增加收入的机会。

宇儿小姐严格执行这样的会议制度，同时向各酒店总经理提出要求：在酒店收益例会结束的 6 个小时内，必须向她抄报一份会议纪要。她要知道会上大家都说了什么，都在关注什么，各项工作的进展情况如何，下一步的工作计划是什么样的。

宇儿查询会议纪要还有一个更深层次的原因，那就是她要在会议纪要的发言中，寻找优秀的储备干部，那些有眼光、爱思考、敢于表达、勇于尝试、执行力强的主管，就会进入宇儿重点培养的序列。

3 个月后，宇儿的运营管理工作变得更加简单，她不仅十分清楚各个酒店的日常运营情况、竞争对手情况、未来 90 天的市场预期和酒店的收入预测，同时对骨干人员的工作能力和工作状态有了更深入的了解。

一切都开始变得简单起来。

| 本章小结 |

◎ （1）前厅部主管每日 14 项重要工作内容。

◎ （2）客房部主管每日 10 项重要工作内容。

◎ （3）总经理／店长每日 10 项重要工作内容。

◎ （4）专题会议研究内容：

① 细分市场减量的原因、特点及应对办法；

② 细分市场增量的原因、特点及提升办法；

③ 销售渠道减量的原因、特点及应对办法；

④ 销售渠道增量的原因、特点及提升办法；

⑤增值服务优化策略；

⑥客户忠诚度营销方案，包括新增客户营销办法、沉睡客户唤醒办法、活跃客户回馈方案；

⑦口碑问题专题研究，包括差评的来源、形成原因及改进办法；好评的来源、形成原因及提升办法。

第八章

收益管理人才职业发展前景

【本章概述】

当前的酒店市场供求关系，已经从卖方市场转变为买方市场，互联网经济模式催生了消费者消费习惯的快速转变，酒店业需要更多新的知识来应对市场发生的变化，同时，基于当前人才培育机制无法充分满足酒店当前所需人才素质培养与训练的问题，在新知识学习与实践操作方面，酒店业为爱学习的从业者留出了一条职业通道。

8.1　酒店发展诉求与人才培育机制的矛盾

1. 酒店人才培育机制的尴尬处境

中瑞酒店管理学院酒店业研究中心对全国 26 个省份、79 个城市 300 余家不同规模酒店的人力资源现状进行了调研分析，并在 2017 酒店业高峰论坛上发布了《中国酒店人力资源调查报告（2017）》，该报告显示：

（1）高达 46.6% 的酒店认为酒店管理专业毕业生没有表现出明显的专业优势；

（2）80% 以上的酒店平均每年招聘管理培训生不到 3 人，其中 2/3 的酒店管理培训生保留率不足 50%；

（3）"90 后"作为酒店基层岗位的主力军，在酒店任职的状况更加糟糕，25 岁以下的员工离职率高达 81.9%，96.8% 的员工离职时在酒店的工作时长不足 3 年。

2. 酒店的获客方式和渠道正接受挑战

（1）消费习惯已经改变：随着人们生活水平的不断提高，科学技术的不断进步，尤其是在"80 后"消费主力群体崛起后，在互联网经济模式的催生下，人们的消费习惯、支付习惯发生了巨大改变，这就对酒店基本设施的诉求、有限服务的诉求产生了巨大的冲击。

（2）获客方式面临重大挑战：在一段漫长的经营时期里，酒店业主要利用消费者价格信息的不对称来获客和赢利。比如普通游客需要预订酒店时，通过查询黄页或 114 查询台找到酒店电话，然后打电话到酒店预订房间，客人无法通过其他渠道知悉酒店地段、位置、价格等信息，无法获知酒店给旅行社的价格、协议单位的价格、会员的价格、会议公司的价格等。如果客人不接受酒店当时给出的价格，就必须重新查询其他酒店电话，继续打电话咨询，客人预订房间的时间成本很高，效率较低。

但是，在 OTA 环境下，酒店的产品信息、价格、地段、美誉度等优劣势成为了消费者受众面的公开信息，客人可以零成本快速获知。于是，消费者开始比价格、比地段、比服务、比产品、比积分奖励、比延伸服务的性价比，酒店与消费者的主客关系，从之前的卖方市场主导，变成了买方市场主导。

这种巨大的角色转变，在较长一段时间让酒店人很被动，甚至慌乱，认为经营与定价的权力遭到了市场资源的掠夺。然而，在消费者消费习惯不可逆的市场背景下，聪明的酒店人开始更多运用互联网思维模式来运营酒店。

于是，新的市场环境、新的竞争模式、新的消费习惯、新的消费理念、新的经营理念让传统的酒店人迫切地想要恶补新的应对知识和技巧，酒店经营与管理的知识结构也在悄然发生改变。

比如红极一时的微信订房系统如何开发与运用，又如当前很火的抖音营销如何组织与实施，这些新的知识是传统酒店人的短板，也是院校酒店管理专业课程设计的短板，而这些，恰恰是酒店业目前最需要的。

3. 酒店发展诉求

与上述现状形成剧烈冲突的问题是，在当前酒店市场供大于求、多价格竞争的背景下，酒店人纷纷重视精细化管理模式（收益管理），大家始终追求和渴望如下美好愿望：

赢利……

更好地赢利……

有无限赢利可能的持续化稳健赢利机遇……

比如，以倡导"品牌先行"的铂涛酒店于 2017 年 12 月推出的"铂涛新品时尚秀"，把"酒店 +"经营理念与"新生活方式"打造成闭环的"消费体验"，使传统酒店的有限产品、有限服务摇身一变，让酒店成为有无限赢利可能的大卖场。

酒店业的整个生态系统正在发生巨大的改变。

8.2　酒店人职业发展的 4 个瓶颈期

1. 成为基层管理干部，一靠机遇，二靠努力

长期以来，酒店业基层岗位薪资标准较低，成为员工流动率大的主要原因，且愈演愈烈。基层岗位员工的快速流动，给在工作中表现优秀的初入行者有了较好的晋升机会，从相关部门的调研资料看，新入行者晋升周期从 2016 年的平均 9 个月，已经缩短到 2017 年的平均 5.6 个月。

2. 成为中级管理干部，一要能熬，二要跳槽

这已经是行业人员职业发展的普遍规则，同时，更多从业者更喜欢采用后者，即通过跳槽的方式，实现晋升的目的。随着管理职级的相对提高，人员流动的概率也在降低，很多从业人员在基层岗位熬了 4 ～ 5 年，依然没有办法在本酒店获得晋升的机会。这时，出现了明显的职业生涯变化，很多人开始离开酒店业，坚持下来的，要么熬，要么通过再一次的跳槽，找到职业晋升的机会。

3. 中高层管理干部晋升，通过学习深造，继续熬，继续跳槽

随着职级的不断提高，个人的阅历、专业知识的储备也在不断增加。我们发现一个特别有趣的现象，对于中高层管理干部的培训内容，我们最经常见的字眼或观点大致如下：

（1）忠诚比能力更重要；

（2）天道酬勤；

（3）只问耕耘，莫问收获。

然而，这种所谓企业文化理念的灌输，职业经理人的内心通常是这个样子：离开薪酬谈忠诚，都是不靠谱的忽悠。

4. 努力学习，拓展人际关系，等待机会

（1）中层管理干部要想获得职业发展，通常会意识到一个很严重的问题，那就是个人的知识结构太单一，知识面太窄，要想获得更好的晋升机会，就必须学习其他专业的知识，知识的储备成为其最需要突破的瓶颈。

（2）中层管理干部通常有较长时间的从业经历，在行业内储备了一定的客户资源、业内资源，这样的资源会在不同程度为其创造更换职业跑道、跳槽晋升的机会。于是，更多的中层干部开始注重对人际关系资源的建设。

（3）依然需要苦苦等待的，仍然是机会。笔者曾对多名业内中层干部进行过调研，发现大家对于职业发展大多有如下恐慌和期待：

① 除了这个专业，别的我没有做过，就是有这样的机会，万一我拿不下来怎么办？

② 每个酒店都存在这样和那样的问题，去哪里都一样；

③ 业务再好，也不如人际关系处理得好要好；

④ 跳槽穷半年，万一跳得不好，新的职业危机又来了，那时候我才真是整个人都不好了；

⑤ 现在酒店行业都不好，竞争太激烈，还是稳定一点算了。

从以上观点我们可以看出，这些曾经优秀的职业经理人已经丧失了精英的锐气与朝气，他们被现实中拥挤的职业生涯通道和生活成本磨平了性格，开始变得不自信和随遇而安。

于是，一批逐渐沉沦的职业经理人开始涌现。

职业生涯的怪圈，第一次圆满完成大浪淘沙的过程，可悲的是，太多的职业经理人，为这次大浪淘沙奉献了自己的美好青春，而到了最后的收获季节，却选择低下头来，甘于现状。

8.3　新的职业发展机遇已经到来

如前文所述，在消费习惯催生的新市场竞争秩序背景下，传统的经营思想、管理手段已经无法满足当前的行业发展需求，如何顺应市场大趋势，利用互联网思维，通过精细化的收益管理，全面革新酒店的产品设计思想、定价模式、渠道拓展和管控意识、客源体系优化和培训模式、未来市场需求预测和把握的方法与技术手段，成为能否快速从职业经理人中脱颖而出的一个盛大的时代机遇。

曾有专业人士预言：系统学习和掌握收益管理的知识和技巧，将使新入行的酒店从业人员获得职业生涯成功缩短 5 ~ 10 年。听起来有点夸张，但细究起来，却发现很有道理。

1. 收益管理的行业认知状态

目前，收益管理广泛应用于国际联号的品牌酒店，它们有非常成熟的收益管理文化、工作流程和工作氛围。而国内 90% 以上的单体酒店对收益管理还缺乏基本的了解，甚至还存在让人尴尬的误解。从这个比例去看，系统学习收益管理知识和掌握其技巧的酒店人，至少拥有国内 90% 单体酒店职业履新的机会。

2. 收益管理人员必将是酒店管理核心团队成员

我们从收益管理的主要工作内容中不难看出，收益管理涉及预订管控、营销政策设计、酒店年度预算、年度营运规划、客源市场优化、销售渠道管理、美誉度提升、市场动态信息及竞争对手研究等多个工作环节，这些工作环节都需要收益管理人员的深度介入，包括向团队提供分析报告，向总经理提出工作开展的意见和建议，这些工作内容也必将让收益管理人员成为酒店的智囊团队成员，拥有酒店经营决策的参与权和建议权。

3. 收益管理人员的绩效权重将越来越大，岗位的重要性也越来越强

收益管理首先是对酒店未来收入预期的管理，而其日常的工作要细化到每一天的经营收入如何提升、客户满意度如何提高、忠诚客户如何培育和增加、市场渗透能力与竞争能力如何提高等。收益管理人员给出的意见和建议，将成为酒店日常运营的重要参考意见。随着酒店业绩的不断提升，酒店对收益管理人员的依赖程度也会越来越高，绩效的权重也必然越来越大，晋升机遇将比同级别的其他岗位要多。

同时，在任何一家酒店，收益管理工作必然由酒店总经理亲自领导，收益管理人员的直接上级必须是总经理。这也就意味着工作中的任何一个成绩都将被总经理和整个经营团队发现并认可。量变必然引起质变，收益管理人员的职业通道将被及时打开。

4. 酒店关于收益管理人员的岗位设置情况

（1）大型酒店收益管理组织架构：设置收益管理总监，下设秘书、收益主管、预订主管、渠道主管（主管 OTA 等渠道）；

（2）国内单体高端酒店收益管理组织架构：设置收益经理，下设预订主管、收益分析员、渠道管理员（主管 OTA 等渠道）；

（3）中小型单体酒店收益管理组织架构：总经理／店长兼任，下设预订主管、渠道主管（主管 OTA 等渠道），同时，渠道主管大多由前厅主管或前厅员工兼任。

5. 收益管理人员应具备的知识结构

（1）对数据敏感，有较强的数据整理能力、分析能力；

（2）熟悉酒店预订层面的日常工作；

（3）熟悉 OTA 等渠道的订单受理、渠道管控工作；

（4）有较强的市场洞察意识；

（5）有较好的文案写作能力；

（6）有一定的营销活动策划能力。

从以上知识结构中可以看出，预订工作、OTA 渠道管理、活动策划需要对酒店有一定的熟悉程度，而其他知识结构，则多属于个人特质方面的潜能。

在对 200 多家已经参加收益管理知识培训的酒店综合调研中我们发现，有 41% 的酒店在学习后，收益管理可以很快落地执行，收入增幅 5% ～ 50% 不等。同时，还有 37.8% 的学员在学习后，依然无法有效组织员工开展收益管理工作，在对这一类学员情况摸底了解后，发现这些学员的情况有如下共性：

（1）对数据不敏感，按照要求整理了数据，但不知道怎么去诊断和分析数据，看不到存在的问题；

（2）文案写作能力欠缺，虽然从数据中看出了具体问题，也知道应该怎么做，但是心里想的无法准确用文字表达出来，只好与酒店业主（董事长/老板）口头沟通，即使获得了业主的同意和认可，也无法将收益策略有效组织成文字版的执行程序，更多以口头形式对员工进行培训，所以收益管理工作开展并未很好地达到预期。

6. 收益管理人员的职业通道

（1）收益管理人员的内部选拔：高端单体酒店通常会在预订部门选拔预订主管/经理兼任收益管理岗位，负责收益分析及预订管控工作；中小酒店因为没有设置预订部门，目前较多的情况是收益管理负责人由酒店总经理兼任，同时从负责 OTA 订单的员工、前台员工中培养助手。

（2）高校学生中选聘：因国内酒店管理院校尚未开设收益管理课程，高校学生无法在学校的课程体系中系统学习到收益管理的基础知识。很多大型单体酒店、高端酒店、连锁酒店特别注重在实习生中选拔基本素质较高的员工，派送到预订部、前台、市场营销部、公关传讯部等部门，学习酒店预订受理、市场营销一类工作经验，作为酒店收益管理人才储备人员。

（3）大型酒店收益管理人员晋升通道：基于收益管理人员的知识结构涉及预订管控、市场预测、市场分析、酒店预算、市场营销活动策划与效果评估、客户维系与发展等诸多方面，所以，收益管理人员的职业发展方向如下：

① 收益管理经理—市场营销副总监—市场营销总监—总经理助理—分管酒店经营的副总经理—总经理；

② 收益管理总监—总经理助理—分管酒店经营的副总经理—总经理。

（4）中小型酒店收益管理人员晋升通道：

① 预订主管（预订分部经理）—收益管理部门经理—市场营销总监—总经理助理—分管酒店经营的副总经理—总经理；

② 前台预订/OTA渠道主管—店长助理—店长。

（5）收益管理人员职业生涯周期：通常情况下，从实习生到酒店的收益管理负责人，需要有至少1年的预订、渠道管理、市场营销一类的经验积累，之后的个人职业生涯晋升周期，将和在职酒店的人力资源发展规划、公司发展速度等多个方面有关。

从宏观方面预判和收益管理人才专业素质养成的角度看，收益管理人才最好要经过预订管控、OTA渠道管理两个专业角度的经验积累，之后再向市场营销总监的岗位发展，这样会让个人的专业知识和把控酒店运营管理政策方面有更全面、更深入的学习和锻炼的机会，这个职业链条出来的收益管理人才，会有很强的实操经验积累，能很好地应对酒店淡季增量增收、旺季增收的经营要求。

| 本章小结 |

◎ （1）酒店的获客方式和渠道正接受挑战，消费习惯已经改变。

◎ （2）新的市场环境、新的竞争模式、新的消费习惯、新的消费理念、新的经营理念让传统的酒店人迫切地想要恶补新的应对知识和技巧，酒店经营与管理的知识结构也在悄然发生改变。

◎ （3）酒店人职业发展的4个瓶颈期：

① 成为基层管理干部，一靠机遇，二靠努力；

② 成为中级管理干部，一要能熬，二要跳槽；

③ 中高层管理干部晋升，通过学习深造，继续熬，继续跳槽；

④ 努力学习，拓展人际关系，等待机会。

◎ （4）收益管理的行业认知状态：目前，收益管理广泛应用于国际联号的品牌酒店，它们有非常成熟的收益管理文化、工作流程和工作氛围。而国内 90% 以上的单体酒店对收益管理还缺乏基本的了解，甚至还存在让人尴尬的误解。从这个比例去看，系统学习收益管理知识和掌握其技巧的酒店人，至少拥有国内 90% 单体酒店职业履新的机会。

◎ （5）目前已经尝试开展收益管理工作的酒店中，正式设置收益管理部门的酒店占比还很少，大多由预订部经理、销售部总监、公关传讯部经理等人兼职。

◎ （6）收益管理人员必将是酒店管理核心团队成员。

◎ （7）收益管理人员的绩效权重将越来越大，岗位的重要性也越来越强。

◎ （8）收益管理人员应具备的知识结构：

① 对数据敏感，有较强的数据整理能力、分析能力；

② 熟悉酒店预订层面的日常工作；

③ 熟悉 OTA 等渠道的订单受理、渠道管控工作；

④ 有较强的市场洞察意识；

⑤ 有较好的文案写作能力；

⑥ 有一定的营销活动策划能力。

◎ （9）中小酒店收益管理人员晋升通道：

① 预订主管（预订分部经理）—收益管理部门经理—市场营销总监—总经理助理—分管酒店经营的副总经理—总经理；

② 前台预订 /OTA 渠道主管—店长助理—店长。

◎ （10）收益管理人才最好要经过预订管控、OTA 渠道管理两个专业角度的经验积累，之后再向市场营销总监的岗位发展。

第五篇
↓

收益管理工具如何
在酒店中有效运用

05

第九章

【公明收益】一切尽在掌握中

【本章概述】

　　公明收益管理工具为酒店人完美解决了数据收集、分类整理、综合分析的痛点，让酒店人可以在烦琐的数据统计工作中节省出人力、财力与时间，轻松把握每一次市场机会，实现酒店收益的最大化。

　　本章在系统阐述公明收益的优势与八大核心功能的基础上，从酒店人开展收益管理工作的视角，解析公明收益工具如何在日常工作中发挥重要作用。

9.1 【公明收益】工具介绍

9.1.1 数据收集与整理是酒店人的痛点

如本书所阐述，收益管理是酒店对未来收入预期的管理，是基于历史数据，对细分市场、产品结构、定价方式、消费习惯、销售渠道、销售时机、销售风险、风险规避等层面进行统筹分析，并给出科学、有效建议的一门学科。

收益管理的实际操作技法可以用一句话高度概括，即在合适的时间，把合适的产品，以合适的价格，通过合适的渠道，销售给合适的客人。

然而，酒店在收益管理落地实操中往往会遇到这样或那样的问题，除管理与人的因素外，在收益管理技法执行层面，往往被这个"合适"难住了。因为我们不能明确地知道什么时间才是合适的时机、什么样的产品才是合适的产品、什么样的价格才是合适的价格、什么样的渠道才是合适的渠道、什么样的客人才是合适的客人。

要解决这些问题，我们必须对未来的市场需求进行预测、对客群消费特点进行预测、对竞争对手市场竞争力表现和政策进行实时监测、对我们的产品和定价结合市场需求与竞争对手表现进行针对性的优化和调整……

这一切预测、监测、优化与调整都需要我们收集大量的数据与资讯，并进行系统的分类整理与分析，等我们做完这些基础工作，对当前市场状态做出应对策略时，我们发现，那个利好的时机已经过去了，我们已经晚了。所有的努力，居然这么轻易地变得一文不值。

还有很多朋友，因为没有太多精力应对这样的数据收集、整理与分析工作，没有办法有效地开展收益管理，只能凭借个人经验去应对市场机会，让很多完全可以增加收入的机会白白浪费掉了。

于是，数据收集与整理工作成为了酒店人的痛点，我们希望那些我们想要的数据，能"呼之即来挥之即去"，随时可以供我们查看。于是，美团酒店"公明收益"管理工具应运而生。

9.1.2 【公明收益】——助力商家收益最大化

美团酒店利用自有平台强大的数据资源，通过海量数据积累，以及成熟的模型计算，提供全面、多维度、专业的数据分析，研发出专属美团酒店商家的收益管理工具——公明收益，旨在帮助酒店商家准确把握市场行情趋势，跟踪主要竞争对手的情况，从而最大化地赚取收益。

1. 工具优势

（1）智能预测当前市场需求：根据模型计算，实时预测当前市场需求热度（旺、淡、平），辅助商家进行收益决策。

（2）精准监控竞争对手信息：可自主筛选关注同行，实时展示周边同行的改价动态，支持查看自己和周边同行的产品表现、用户评价情况，知己知彼做收益。

（3）全网用户评价一站式管理：支持查看 6 大主流 OTA 平台海量用户评价，深挖评价痛点，帮助商家更深更准地了解自身优势，提升销量。

（4）洞察每日收益变化：可查看自己和同行每日的流量、销量数据，如浏览人数、支付人数等。同时支持查看排名、权益、HOS 指数、积分等。

2. 公明收益 8 大核心功能

（1）收益早报

即时呈现昨日最新数据，可根据早报数据，自行完成一次全面的酒店经营情况诊断。收益早报提供如下数据分析服务：

① 昨日交易：展示昨日订单数、间夜数、退款率、销售金额、平均房价、单房收益增减幅度；可一键跳转至竞争对手排行信息页面，全面了解酒店在消

费间夜数（市场占有）、销售金额（收入指标）、平均房价3个维度的排行名次。

② 昨日搜索排名：展示本酒店平均排名、最高位排名、最低位排名及变化情况，可一键跳转至竞争对手搜索排名页面，直观了解竞争对手搜索热度变化情况。

③ 昨日流量：展示酒店昨日浏览人数、支付人数、支付转化率，可一键跳转至同行对比页面，了解竞争对手客人从哪里来，来了多少人。

④ 昨日产品销量：展示昨日销售房型的销量与销量占比，同时可一键跳转至同行对比页面，了解竞争对手各房型销量指数，可直观了解竞争对手什么样的房型销量指数最高，竞争对手用什么样的房型抢走了你的流量。

⑤ 昨日全平台用户评价：展示来自美团酒店主流 OTA 平台上的酒店的评价信息，全面显示酒店的评价得分、好评率、差评率、差评回复率、首页差评率、昨日新增评价、昨日好评数量、昨日差评数量等信息。

⑥ 本月 HOS 指数：展示截至当前酒店本月 HOS 指数分值、HOS 基础分、HOS 奖励分、我的金冠权益、广告权益、昨日积分奖惩动态、新增积分明细。

⑦ 违规：展示昨日酒店违规次数、受到处罚次数。

（2）收益天眼

自动抓取城市重大、热点信息，展示不同价格区间、不同商圈区域的预订热度和浏览热度，提供火车、汽车、飞机等客流增减量的数据信息，为酒店商家打开"天眼"，获知城市几乎所有市场相关动态信息。收益天眼主要模块如下：

① 导读：简约展示城市内今日热点信息、重大社会事件、预订热度价格区间、预订热度商圈、浏览热度日期、未来 7 天交通客流变化信息。

② 未来 7 天不同价格区间酒店订出率情况：以图表展示价格区间，细化到小于 100 元、100 ~ 200 元、200 ~ 300 元、300 ~ 500 元、大于 500 元等价格区间的市场需求量信息。

③ 未来 7 天不同区域（商圈）酒店订出率情况：图表化展示学校、景点、火车站、医院等商圈的客流量信息。

④ 未来 7 天浏览指数预测：以曲线图形式展示未来 7 天本地区浏览指数，

为商家提供潜在客流量大数据。

⑤ 未来 7 天交通预订趋势：以火车票、汽车票、飞机票三大主流交通工具销售指数为基本数值，以曲线图展示各种交通工具未来 7 天的销售趋势。

（3）竞争圈

该功能提供的信息是酒店每日开展收益管理工作的重要支撑。其核心信息如下：

① 排名：每小时更新一次酒店在城市及商圈内的排名位次，同步展示主要竞争对手在城市及商圈的排名位次。

② 流量：每小时更新一次酒店当前浏览人数，同步展示主要竞争对手的流量对比情况，可查询今天及历史流量趋势。

③ 供求：提供市场需求热度分析及未来两个星期的竞争对手库存占比。

④ 变价：跟踪并展示未来两个星期竞争对手最低价（引流价）变化轨迹。

⑤ 流失：跟踪并展示酒店订单流失的去向。

（4）收益智评

智能抓取全平台评价数据，同步展示竞争对手的评价数据。具体功能如下：

① 评价竞争力分析：显示全渠道总评论数、近 7 天新增评论数、好评率、差评率、差评回复率、首页差评率、酒店新增主要卖点、酒店新增主要痛点。

② 同行评价竞争力排行榜：显示主要竞争对手在上个月、上周、本周、今天的评价排行，帮助酒店直观了解竞争对手竞争力的强弱变化情况。

③ 用户口碑曲线：以曲线图展示酒店及竞争对手在全渠道服务水平呈现的波动情况。

④ 好评分析：以维度图展示酒店及竞争对手分别在设施、位置、餐饮、卫生、价格、服务等方面的好评分布情况。

⑤ 酒店卖点挖掘：焦点图展示酒店及竞争对手主要的产品和服务卖点。

⑥ 差评分析：以图表展示酒店及竞争对手在设施、位置、餐饮、卫生、价格、服务等主要维度的差评分布情况。

⑦ 酒店痛点挖掘：以图表展示酒店及竞争对手口碑竞争力出现的痛点。

⑧ 一星差评分布：以比例图展示酒店及竞争对手一星差评涉及的主要维度，精准地找到客人最不满意的地方。

⑨ 差评维护考核：协助酒店设定评价回复的评分规则，指导酒店在维护频率、首页差评维护率、回复字数、回复差异率、回复敏感词 5 个方面提升评价回复的满意度。

（5）收益优品

系统展示酒店及竞争对手在不同销售时期的产品竞争力数据。具体功能如下：

① 产品竞争力：全面展示近 30 天、近 7 天、前天、昨天、今天酒店竞争力产品的 TOP 排名，告诉你在不同的销售时期，什么样的房型卖得最好。

② 同行产品竞争力排行榜：全面显示近 30 天、近 7 天、前天、昨天、今天竞争对手产品竞争力的排行榜。

③ 产品预订实时动态：分别展示酒店及竞争对手今天、明天、后天、未来 7 天、未来 14 天每个房型的预订热度指数及预订量动态信息。

④ 产品剩余量排行榜：分别展示酒店及竞争对手今天、明天、后天、未来 7 天、未来 14 天每个房型的预订热度指数及预订量动态信息。

⑤ 产品综合分析：从市场增长率、市场占有率的综合维度，分别展示酒店及竞争对手的问题产品、"瘦狗产品"、明星产品、"金牛产品"类型与特点。

（6）流量纵横

市场需求总是呈现出某种相对稳定的变化规律。酒店因地理位置不同，所处商圈属性不同，市场流量的变化也会出现一定的规律性。酒店应根据市场需求规律下出租率呈现的波动规律，适时运用推广手段，提高市场需求较低时期的出租率。同时，在市场需求较高时期，提高平均房价和收入，有效实施淡季跑量、旺季增收的策略。

公明收益"流量纵横"模块以可视化数据图表的方式，为酒店管理人员呈现市场需求的变化规律，让酒店管理人员省去大量的市场调研、预订量统计与分析的工作，轻轻松松完成市场规律分析及流量提升策略制定的工作。

（7）用户画像

酒店经营管理过程中，我们更多关注如何更快、更好、更多地获取新客源，而在客户档案建设、客户培育及优化方面践行甚少。不是我们不知道这些工作的重要性，而是这些工作开展的难度巨大，比如将客户档案建档、归类、更新，然后根据消费习惯、年龄等因素再次细分……大量细致的工作，需要酒店有专人来负责，从而难以长期有效坚持下去。此外，酒店很难站在客户培育的战略规划高度，做好市场细分规划和客源提升策略制定。

公明收益"用户画像"模块通过用户性别、年龄、是否结婚、是否有小孩、学历、地域、品牌喜好等多个维度，用图表形式生动体现酒店当前客源结构的细致特点，让客源结构更加"具象"，为酒店的精准营销工作开展提供了"一盏指航灯"。

（8）智能医生

公明收益的"智能医生"模块为我们提供了"预算目标设定及每日完成率评估""当前目标值变化趋势监测""浏览量及转化率进度监测"3个方面的指导，助力酒店在不同市场需求、不同竞争秩序状态下，合理调整预算目标及管控销售渠道，有效实现酒店的收益最大化。

公明收益是美团酒店为商家提供的收益管理工具，它及时有效地帮助酒店完成了数据收集、分类整理、各维度分析等大量烦琐的具体工作。为酒店针对市场需求变化及竞争对手动态制定收益策略提供了数据分析的支撑。我们应该在实际工作中利用好这个优秀的工具，让酒店的收益快速有效地实现最大化。

9.2 【收益早报】每日收益报告的浏览方式与解析方式

9.2.1 每日收益报告的浏览方式

进入美团酒店商家后台，会显示图9-1所示的界面。

1. 标识入口区

系美团为酒店商家提供的收益管理服务端口，点击即可进入本酒店收益管理分析与操作界面。

2. 数据区

（1）昨日消费间夜：显示酒店昨天在美团实际销售的间夜数，同步显示本酒店与竞争对手在当日销售量（即市场占有率）方面的排名，如图9-1所示，该酒店昨日实际销售量打败了所有竞争对手。

（2）昨日交易额：显示酒店昨天在美团实际产生的收入，同步显示与竞争对手昨天收入的对比排名。如图9-1所示，该酒店昨日订单收入打败了所有竞争对手。

图9-1 商家界面

（3）昨日浏览：显示昨天浏览该酒店美团页面的人次，同步显示与竞争对手昨天浏览人次的对比排名。如图9-1所示，该酒店昨日浏览人数打败了所有竞争对手。

（4）用户评价：显示昨天美团客人留言点评的分数，同步显示与竞争对手昨天留言点评分数的对比排名。如图9-1所示，该酒店昨日点评分数为4.4分，打败了82%的附近对手。

3. HOS指数区

图9-1显示该酒店3月HOS指数为4.8分。点击进入，可查询HOS指数及环比情况，同时，会详细展示酒店的拒单率、违规违约、预留房、5分钟确认率、差评维护率、用户满意度、预订消费间夜、营业额等各维度的得分情况。HOS值将影响酒店在OTA的排名，直接影响酒店在当期及至少未来7天的销售机会。在"我的HOS指数"中选择"本月总分"，显示"HOS小助手"，点击"查看完整优化清单"，小助手会帮你从各维度进行数据检查，并提出优化建议和优化通道，比如一键跳转至评论管理界面，可直接操作点评回复。

图9-2所示为"公明收益"的主界面：下栏分别为"首页""调价""调库存"端口，点击即可进入相关页面。

图 9-2　公明收益主界面

9.2.2　收益早报的 7 种解析方式

收益早报将系统展示酒店在经营过程中，昨日的交易情况及搜索排名、产品销售情况及同行对比、用户评价、**HOS** 值等关键信息，图 **9-3** 所示为收益早报的部分内容。酒店可以通过简单查询的方式，对前一日的线上销售情况有相对全面、细致的了解，便于酒店发现市场机遇、竞争对手优势与劣势，从而及时做出应对。

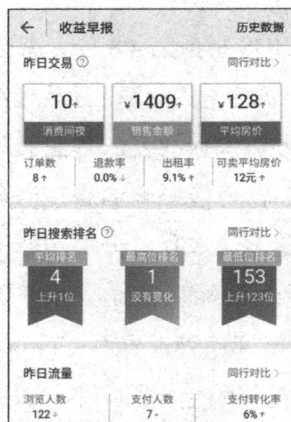

图 9-3　收益早报

收益早报显示各维度数据如下：

1. 昨日交易

（1）订单数 8 个，右侧向上箭头代表较昨日有增长；

（2）消费间夜 10 间，右侧向上箭头代表较昨日有增长；

（3）销售金额 1 409 元，右侧向上箭头代表较昨日有增长；

（4）平均房价 128 元，右侧向上箭头代表较昨日有增长；

（5）退款率 0%，这里右侧虽然有向下箭头，代表数据值下降，但从经营角度看，这是利好的表现，说明退款率在降低，有效成交订单得到了保障；

（6）出租率 9.1%，右侧向上箭头代表较昨日有增长；

（7）可卖平均房价 12 元，右侧向上箭头代表较昨日有增长，说明单房收益（Rev PAR）增长了 12 元；

（8）昨日交易——同行对比，将从消费间夜数、销售金额、平均房价 3 个维度进行对比排名，可视化表现出酒店的 ARI 指数[①]、RGI 指数[②]、MPI 指数[③]，详见图 9-4、图 9-5、图 9-6。

从图 9-4、图 9-5、图 9-6 可以看出，该酒店昨天的收益表现为：消费间夜排名第一，表示该酒店市场渗透指数（占有率）MPI 排名第一；销售金额排名第一，表示该酒店收入指数 RGI 排名第一；平均房价排名第三，表示该酒店价格指数 ARI 排名第三，略低于其他两个竞争对手。

从以上情况看，该酒店昨天利用差异于其他两个对手的低价，有效获取了市场流量，让自己的成交量成为第一名，同时，其收入也是竞争对手中最多的。其策略为：以价格为杠杆，刺激更多成交，实现市场占有和收入增长的目的。

---

① ARI（Average Rate Index），是指平均房价指数，计算公式为：酒店平均房价/竞争对手酒店平均房价。

② RGI（Revenue Generation Index），是指收入产生指数，计算公式为：酒店的RevPAR/竞争对手酒店的RevPAR。

③ MPI（Market Penetration Index），是指市场渗透指数，计算公式为：酒店入住率/竞争对手酒店平均入住率。

収益管理：有効降低空置率，実現収益翻番

图9-4　同行消费间夜排行榜

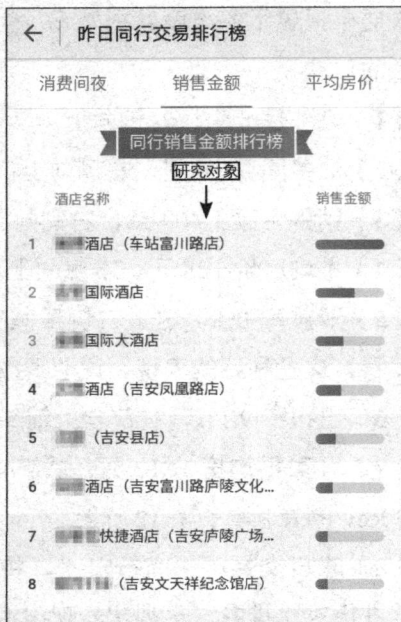

图9-5　同行销售金额排行榜

图9-6　同行平均房价排行榜

2. 昨日搜索排名

图 9-7 为酒店昨日搜索排名，分析图可得到以下要点：

（1）平均排名：第 4 名，上升 1 位。可以理解为：该酒店在美团客户端被用户搜索或自然排名的位次。该酒店平均排名在第 4 名，上升了 1 位，说明其被搜索的次数增多了。

（2）最高位排名：指同行被搜索的最高排位名次。图 9-7 显示第 1 名没有变化，则说明排名第 1 位的酒店继续排名在第 1 位，证明其酒店依然是被客户热搜的酒店，由此需要借鉴参考的是该酒店的定价与产品（房型及附加值）、口碑美誉度等方面，对客户有较大的吸引力和影响力。

（3）最低位排名：表示附近同行在昨天搜索排名中最低的排名。如图 9-7 显示，最低的排名位居第 153 名，但值得注意的是，这家酒店是在上升了 123 位以后，排名到第 153 名。这就需要我们去研究这家酒店至少在过去 7 天内在定价、房型、销售政策、产品附加值、口碑美誉度等方面的因素，是什么原因支撑了这家酒店的排名会有这么快的上升。

（4）点击右侧"同行对比"，则可查询竞争对手排名顺序等情况。

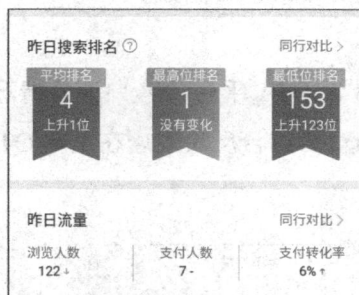

图 9-7　昨日搜索排名

3. 昨日产品销量

图 9-8 为酒店昨日产品销量，分析图可得到以下要点：

（1）销量数据分析：展示相关房型昨天的具体销量和销量占比情况。在此环节，酒店应关注每个房型在 OTA 渠道的订量，订量多，则表示该房型在

OTA 渠道属于热销房型，其具备变价增收的基因。

（2）点击图 9-8 右侧"同行对比"，可查询每一个竞争对手每个房型的畅销热度，如图 9-9 所示：

图 9-8　昨日产品销量 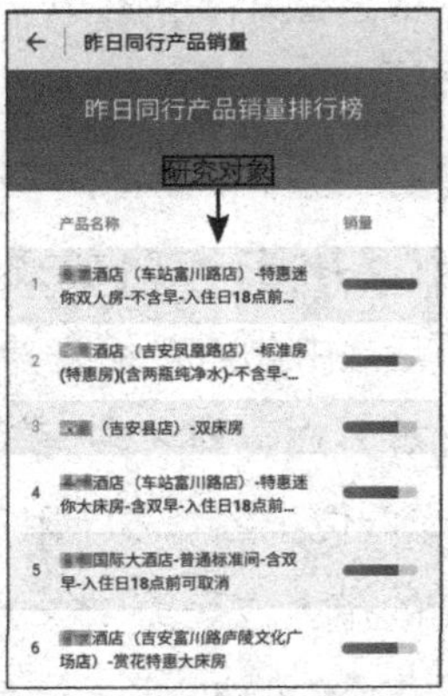　　　　图 9-9　昨日同行产品销量排行榜

在图 9-9 中锁定竞争对手相关房型后，可精准跟踪其优势产品的价格、销售政策、变价情况等，便于酒店在执行收益策略时，有针对性地制定制衡竞争对手的策略，让决策变得更精准、更高效。

4. 全平台用户评价

该环节展示酒店在 6 大 OTA 平台的客户评分情况，如新增评价数量、新增好评数量、新增差评数量，综合反映酒店在主要 OTA 平台的客户口碑情况，如图 9-10 所示：

图 9-10　全平台用户评价

5. 本月 HOS 指数

该环节展示截至昨日酒店 HOS 指数得分情况，如图 9-11 所示，将影响酒店在未来一段时间获得怎样的商家权益，如金冠、广告等权益。

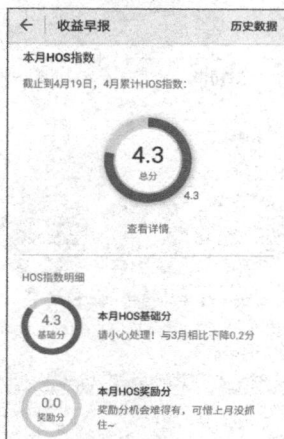

图 9-11　本月 HOS 指数

6. 昨日流量

该环节展示酒店的客源从哪里来，来了有多少人，购买支付的有多少人，支付的转化率是多少。

如图 9-12 所示，酒店自然流量占比为 35%，通过推广通获取的流量占比为 23%，酒店自行促销活动获取的流量占比为 10%，通过商户权益获取的流量占比为 27%，其他方式获取的流量占比为 10%。

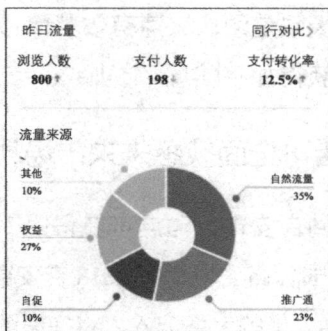

图 9-12　昨日流量

7. 昨日奖惩动态

该环节展示昨日经营过程中酒店新增加的积分、扣减积分、花费积分的情况，同时展示新增积分的明细，以及商家违规、被处罚、被投诉次数等情况，如图 9-13 所示：

图 9-13　昨日奖惩动态

9.3　【收益天眼】解读 N 个市场机会

如图 9-14 所示，收益天眼是酒店快速有效获取市场动态信息的重要环节，通过本模块功能，酒店可获得如下信息：

9.3.1　天眼导读：酒店可全面获悉未来市场动态信息

将"收益天眼"定位到吉安市，酒店可获得以下市场信息：

（1）今天在吉安凯旋国际商业城举行 2018 吉安凯旋汽车城首届车博会，由于参展商、工作人员、参会人员的大量流入，将在商圈内产生较大的住宿需求；

（2）重大事件：暂无。

（3）预订热度：未来7天，100～200元价格区间的酒店销量最好，酒店应重点投放这个价格区间内的产品。

（4）浏览热度：未来7天，4月20～26日，美团页面的浏览指数高，市场处于高需求时期，酒店应提前做好这一高峰时期的预订进度控制，执行提价增收策略。

（5）交通客流：未来7天，4月20～26日，飞机票、火车票、汽车票有较平淡的销售期，说明这段时间内，客流出入城市没有明显变化，外埠客源流向本地的数量相对较小，在该时期内住宿客源将以本地客源为主，酒店应注重销售策略的调整。

9.3.2 不同价格区间表现的市场机会

图9-15所示为吉安市未来7天不同价格区间酒店订出率情况：

图9-14 收益天眼

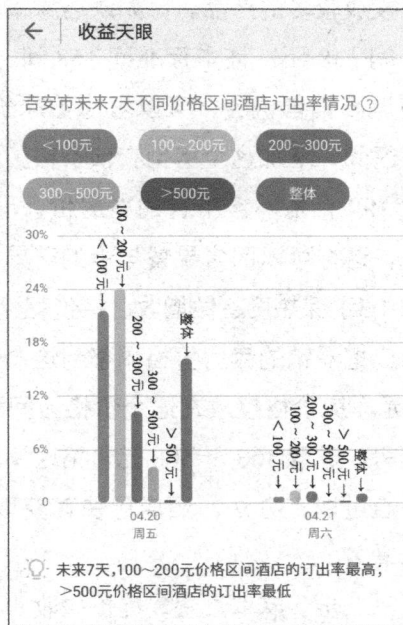

图9-15 吉安市未来7天不同价格区间酒店订出率情况

如图9-15所示，未来7天，100～200元价格区间的房型被订出的数量最多，说明在这一时间段内，市场对这个价格的需求最旺盛，同时，对高于500元的房型市场需求最低。其价格分布情况为：100～200元价格的房型市场需求最多，100元以内价格的房型市场需求次之，200～300元价格房型的市场需求相对较弱，300～500元价格的房型市场需求较少，500元及以上价格的市场需求最低。

由此带给酒店的市场机会如下：

第一步：围塘养鱼，快速提高出租率。

（1）抓热度、快引流、放产品：虽然热度最高的价格区间是100～200元，但是100元以下价格区间的热度也很高，酒店应该把引流房的价格设定为99元，在100元以内的价格区间蹭热度，提高曝光量，增加销售机会。

（2）蹭热度、做增收、多投放：酒店应在热度最高的100～200元价格区间投放较多的产品，比如酒店原来在这个价格区间的产品及价格如下：商务标准间138元、豪华标准间168间、商务大床房188元，这个时候，为了更好地提高销售机会，可以考虑把原价228元的豪华大床房以199元价格投放在该区间，增加这个房型在该价格区间的销售机会。同时要注意，豪华大床房定价199元系不含早餐的净房价，同时将原228元含早餐的房型按原价正常销售，这样可以因含早餐与否的差异，让这个房型在两个价格区间内拉流量。

（3）保热度、做增收、特价促：200～300元价格区间的热度相对较弱，酒店应把滞销的套房价格调整到这个价格区间，比如，原价358元的套房，以288元净房价格投放在这个价格区间蹭价格热度，同时以358元含早餐价格销售套房，赚取300～500元价格区间的热度流量。

通过以上办法，酒店可快速获取到流量，在相对短的时间内，让酒店的订单增多。

第二步：麻将技法，提价增收。

通过第一步的引流，当酒店出租率达到50%～60%时，基本达到酒店赢利保本点，这个时候，酒店各房型价格分别上浮15%～20%，原销售政策不变，作为第二次提价引流。当出租率达到 80% 左右时，酒店再次提价 15%～20%，做第三次提价增收，从而实现先引流增量、提高市场占有率，再提价增收，全面实现提高酒店收入和利润的目的。

9.3.3 区域热度表现的市场机会

图 9-16 所示为吉安市未来 7 天不同区域酒店订出率情况：

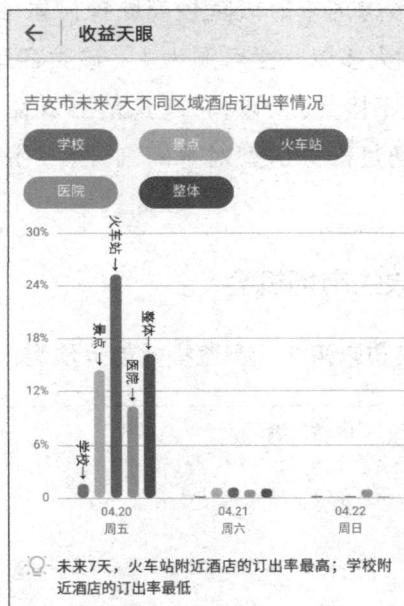

图 9-16 吉安市未来 7 天不同区域酒店订出率情况

如图 9-16 所示，未来 7 天内，不同区域(商圈)市场流量情况有一定的差异，我们以 4 月 20 日（周五）为例，鉴定市场机会如下：

（1）热度分布：火车站＞景点＞医院＞学校。

（2）市场机会：火车站市场热度最高，该商圈内酒店可结合竞争对手的定价情况，果断提价；如果竞争对手不提价，以较低价格销售，则会出现本酒店预订进度较慢；如果竞争对手果断提价，则跟着竞争对手一并提价，且保持适当价差（与竞争对手持平或略高），可有效实现保量增收的目的。景点商圈热度次之，可根据在手预订情况采取阶梯变价策略，如出租率达到 60%，提价 10% ~ 15%；出租率达到 80%，再次提价 10% ~ 15%。同时该商圈酒店要关注到 4 月 21 日是周六，将有规律性高峰出现，且多以当天订单为主，应考虑对周末房价进行预埋，提前一天涨价，争取提前一天的流量。学校商圈的热度最低，不宜提价，应采取前文围塘养鱼策略，拉低引流房价格到 100 元以下价格区间，更好地实现引流，然后通过升级销售策略，减少其他房型空置，增加收入。同时，要考虑周末时段院校商圈预订量会有规律性增长，应做好容量控制。院校商圈大多以学生客源为主，该类客源对价格敏感度极高，酒店稍有涨价，学生就不接受，所以，应考虑留出 20% 左右的房量接待商务、家庭、休闲类客人，通过部分房型对不同细分客户涨价，实现当期增收的目的。

9.3.4　浏览指数释放的市场机会

图 9-17 所示为吉安市未来 7 天浏览指数趋势预测：

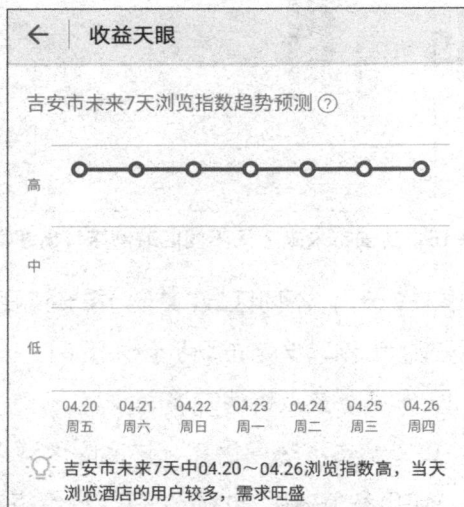

图 9-17　吉安市未来 7 天浏览指数趋势预测

如图 9-17 所示，吉安市在未来 7 天内，美团页面浏览指数处于高峰值阶段，该高峰值代表客户浏览量，说明有大量市场需求将在这一时间段内选择入住的酒店。

以上情况带给酒店营销策略开展和收益提升的机会如下：

（1）高浏览指数时期内，酒店应加强推广通的应用，争取在市场热度最高的时期获取更多的关注度、浏览量，争取更多的转化率，这就好比"好钢要用在刀刃上"，把最好的资源用在最好的时机。

（2）影响转化率的原因有很多，其中有价格、好评、图片、房型、交通、早餐、预订响应速度等多个维度的因素。酒店要想更好地获得转化率，更应该在这个销售时期重点做好这几个维度的渠道建设，具体如下：

① 价格优化：在小于 100 元及 100 ～ 200 元热度价格区间内，交替性多投放房型，提高销售机会，在出租率达到 60% 左右时，通过阶梯形涨价，在引流的同时，有效增加酒店的收入。

② 图片优化：上传最新酒店外观、房型等照片，或更新部分效果较差的照片，确保每一个房型都有 1 ～ 3 张照片展示，让客人可以更加直观地了解到自己即将入住酒店的具体情况。同时，照片更新数量也是 HOS 指数考核的主要因素，将影响酒店在未来一段时间内的商家权益。

③ 评论优化：注重对评论及时回复，在回复中要明确说明酒店的具体位置、交通方式、酒店早餐供应时间、早餐品种等内容，便于客人通过评论界面了解酒店服务水平时，对酒店产生更多的好感，提高酒店销售机会。

④ 预订响应优化：加强预订管理工作，确保所有订单均在 3 ～ 5 分钟得到有效响应，做到订单零流失。

⑤ 房型管控优化：引流房、畅销房型不可轻易关房，应始终保持该房型的市场热度，必要时可采取逐次涨价方式，拒绝低价需求，应始终坚持与竞争对手比价，在合适的时间，以较高的价格把房间销售出去。

9.3.5　交通预订趋势体现的市场机会

图 9-18 所示为吉安市未来 7 天交通预订趋势：

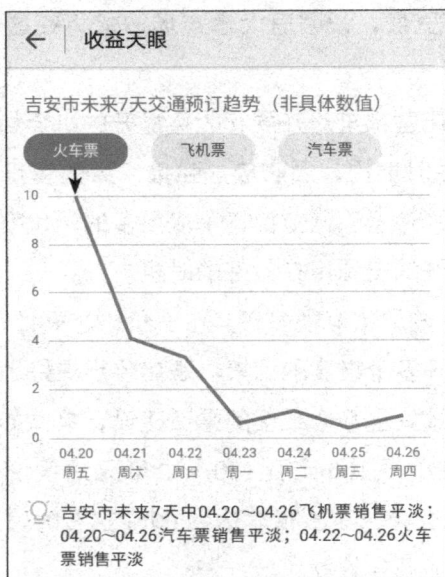

图 9-18 吉安市未来 7 天交通预订趋势

从图 9-18 中的提示可以看出，该城市未来 7 天中，飞机票、汽车票销售平淡，同时，4 月 22 ~ 26 日，火车票销售平淡。

由此可以看到如下市场机会：

（1）外埠客源流入没有较大增量，新增客源处于常规流量状态。

（2）本地客源流出也没有较大增量，说明该城市住宿客源以本地客人为主要支撑客源群体，同时说明之前流入的外埠客源在该时期也没有大量流出的可能，这说明未来 7 天，该城市客源以本地客源 + 停留外埠客源为主。

（3）从区域客源热度分析可以看出，火车站商圈的订量热度比较高，结合火车票销售淡季日期为 4 月 22 ~ 26 日，火车站商圈 4 月 20 ~ 21 日为主要增量时期，则可以预测，该商圈酒店应重点做好这两天的提价增收策略。

（4）本地客源多为休闲类客群特点，临时订房的概率较高，尤其是周边有大型餐饮、休闲娱乐场所的酒店，夜间自然订量增加的概率比较高，该区域酒店应重点做好当日预订进度控制，尤其是夜间预订进度控制，灵活采取"围塘养鱼提出租率""麻将技法保量增收"的组合策略，确保客源不流失，增加以较高价格成交的机会。

（5）停留的外埠客人多是连住客人，已经入住后，酒店就失去了提价的机会，所以这个销售时期，酒店可根据自身情况，灵活确定营销策略，具体如下：

① 目前在手预订较少，尤其是当日出租率较低的酒店，应采取连住优惠、连住奖励等方式，刺激有连住需求的外埠客人选择本酒店。

② 目前在手预订较多的酒店，不宜执行连住优惠、连住奖励等营销活动，避免把所剩不多的房间，通过连住优惠的低价活动，以较低的价格销售出去。

③ 认真做好外埠客人的接待服务工作，多开展深度沟通与服务工作，了解外埠客人再次来本城市的可能性，对有再来可能的客人，积极发展为会员客人，为酒店拓展新的会员资源。同时，通过良好的服务与互动，给客人留下美好的印象，换取更好的口碑。最好对外埠客人建立档案，记录客人的联系方式、生日、离店日期等关键信息，在客人离店后一周内及生日前与客人联络，进行回访，增强客人对酒店的印象。

④ 本地客源以休闲、娱乐为主，将对麻将房、电竞房、情侣房等房型产生一轮高需求，酒店应在该时期内，关注相关房型设施设备的维护，确保能全部有效使用，杜绝因故障、维修等原因，在有需求期间无法投放产品。如果条件允许，可适当增加麻将房数量，同时用情侣房的价格去做新一轮客源引流。

9.4 【竞争圈】评估与制衡竞争对手的 5 个收益锦囊

酒店经营过程中，在没有技术手段支撑的情况下，我们很难辨析当前竞争周期中谁是我们的竞争对手，谁抢走了我们的客人，竞争对手用什么价格抢走了我们的客人，竞争对手用什么房型抢走了我们的客人，当前的商圈中流量供需是什么样的状态，我们应该用什么样的价格和方式去争取更多的流量，竞争对手是否涨价，涨了多少，下一个小需求高峰期会在什么时间出现……

这些经营上的需求在传统经营管理中难以实现，但是，公明收益让这一切变得非常简单。

"竞争圈"模块为酒店提供了包括排名现状展示及调整建议、流量现状及应对建议、当前市场供求关系现状及价格调整建议、竞争对手调价现状及市场需求热度状态下的价格设置建议、订单流失现状及应对建议等功能。

9.4.1　收益锦囊——排名

"竞争圈"模块给出了本酒店的排名情况，如图 9-19 所示。

从图 9-19 中我们可以分析出以下几个要点。

1. 现状

在竞争对手中，某主题酒店今天的城市排名迅速上升，上升速度超过本酒店。出现这一问题的原因可能如下：

（1）该主题酒店的引流房价格设置较低，明显低于其他竞争对手；

（2）该主题酒店保留房数量有良好支撑，确保酒店在最佳市场需求期有房供应，支撑了酒店搜索热度的提升；

（3）该主题酒店使用了推广通，拥有海量曝光机会，推动了排名提升。

2. 建议

请及时关注流量变化，可参加美团酒店平台的促销和优惠活动，提升排名和流量。

在这种情况下，酒店管理人员通常会点击"查看流量"，对比流量变化情况。此时，酒店管理人员最应该关注的是当前页面，认真做好数据的其他维度分析，比如酒店当前的城市排名和商圈排名。

3. 当前排名

当前排名分为两个维度，一个维度是城市排名，另一个维度是商圈排名。理解方式如下：

城市排名：客人在搜索该城市时，本酒店在该城市酒店中的排名位置。

商圈排名：客人在搜索该商圈时，本酒店在该商圈所有酒店中的排名位置。

如果酒店排名在客人所看到的第一个页面，则出现"首屏标签"，首屏标签代表酒店有极高的曝光率和浏览转化的可能。

如图 9-19 所示，本酒店在城市排名中位于第 54 位，上升了 3 位；在商圈排名中处于第 3 位，排名无升降变化。

了解酒店排名位置这一吸引流量的影响因素后，我们必须尽快了解竞争对手在城市和商圈的排名变化情况，根据竞争对手的动态变化情况，我们可以预估市场未来流量的流向。"竞争圈"给出了竞争对手城市、商圈排名情况，如图 9-20 所示。

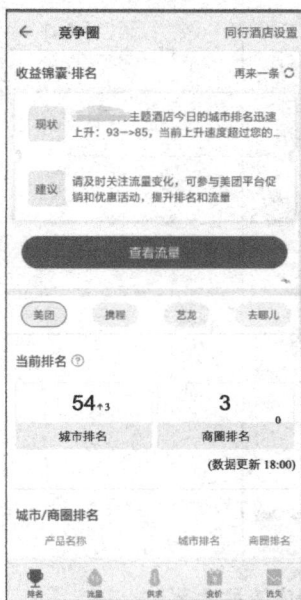

图 9-19　本酒店排名情况

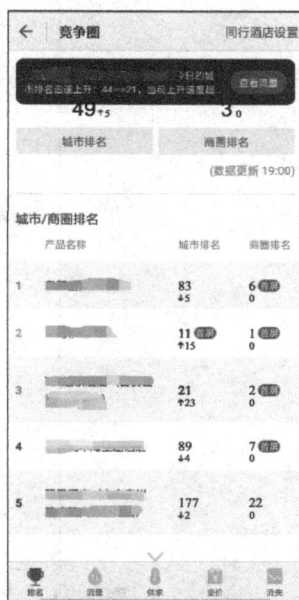

图 9-20　竞争对手排名情况

从图 9-20 中我们可以看出：前 4 个竞争对手同时在本商圈进行首屏展示；竞争对手 2 在城市排名的位置快速上升了 15 位，达到了城市排名首屏第 11 位；竞争对手 3 的城市排名位置连续上升了 23 位，达到了城市排名第 21 位，远高于本酒店的位置（现阶段，本酒店处于第 49 位）。

酒店位置排序在一定程度上会影响酒店的浏览率与支付转化率，本酒店的成交（支付转化率）受到竞争对手影响。

关注到这一明显变化，收益负责人或总经理应高度重视上述酒店，排查上述酒店最低价格房型的供应量及预订状态（是否关房、是否涨价），此时此刻，本酒店既有流量流失的威胁，也有流量增加的机会。

9.4.2 收益锦囊——流量

"竞争圈"模块给出了酒店的流量情况，如图 9-21 所示。

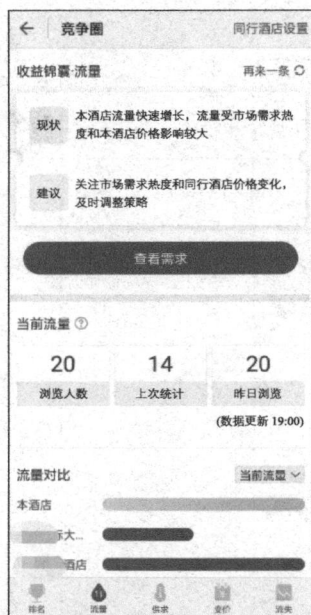

图 9-21　"竞争圈"给出的酒店流量情况

从图 9-21 中我们可以分析出以下几个要点。

1. 现状

本酒店流量快速增长，流量受市场需求热度和本酒店价格影响较大（注：当前数据更新时间为 19 点）。观察该时间段流量变化，可帮助酒店掌握在一天的销售周期中，哪几个时间段的流量可能出现规律性增长。即，市场需求自然性、规律性增长时间段为 19 点左右（常规情况下，我们认为是在 18:00 ～ 20:00 会出现每日需求的第 2 个增长高峰期）。

2. 建议

关注市场需求热度和同行酒店的价格变化，及时调整策略。

点击右上角"再来一条"，工具会继续推荐分析和建议。

3. 当前流量

（1）当前流量的计算方式为：从 0 点开始，截至数据更新时间（19 点），每有一个客人查看本酒店主页，浏览量 +1。

（2）流量变化以 1 小时为 1 次统计周期。1 个小时内，本酒店新增加浏览人数越多，流量的变化热度越高。如图 9-21 所示，目前浏览人数为 20 人次，上次统计的浏览人数为 14 人次，增加了 6 人次，这说明，1 个小时内有 6 人次浏览本酒店，而昨日浏览人数为 20 人次，因此，今日的市场需求及浏览热度高于昨日。此时酒店应关注在 1 个小时内增加了 6 人次浏览量的情况下是否增加了新的订单。

4. 流量对比

点击"流量对比"即可看到本酒店与其他竞争对手的流量对比情况，如图 9-22 所示。

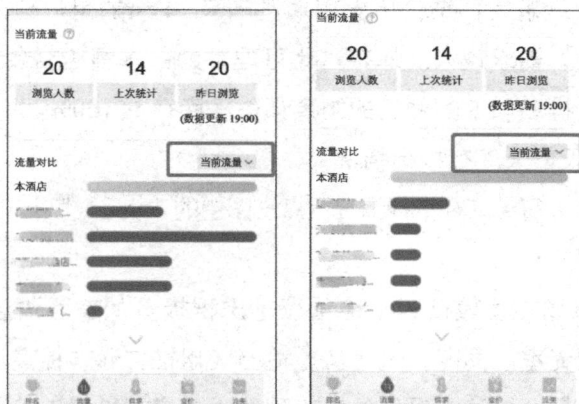

图 9-22　本酒店与其他竞争对手的流量对比情况

如图 9-22 所示，左图方框内显示"当前流量"，右图方框内显示"变化热度"。由此可以看出，本酒店的流量发生变化，主要是因为一个小时内的热度较大，即一个小时内客人点击本酒店页面次数较多，由此说明，本酒店这个预订热度周期应该处于 18 点 ～ 19 点。酒店应高度关注并掌握此热度周期，如果在周内或周末出现波动规律，那就说明，酒店增量增收的收益策略应该关注这个时间段的销售时机。

9.4.3 收益锦囊——供求

"竞争圈"模块给出了酒店的供求情况分析，如图 9-23 所示。

从图 9-23 中我们可以分析出以下几个要点。

1. 现状

2018 年 5 月 31 日，该酒店所处的购物广场的热度较平淡，热度值为 2，酒店可预订房间数较多。

2. 建议

及时关注同行的价格设置，适当调整价格，增加线上订单。

3. 今日供求

市场热度淡，值为 2；库存占比 39%；我的库存为 40，竞争圈库存为 63。市场热度可理解为：结合历史周期及未来 14 天的用户预订量，预测市场需求，热度越高，需求越大。库存占比可理解为：本酒店剩余预留房库存 / 本酒店与市场热度排名前 5 的酒店的剩余预留房库存 ×100%。

4. 未来 14 天每天库存指标情况

检查未来 14 天每天库存指标情况可点击图中的"今天""明天""6 月 2 日"等。

5. 酒店应对方法

酒店处于市场热度较低时期应重点考虑积极参加美团酒店的营销活动，快速提高酒店曝光率。同时，也可考虑适当使用推广通，提高酒店曝光率。在市场热度较低时期，应注意最低价格房型的供应量，最好不因房型数量来限制供应数量，在最低价房型满房时，依然接受订单，溢出的订单向其他房型升级，用最低价房型实现导流。

酒店处于市场热度较高时期一般要通过提价来快速拔高当天的收入。这时，建议酒店关注每天热度变化的时间节点，有效使用推广通，让酒店花最少的推广费用，获取更多的订单量。

9.4.4 收益锦囊——变价

"竞争圈"模块给出了酒店的变价情况分析，如图 9-24 所示。

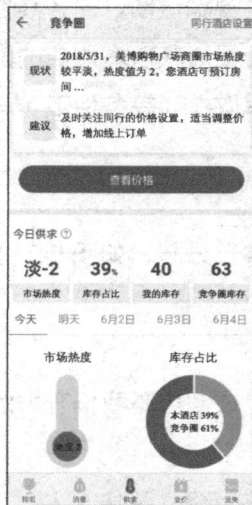

图 9-23 酒店的供求情况分析   图 9-24 酒店的变价情况分析

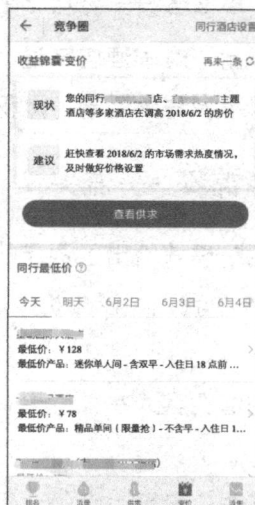

从图 9-24 中我们可以分析出以下几个要点。

1. 现状

某酒店和某主题酒店等多家酒店在 2018 年 6 月 2 日调高了房价。

2. 建议

赶快查看 2018 年 6 月 2 日本酒店的市场热度情况，及时根据竞争对手相关房型的变价，调整本酒店房型价格。

3. 同行最低价

对标检查竞争对手最低价格房型的最新价格及房型销售政策。同时，可点击"今天""明天""6 月 2 日"等日期，查询当天竞争对手最低价格房型的主要信息。

4. 酒店应对方法

此功能精准预测了未来 14 天竞争对手最低价（导流价格）的变化情况，便于本酒店结合对手实际情况，做好未来 14 天最低价房型的价格政策设定。在具体变价时，酒店应充分参考竞争对手最低价房型的销售政策，如退房时间、房型、是否含早饭、预订取消的限制条件、该房型价格是否参与了美团酒店其他活动等。如果竞争对手参与了美团酒店新的营销活动，那么其价格变动会有较好的引流作用，对本酒店来说，竞争对手会提前获取本酒店的流量，本酒店应锁定竞争对手参与的活动，也积极参与，争取在同等条件下参与市场竞争。

9.4.5　收益锦囊——流失

"竞争圈"模块给出了酒店的客人流失情况分析，如图 9-25 所示。

从图 9-25 中我们可以分析出以下几个要点。

1. 现状

本酒店的潜在客人在预订火车站某酒店，该酒店是我们有力的竞争对手。

2. 建议

尽快将该酒店设置为竞争对手，及时调整策略，留住客人。

3. 流失热度

浏览过酒店但未下单的客人的流失程度，见图中右侧的热度条。

4. 流失去往酒店 TOP5

流失客人的去向。

5. 竞争圈

点击图中部"竞争圈"，可选择"所有酒店"排序，图中的排序为：浏览过本酒店的客人，流失到本商圈之外的其他酒店的热度。

6. 设置同行

公明收益按照客人流失的具体热度情况（流失数量多少）进行排名，以此显示哪些酒店是本酒店当前的主要竞争对手，一般建议关注前五名。如图 9-26 所示，点击酒店名称右侧的"关注"，则可以把该酒店设置为竞争对手，该酒店的变动信息将在第一时间推送到商家面前。

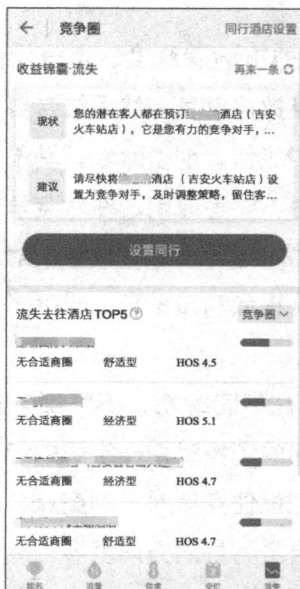

图 9-25 酒店的客人流失情况分析

图 9-26 关注竞争对手酒店

7. 酒店应对方法

在不同的经营时期（如淡旺季、周末与周内等），酒店因为房型功能差异、房价差异、预订政策变化等因素，会出现对某一类客人无法提供其需求的产品和服务，此时，客人会自动流向其他酒店。酒店应该持续关注客人流失去向，锁定流失热度较高的竞争对手，针对其房型功能、房价、预订政策等，快速调整本酒店的房型、房价和预订政策，确保本酒店始终处于优势竞争环境中。

9.5 【收益智评】评估竞争对手及提升口碑的 8 个切入点

在酒店日常经营过程中，我们要想有效开拓客源，更好地维系和培育优质客源，稳定快速提升酒店口碑、提升酒店的综合竞争力，对竞争环境和酒店自身的优劣势分析是一道绕不过去的坎。

在日常工作中，我们要想获取竞争对手的市场满意度、竞争优势与劣势等信息，需要通过大量的市场调研、汇集大量数据信息，然后结合自身的优劣势进行对比分析……这是一项既烦琐又繁重的工作，很多时候，基于信息来源渠道不全、信息采集量不够、工作时间和精力不够等原因，在对竞争对手与竞争环境的评估分析中，难以实现全面、精准的对比分析，导致我们对自身的优势认识和利用不足，也对竞争对手的优劣势认识和利用不足，错过了提升市场口碑与竞争力的最好时机。

同时，由于市场需求处于不断变化中，在不同时期，不同细分市场的需求也各有不同，这就导致同样的酒店，在不同的销售时期、不同的细分市场其优劣势的表现不同，如何快速、有效、精准地抓住竞争对手的痛点，规避自身的痛点，在最短的时间内让一切竞争因素向自身利好的方向发展，成为了酒店经营的一道无法跨越的鸿沟，使之不得不忍痛割爱，把更多的精力用在特价引流与预订进度的控制上。

"收益智评"利用互联网数据技术，通过对主流 OTA 平台的数据获取，实现了全渠道口碑数据化分析，让酒店可以轻松获取自己酒店及竞争对手在全网渠道的口碑数据，同时对用户口碑曲线、好评分析、酒店卖点挖掘、差评分析、酒店痛点挖掘、一星差评分析、评价维护等方面进行具体解析，让酒店逃离数据收集、整理、分析的苦海，轻轻松松实现"一键"阅读，有效节省了酒店的人力、财力与时间的投入，让一切变得更简单。

9.5.1　竞争力综合评估

图 9-27 所示为收益智评的首页展示：

图 9-27 首页展示

如图 9-27 所示：

（1）该酒店在全渠道共计 1 947 条评论，在近 7 天内新增 20 条评论；

（2）数据显示：热点好评率 80.79%，差评率 8.17%，差评回复率 3.39%，首页差评率 0%。在这个环节，酒店应高度重视差评回复率只有 3.39% 这一问题，说明还有部分差评没有及时回复，这会影响酒店的 HOS 指数，同时会间接影响酒店在未来时期的金冠、广告等权益，应高度重视，及时回复。

（3）酒店主要卖点：通过对近期好评的分析，客户满意度最高的 3 个维度成为了酒店近期主要卖点，分别是干净卫生、性价比高、位置好。从"性价比高"可以看出，酒店当前执行的价格政策获得了客人的认可，客户觉得性价比高，酒店应回过头来，认真分析近 7 天的价格政策，同时查阅近 7 天的 OTA 客户资料，筛选出老客户与新客户，分析新老客户使用较多的价格，尤其是新客户接受度比较高的价格和房型，这些数据将成为下一步刺激市场需求的重要参考。在"干净卫生"环节，酒店应查询近 7 天哪个领班带班时间长、白班员工都有谁，谁近期白班做房数量比较多，找出这样的基层管理人员和员工，就等于找出了"干净卫生"的标兵，对这样的员工进行鼓励或奖励，树立典型，让其他员工向他们学习，树立员工的职业荣誉感，让酒店的卫生环节上一个台阶，酒店的管理可以更轻松一些。

（4）酒店主要痛点：通过近期差评分析，酒店痛点主要体现在隔音差、声音大、无 Wi-Fi 这 3 个环节，这样的差评将严重影响和误导将在本酒店下订单的客人，应快速及时给予回复响应。

然而，即使你用温文儒雅、礼貌热情的口吻回复了客人，也得到了客人的谅解，就酒店经营管理来说，这只是治标不治本的做法。这也是很多酒店持续有差评、差评内容一直在重复的主要原因。酒店在这个时候，要想真正提升酒店的美誉度，就要从经营管理中去寻找破解的办法，隔音差、声音大这种问题大多属于酒店建设中的缺陷，酒店无法在短期内彻底解决，如果要彻底解决，就需要投入较多的财力和时间成本，对酒店来说，客房产品不可储存，错过今天的销售机会，房间只可能有成本，不可能再有收入贡献。那么，如何规避这种情况，建议如下：

① 认为隔音差的客人大多有神经衰弱、入睡困难、易惊醒、精神压力大等特点，前台在客人办理入住时，应更多询问客人是否对房间的朝向有要求，比如临街的房间会比较吵，不临街的房间相对安静；或询问客人的睡眠质量情况，首先向客人预留楼层较高、相对安静的房型，如安静的房型已经售完，则需向客人说明具体情况，在客人知晓的情况下，为客人办理入住，这样做，可以让客人对房间的安静程度提前知晓，有心理预期。

② 排房时应该注意，对睡眠质量、安静程度要求比较高的客人，尽量安排在同一楼层，同时，对该房间楼上同一房型尽量不要安排休闲类客人、带小孩客人，此外，这些客人的房间应离麻将房、家庭房、电竞房、午夜房的房型较远，避免夜间客人说话、楼层行走、小孩哭闹等原因，影响客人休息。

③ 对睡眠质量不好、有神经衰弱的客人，在客人入住后 / 入睡前，由楼层服务员向客人赠送一杯助眠牛奶，抚慰和关怀客人，客人对酒店的悉心关怀会心存感谢，也会在一定程度体谅酒店的不完美，不再过分苛责酒店。

（5）查看详细分析：点击此处，会跳转至本酒店综合维度分析页面。

（6）同行评价竞争力排行榜：显示主要竞争对手在同一时期的竞争力排行情况。通常情况下，要特别关注排行榜中的前3名酒店，查询其用户口碑曲线、好评分析、酒店卖点挖掘、差评分析、痛点挖掘、一星差评等各维度的数据，确定在当前情况下，各个竞争对手的优劣势和潜在的提升机会，越了解竞争对手，越方便酒店做出制衡竞争对手的策略。

9.5.2 用户口碑曲线

图 9-28 所示为酒店近一周用户口碑曲线：

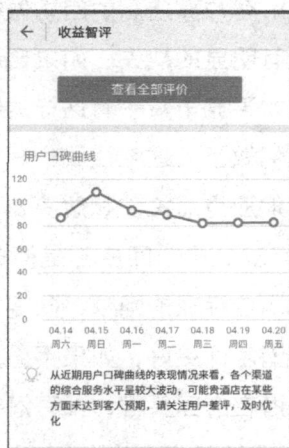

图 9-28 用户口碑曲线

从图 9-28 可以看出，在近一周的口碑曲线上，各个销售渠道的综合服务水平有一次较大的起伏，在 4 月 15 日达到顶峰，之后回落到较低位置，其中 4 月 18 日最低。

我们都明白，在客户评论的诸多维度中，设施设备、地段、交通等维度，酒店一旦建成，我们不可能做出更改和调整，这属于口碑排名不可逆的硬指标，而服务、早餐、性价比、卫生等维度属于软性可逆指标，可以帮助我们做好口碑，提高美誉度。

从图 9-28 中不难看出，4 月 15 日的点评峰值最高，说明这一天酒店在各个维度的综合表现获得了客人的认可，要找出这一天哪些人、哪些环节的服务做得好对我们有一定的难度，因为有一部分客人未必是在入住当天或者离店当天留言，有可能是离店几天后，甚至离店一段时间后才来评论。

那么，这么明显的口碑曲线起伏，至少说明了一个问题：酒店在日常服务中，与客人的互动沟通、离店后的沟通环节有一定的缺失，尤其是在客人表露出对酒店某些环节不太满意的时候，服务人员没有及时回应，或者没有引起足够的重视，导致客人的不满积累，最后写在点评页面。

从这个环节，无论是观察自己酒店的问题，还是调研竞争对手，均可看出如上问题。如果一个酒店对客户离店后的回访做得不好，那么，在客人的复购率、美誉度传播等方面就有明显的缺失。如果自己有这样的问题，立即改正就可解决口碑运营的短板；如果竞争对手有这样的问题，那么更应该引起我们的重视，别人没有做的，我们做了，这就让我们有了相对优势。

同时，在这个环节，我们应重点关注和解决如下问题：

（1）重视差评，及时回应。这个回应不是简单地回复客人的评论，而是与留评论的客人联系，解释酒店存在的问题，向客人真诚道歉或说明，取得客人的谅解，如果客人愿意取消差评更好，如果不愿意取消，也不要采取极端的方式。每一个客人都可能是潜在的回头客，都有潜在的复购可能，我们要做的是让客人愉悦，消除误解，理解我们存在的问题，原谅我们的过失，给自己争取一个拉回头客的机会。客人留差评，常规无非两种。一种是特别不满意，特别失望，留差评报复酒店；另一种是不满意、很失望，留差评希望引起酒店的重视。其根源都在于客人提出的不满意没有得到酒店及时的回应和解决，如果酒店事后诚挚地回应了，客人通常会谅解。当然，客人也有不同，有些是职业差评师，留差评成了一种职业习惯，但这种人相对较少，我们不能因噎废食，"一棒子打死"所有留差评的客人。

（2）一旦有评论起伏的趋势，酒店应树立一种思想：硬件不足软性服务补。这个时候，应更多关注如何向客人提供更贴心、更优质的服务。有些酒店在有差评出现的时候，立即启动好评应急预案，要求员工向所有 OTA 客人要好评，这种做法反而会引起客人的反感。我们应该始终坚信，好评是靠优质服务支撑的，你要想获得别人的好感，首先要清楚自己能为客人提供哪些服务，而不是强买强卖。

9.5.3 好评分析

收益智评利用大数据优势，把近期的好评通过细分与整理，分别通过卫生、位置、设施、价格、服务、餐饮、其他等维度系统体现，如图 9-29 所示，便于酒店在提升口碑的过程中及时发现自己的优势，也可以通过这个办法及时获悉竞争对手的优势。

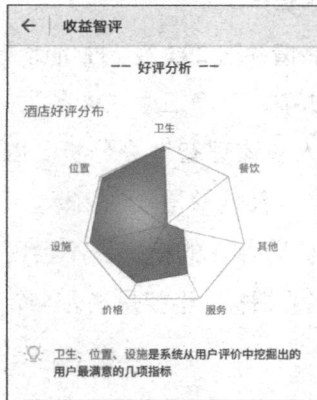

图 9-29　酒店好评分布

从图 9-29 中我们可以看出，酒店好评主要来源于卫生、位置、设施 3 个方面，其中价格有相对好的满意度，服务也有一定的满意度，但分值比重并不大，这就为我们带来了如下重要信息：

（1）卫生、位置、设施目前是酒店的相对优势，其中位置和设施是硬指标，酒店无法更改，而卫生是软指标，其效果无法长期稳定。所以应重点关注近期员工的工作表现，对卫生标兵给予及时鼓励或奖励，发挥员工的模范作用，给员工职业荣誉感，引导其保持较好的工作质量。

（2）价格方面有一定的满意度，但是在留好评的客人中，价格不是重要的指标，说明酒店的价格有很好的市场接受度，同时也还有一定的操作空间。

（3）服务虽然有一定的满意度，但显然不是所有留好评的客人都能在第一时间留下对服务表示认可的评论。这就说明酒店的服务并没有很好地打动客人，依然有需要提升的空间。酒店应加强员工与客人的互动沟通，与客人沟通的次数、质量是客人评判酒店服务是否热情的重要标准。

9.5.4 酒店卖点挖掘

收益智评整合该酒店全渠道的评论信息，经过数据化归纳和总结，在好评的维度里，细分出服务、性价比、卫生、位置、房间面积等环节的好评，这些好评就是酒店隐藏的最佳卖点。

如图 9-30 所示，服务热情共有 293 条，性价比高 357 条，价格实惠 225 条，房间大 218 条，位置好 355 条，干净卫生 594 条。

面对如上好评，酒店人应该理智地去分析。以上环节中，除位置好、房间大属于硬性不可逆指标外，其他都是软性指标。

硬性不可逆指标指是长期存在的指标，不会因为市场需求波动等原因发生重大变化，属于相对恒定的指标。也就是说，这个好评可能有较长的连续性，是酒店的硬实力、硬优势。

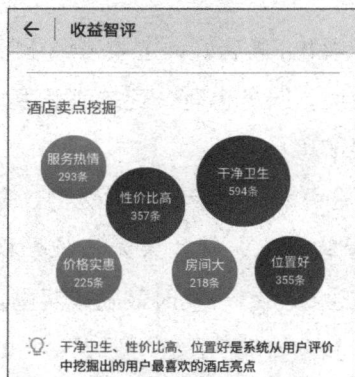

图 9-30 酒店卖点挖掘

而价格、卫生、服务方面，都是酒店的软指标，在不同的销售时期，酒店的价格必然会发生变化，因为员工素质和责任心的不同，酒店的卫生与服务水准也会发生一定的差异。也就是说，这几个方面在今天是我们的优势，在明天就可能成为我们的劣势。所以，应着重做好如下方面：

（1）性价比高、价格优惠：首先，性价比高、价格优惠的评论，将有效刺激查看好评的其他客人预订本酒店的决心，同时，我们要清楚，这种好评是基于一定"参考"才会出现的。如果你的某一个房型的价格相对于竞争对手较低，则说明你的价格优惠；客人入住你的房间，感受到了房间大、服务热情、有增值服务。客人花了住房钱，却有额外的服务享受，他会觉得你的房间性价比高。所以，看到这样的留言，不是因为我们价格真的低，而是客人有一定维度的参考对比。这就告诉我们，为什么一定要参考竞争对手的价格去定价，为什么要在价格基础上对有限的产品进行无限制的软性增值服务植入。

（2）干净卫生、服务热情是客人入住酒店最基本的诉求，我们不能因为在这两个方面有好的口碑基础，就不再重视这两个方面的维持和优化。卫生是可以建立标准流程的，服务热情却无法建立标准流程，因为每个员工对服务热情的理解不同，表达服务热情的方式也不尽相同。有些员工认为，始终微笑就是服务热情，但对客人来说，快速解决他的问题才是热情；有些员工认为，为客人提供便利就是热情，但有些客人则认为，你提供住宿外的其他辅助性服务才算热情。

所以，在服务层面，应始终以客户需求为导向，始终持空杯心态，始终坚持"我还不够完美，我应该做得更好"的态度，带领员工做好服务，才能让服务评分较好地保持下去，形成酒店的核心竞争力。

9.5.5 差评分析

收益智评从全渠道获取酒店的差评。收益智评利用大数据优势，把近期的差评通过细分与整理，分别通过卫生、位置、设施、价格、服务、餐饮、其他等维度系统体现，如图 9-31 所示，便于酒店在提升口碑的过程中，及时发现自己的劣势，酒店也可以通过这个办法，及时获悉竞争对手的劣势。

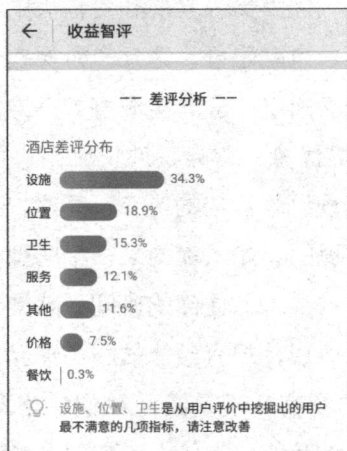

图 9-31　酒店差评分布

从图 9-31 可以看出，差评相对集中地体现在客人对设施、位置、卫生、服务等维度的不满，尤其是设施、位置、卫生 3 个维度的差评最多。

设施、位置属于酒店的硬性不可逆指标，短时间内无法彻底更改，这就需要我们细致分析客人对设施、位置中不满意的根本点究竟在哪里。常规情况下，大致有如下几种原因：

（1）设施差评：空调制冷不好、房间窗户小、无窗、通风不好、没有热水、电视效果不好、Wi-Fi 不流畅等，这些方面的差评，会统一划归到设施环节来体现。这里面的有些问题是无法更改的，比如无窗、窗户太小，但是有些问题可能是临时性问题，比如没有热水，可能是市政热水供应或者酒店热水供应临时有问题，Wi-Fi 信号不好，也可能是当天住店客人太多、同一时间使用的人太多，机顶盒临时出现故障等问题引起的。无法更改的，我们可以先放下，但可以改变的，要立即改变。发现问题却不解决问题，就等于搬起石头砸自己的脚。

（2）服务、价格与其他：这些都属于软性指标，因为一时考虑不周全，工作不细致、不深入产生的服务环节缺失，导致服务质量不高，价格让客人不接受、不满意，这些问题可以通过后期的补救措施做一些弥补。所以，软指标的差评具备维护弹性，具有可逆效果。

（3）对于这样的可逆差评，一定要在对客人的回复中详细说明产生的原因以及应对的办法、已经解决的程度，一方面是向留言的客人致歉和做出说明，另一方面是向更多浏览差评的客人进行告知：这样的问题我们已经解决了，您可以放心来住。

9.5.6 酒店痛点挖掘

如图 9-32 所示，酒店的主要痛点集中在隔音差、声音大、无 Wi-Fi、床单不干净等方面，这是提醒我们，客人在这几个环节最不满意，要尽快整改。

应对办法：略（请参考以上章节）。

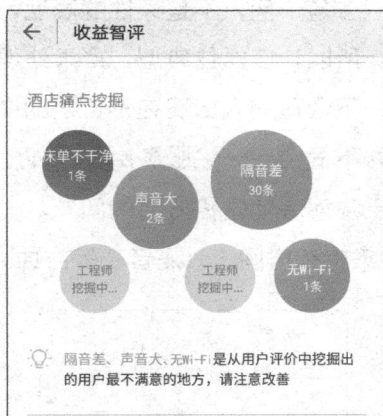

图 9-32 酒店痛点挖掘

9.5.7 一星差评分析

收益智评对酒店最低分值环节的"一星"评论进行数据分析与处理，为我们直观展示了最低分值都集中出现在哪些地方，以及各维度低分值的占比情况。

如图 9-33 所示，酒店最低分值中占比最大的是设施，其次是服务、卫生与位置。如果我们能有效解决一星差评的问题，就等于把口碑建设中最短的一个短板补齐了，酒店的口碑分值会有一个较大幅度的提升，美誉度与市场影响力将更高。

从智能分析可以看出：

（1）卫生差评主要体现在环境差、不干净卫生，说明酒店的卫生做得不够好，同时在酒店公共区环境美化方面做得较差，酒店应注重对公共区卫生的督导检查，比如对酒店门口、大堂、公用卫生间、楼梯、楼道等区域加强卫生清扫；同时，在大堂为客人提供免费热饮、临时免费休息区，让办理入住、办理退房时排队等待的客人有更舒服、更轻松的区域可以休息，用增值服务的愉悦感抵消客人对环境卫生的苛责。

（2）服务差评主要体现在服务不好、态度不好、声音大，对这一类现象我们应该有正确的认知，它是个例，不是共性的表现，不可能全酒店的员工都说话声音大，态度不好。所以，应抓住典型，严肃处理。同时，这也可能暴露出酒店用人的问题——让不合适的人出现在不合适的岗位。比如有些员工的性格和与人沟通的方式，并不适合在一线服务岗位，即使你为他做了大量服务礼仪与技巧的培训，依然无法解决他性格方面的问题。

（3）设施问题主要集中在房间小、隔音差等方面，处理办法请参考9.5.1。

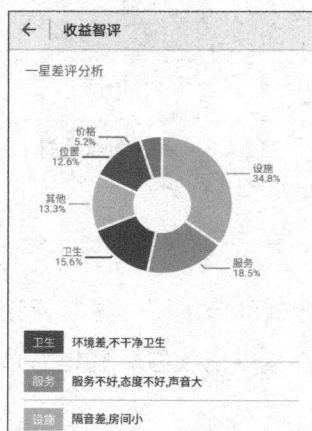

图9-33　一星差评分析

9.5.8　评价维护

为协助酒店做好差评维护工作，智评分析设置了差评维护考核机制，具体如图 9-34 所示：

图 9-34　评价维护

评估机制共设 5 大环节，分别是维护频率、首页差评维护率、回复字数、回复差异率、回复敏感词，具体如下：

（1）维护频率：激励酒店要正面、及时应对差评，在客人留差评的第一时间做出响应，就客人提出的批评或意见进行针对性的回复，让客人感受到被关注和酒店的重视，提升客人的留言体验，取得客人的谅解。该环节满分为 20 分。

（2）首页差评维护率：首页差评指在酒店首页显示的差评，首页差评的曝光机会、浏览机会与酒店整体的曝光和浏览机会等同，所以首页的差评将严重影响其他客人预订酒店的可能性。首页差评维护越及时，维护质量越高，越有助于酒店将差评的负面影响降到最低。该环节满分为 20 分。

（3）回复字数：要求最少 20 字以上。回复的字数越多，说明酒店对客人提出的问题越重视。在差评环节，建议酒店最好使用较长篇幅的文字回复，首先就客人提出的问题做出自查说明，然后就整改的情况做出说明，最后向客人再次致歉，并向客人表示同样问题酒店不会再出现，欢迎客人再次入住。有些酒店通常会在差评回复的第一句先向客人道歉，这样做也很好，但是，我们换位思考一下：当你向酒店表达不满的时候，你最想听的是酒店如何重视、如何解决问题的，还是想先听到酒店的道歉？所以，建议先回答客人所提问题的解决办法，在客人情绪缓和一些后，再向客人郑重致歉。很多时候，只有道歉而没有回复解决的方法，客人依然是不满意的，很有可能会追加差评。该环节满分为 20 分。

（4）回复差异率：无论是好评还是差评，客人留出的每一个评论都是他此时此刻最想表达的意思和情绪，如果收到酒店的回应和所有人的一样，比如："尊敬的客人您好，为您带来的不便，我们深表歉意，谢谢您的留言，祝您生活愉快。"试问当你看到这样敷衍了事的回复时，你是不是更生气？所以，一定要就具体的问题具体回复，应该让客人明显感受到你对他的尊重。该环节满分为 20 分。

（5）回复敏感词：这主要是制约酒店在回复评论过程中出现的对客人不尊重的字眼。其实很多时候，客人的差评留言相对笼统或者过于情绪化，比如因为想要换房间却没有被调换，于是留言说前台员工素质差、没礼貌，甚至留言中出现诋毁性字眼。这时，其他客人会误以为酒店员工素质真的很差，把客人给激怒了，而很少去深层次考虑差评背后发生过什么。这种现象比较多，有些酒店会把这样的客人列入不受欢迎名单，甚至个别回复评论的员工，基于一时激愤，回复一些比较敏感的字词，甚至谩骂和羞辱客人。虽然自己出了口恶气，但是让酒店的美誉度受损了，让其他客人不敢预订这家酒店。谁敢去骂客人的酒店住呢？该环节满分为 20 分。

以上评估自身酒店竞争力及提升口碑的 8 个切入点，同样可用于对竞争对手的优劣势评估分析。

9.6 【收益优品】制衡竞争对手的 5 个维度及策略

通过"收益智评"环节,我们可有效获取自身酒店市场竞争及口碑的优劣势,也可获悉竞争对手市场竞争及口碑的优劣势,为我们找到强化自身、与竞争对手开展市场竞争的切入点。之后,我们需要进一步了解酒店产品、价格、销售时机与竞争对手产品、价格、销售时机的差异性,从而全面实现收益提升中产品设计策略的制定。

"收益优品"从产品竞争力、同行产品竞争力排行榜、产品预订实时动态、产品剩余量排行榜、产品综合分析 5 个维度,对自己酒店和竞争对手的酒店进行全面解析,为我们提供精准有效的产品设计策略。

9.6.1 产品竞争力

图 9-35 所示为该酒店近 30 天竞争力前三的房型,分别是精品双人房、特惠迷你双人房、秒杀温馨大床房。

(1)搜索选项:点击"近 30 天"下拉栏,可查询该酒店在前天、昨天、今天、近 7 天、近 30 天的畅销房型排名。

(2)竞争对手观察:采用同样的方式,可查询竞争对手在前天、昨天、今天、近 7 天、近 30 天的畅销房型排名。

市场机会分析:

以不同房型对应相关的价格,我们可以做出如下分析:

(1)热销房型:精品双人房 109 元不含早餐,在近 30 天的销售周期内为第一热销房型,说明该房型价格有较好的市场热度。

（2）畅销房型：特惠迷你双人床139元不含早餐，在近30天的销售周期内为第二热销房型。

（3）秒杀温馨大床房119元不含早餐，在近30天的销售周期内为第三热销房型。

（4）由以上情况可以看出，该酒店热销房型中，有两个房型均是双床房型，价格分别为109元与139元，大床房仅有119元一个房型热销，说明在未来30天内，目前在手预订情况显示市场对双床房需求较高，大床房的市场需求相对较弱，价格承受点也相对较低。

（5）该酒店应做好双床房的引流工作，尽量推荐订双床房的单身客人选择大床房，或升级到大床房型，让酒店可以留出更多双床房投放到市场销售，争取更多的销售机会。

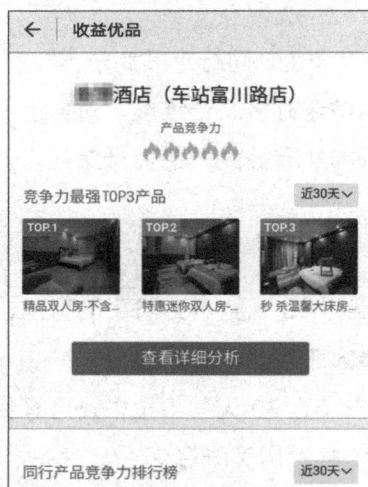

图 9-35　产品竞争力排名

9.6.2　同行产品竞争力排行榜

如图9-36所示，"公明收益"为酒店匹配了周边的竞争对手，按照各竞争对手的产品竞争力情况进行了排名。该酒店应重点关注排名前5的竞争对手。

点击其名称，可进入该酒店详细展示页面，了解该酒店前天、昨天、今天、未来 7 天、未来 30 天的房型销售热度，调研其房型的价格、销售政策、退房时间、附加值服务等内容，以此为参考来优化自己的产品设计，提高酒店畅销房型在竞争对手中的竞争力。

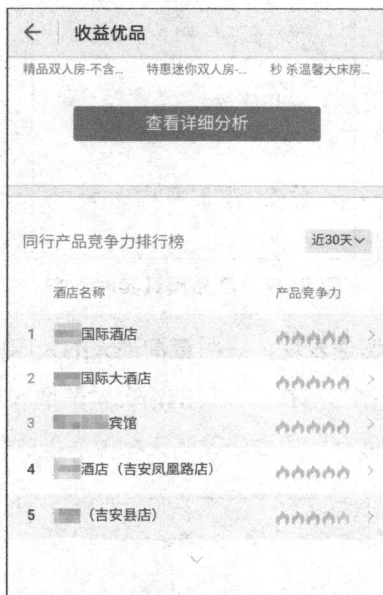

图 9-36 同行产品竞争力排行榜

9.6.3 产品预订实时动态

图 9-37 所示为产品预订实时动态。

（1）产品订量排行榜：显示该酒店每个房型的预订热度。

（2）时间选项：可查看今天、明天、后天、未来 7 天、未来 30 天的各个房型的畅销程度；可从预订指数查看预订热度；可在预订量动态查询某一房型的预订增速。如图 9-37 所示，该酒店的秒杀温馨大床房在查询当天的预订增速最高，精品大床房在查询当天的预订增速次之，其他房型在查询当天暂无热度。

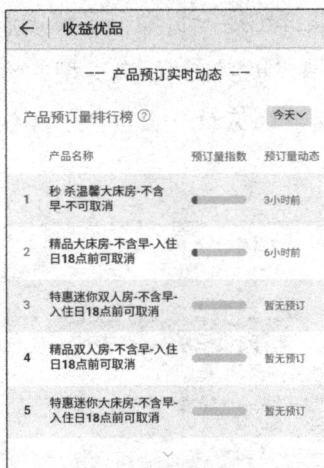

图 9-37　产品预订实时动态

（3）基于大床房的增速表现，说明查询当天的大床房在美团酒店的预订需求比较高，这时，酒店应根据当前在手预订的情况，酌情增加美团酒店预留房，可在"公明收益"首页的"调库存"里面修改当天相关房型的供应量，如图 9-38 所示：

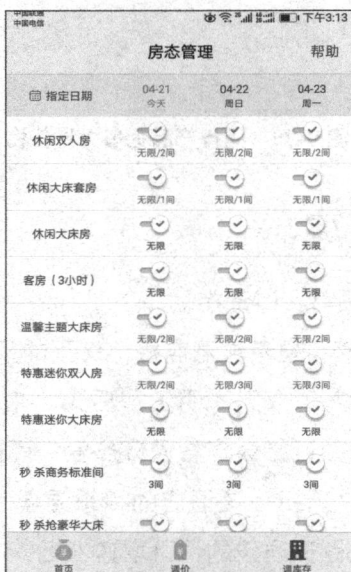

图 9-38　房态管理

（4）同时，基于双床房当天销售热度很低，为了加快双床房的销售进度，酒店应尽快调整双床房当天的销售价格，用某一双床房降低价格的方式进行引流，降低双床房的空置率。可在"公明收益"首页的"调价"里面修改当天某一双床房的价格，如图 9-39 所示：

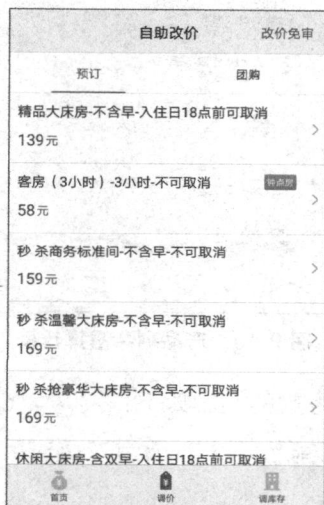

图 9-39　自助改价

9.6.4　产品剩余量排行榜

图 9-40 所示为产品剩余量排行榜。

（1）该环节实时显示酒店空置房型剩余量指数与剩余量动态。

（2）查询时间选项：可查询今天、明天、后天、未来 7 天、未来 14 天所有房型的剩余量指数和剩余量动态。

（3）可用此方法，查询竞争对手房间剩余量指数与剩余量动态。

如图 9-40 所示，该对手酒店在当天（15 点 30 分）多个房型剩余量动态没有变化，依然有大量空房，这种情况下，竞争对手暂时不会考虑涨价、关闭房型供应、关闭渠道供应，而且有可能会调低价格进行促销，以求快速增加预订，减少多个房间的空置数量。

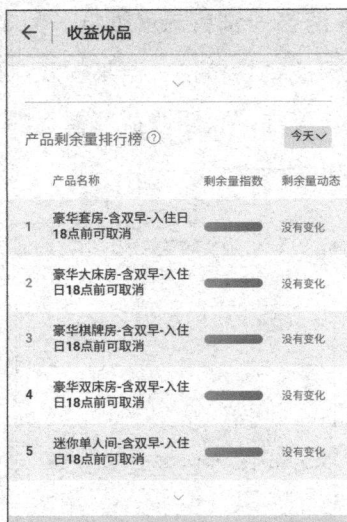

图 9-40　产品剩余量排行榜

这时，你的酒店应该考虑的问题如下：

（1）竞争对手涨价可能性不大，因为竞争对手还有大量空房，所以我酒店此时不适合涨价。

（2）竞争对手可能会调低价格。对手降价，会把市场流量引流到其酒店，我应该严密观察该酒店变价情况，在其调价的时候，我同时有所调整。

（3）应分析竞争对手剩余房量较多的原因，查询其每个房型的销售价格，查看其是不是因为临时涨价，导致预订进度慢，在这个时间依然有大量空房。

（4）如果观察多个竞争对手后，发现其他竞争对手剩余房量已经不多，而只有这家竞争对手的剩余房量多，则不必有太大压力，应重新考虑做好畅销房引流，尽快提高市场占有率。同时，还有另一种可能，即这家竞争对手在使用高价引流的竞争策略，即在 15:30 之前提高酒店各房型价格，导致在 15:30 之前的预订需求流向价格较低的竞争对手，使其竞争对手的畅销房、引流房被预订一空，只剩下平时滞销的高价房型。这时，这家酒店提价后的畅销房价与其竞争对手的滞销高价房型价格接近或者略低，市场流量就会涌向其酒店，使之有效实现了把引流房和畅销房用高价售出的目的。所以，这时，你应该随时监控该竞争对手的变价情况，避免当日销售出现被动局面。

9.6.5 产品综合分析

"公明收益"结合每一个房型在市场占有率（订量）与增长率（增速）表现的不同，对产品进行了细分，具体如图9-41所示：

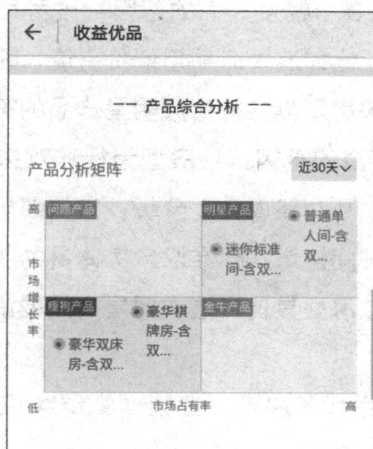

图9-41 产品综合分析

时间选项：前天、昨天、今天、近7天、近30天。

1.明星产品

市场占有率高、市场增长率高，是酒店最能带来效益的房型，建议商家继续保持，维护增长。

解析：这里指的市场占有率高、市场增长率高，并非仅指酒店平时销售最快、最早卖完的低价、引流房型。常规情况下，能作为引流低价房的房型，大多有一定的缺陷，比如房型不规则、无窗、房间数量少，酒店无法按照常规价格销售，所以给出最低的价格，在OTA渠道促销，用这个价格去吸引更多流量进入酒店页面，查询并预订其他房型。

引流低价房型因为数量少，不具备高市场占有率的基因。同时，因为房型有缺陷、定价很低，也不具备高市场增长率的基因，因为低价引来的是低价客人，低价客人不愿意支付其他较好房型的高价格，所以，引流低价房型无法快速提高市场占有率。

这里的市场占有率高、市场增长率高的房型，应具备如下 3 个基因特点：

（1）房型无缺陷、房型数量较多：比如酒店的标准双床房，数量有 30 间，其自身具备一定的市场占有率，具备打造成明星产品的第一个基因。

（2）有市场占有率高（幅度大）的基因：该房型无缺陷，可适当通过动态价格来刺激市场流量，比如淡季时期用低价引流，旺季时期用原价或者涨价的方式增加收入。这是该房型具备打造成明星产品的第二个基因。

（3）有市场增长率高的基因：该房型为标准双床房，其上一级房型为豪华双床房或商务双床房，从功能属性上分析，它们都是双床房，具备通过超额预订、升级销售等方式，间接增加标准双床房体量的作用，从而提高双床房市场占有率。所以，这是该房型具备打造成明星产品的第三个基因。

2. 金牛产品

市场占有率高、市场增长率低，建议商家继续保持服务质量，可适当参与促销活动，提高市场份额。

解析：金牛产品具有较高的市场占有率，说明其产品体量较大，能满足较多的市场需求，但是其市场增长率低，说明其可能因为价格、附加值、销售政策等方面的原因，造成其销售量较低、预订速度较慢。这个时候，应注重该房型的热度打造，参考方式如下：

（1）该房型每天限量 10 间左右做特价 / 提价促销，用这种做特价一段时间后再提价的方式争取在较短的时间内打造该房型的市场销售热度。

（2）用该房型积极参与 OTA 平台的返现、促销、折扣、连住优惠等活动。OTA 平台开展此类活动，会整合所有参加该活动的商家资源，在 OTA 主平台的首页投放广告。同时，利用外部广告资源做定时、定点的广告投放，可以让酒店在较短时间内提高曝光机会，吸引更多的外部流量，提高销售机会。

3. 问题产品

市场占有率低，市场增长率高，建议商家可以对这类产品加强评价管理，提升服务质量，适当调整价格。

解析：该产品的房型通常为豪华房间、家庭房、亲子房、投诉较多的房型等不太好卖的房型，我们常称之为滞销房型。滞销房型的存在是影响酒店出租率无法有效提高、旺季无法满房、无法增加收入的元凶。其产品大多有如下特点：

（1）房间缺陷或问题较多，差评较多，客人不愿意选择。

（2）定价较高，客户通常不愿意选择。

（3）房型功能性较强，市场需求不稳定。比如家庭房、亲子房、套房，在淡季与平季时期，大多酒店都不能满房，客人有更多选择的机会，所以，不会太多考虑这样的房型，但是在周末或寒暑期旅游季，家庭房、亲子房因其特殊功能性，市场需求会增加。

（4）破解方式：对这一类房型，应考虑根据淡旺季的不同变化，灵活运用高中低价格组合的方式，提高产品的销售机会，同时，增加产品的附加值，比如延迟退房时间、提供免费洗衣、免费熨衣、免费擦鞋等价值延伸的促销策略，提高该类产品的销售机会，提高客户的满意度。

4. 瘦狗产品

市场占有率低、市场增长率低的产品，建议商家可以淘汰或改造这类产品，降低经营成本。

成都有家酒店，位于某旅游热点区域，共有 75 间客房，其中大床房 40 间，双床房 35 间。该酒店的主要客源是旅游类客人，商务客人很少。而旅游类客人（散客、团队）对双床房的需求比较高，因为双床房可以满足两个人拼房住的需求，可以让客人节省住宿费用。所以长期以来，酒店的双床房卖得很好，大床房经常有大量空置。后来这家酒店把 30 间大床房改造成双床房，生意果然好起来了。

9.6.6 制衡竞争对手的策略的操作方法

（1）充分了解酒店当前及未来销售周期内竞争力最强的房型，掌握其价格热度、预订进度、预订增速，结合产品剩余量，临时优化销售价格，在稳步实现出租率提升的情况下，通过提价实现增加收入的目的。

（2）调研和了解竞争对手在当前及未来销售周期内竞争力最强的房型，实时关注竞争对手订量排行榜上的房型热销程度、价格、预订进度、预订增速情况，结合竞争对手的产品剩余量，预测竞争对手可能出现的涨价、降价时机，针对性地制定自己的销售政策。

（3）优化和调整酒店的明星产品、金牛产品、问题产品和瘦狗产品，确保酒店的所有产品都有一定的市场占有率和增长率，向产品要效益。

（4）关注在未来某个时期竞争对手某一类产品的畅销程度，尤其要重点关注竞争对手的明星产品及金牛产品的价格、销售政策、附加值服务等，在竞争对手产品结构发生变化的同时，要快速跟进响应，要始终保持与竞争对手在同一类房型上的竞争力。

9.7 【流量纵横】市场流量分析与酒店流量提升的方法

市场需求总是呈现某种相对稳定的变化规律，酒店因地理位置不同，所处商圈属性不同，市场流量的变化也会出现一定的规律性。酒店应根据市场需求规律下出租率呈现的波动规律，适时运用推广手段，提高市场需求较低时期的出租率，同时，在市场需求较高时期，提高平均房价和收入，有效实施淡季跑量、旺季增收的策略。

公明收益"流量纵横"功能以可视化数据图表的方式，为酒店呈现市场需求的变动规律，让酒店省去大量市场调研、预订量统计与分析的工作，轻轻松松完成市场规律分析及流量提升策略制定的工作。

9.7.1 流量现状

"流量纵横"模块给出了酒店的流量情况分析，如图 9-42 所示。

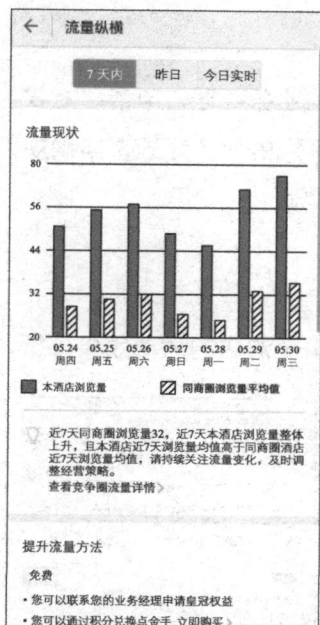

图 9-42 酒店的流量情况分析

从图 9-42 中我们可以分析出以下几个要点。

1. 可查询"7 天内""昨日""今日实时"本酒店浏览量及同商圈浏览量的平均值。

2. 流量柱状图以"星期属性"体现，可明显看出，本酒店周二、周三的浏览量较高，周四、周五、周六三天呈递增状态，周日与下一个周一呈下降状态，且周一流量最低，与此规律对标的是同商圈依然呈现此规律。

该规律说明酒店周内流量较大，对应的客源属性为"商务差旅"类客人，这类客人的价格敏感度较低，且多为散客，为酒店提供了灵活变价（逐步提价）的机会。而周日和周一需求量小，酒店应该在这两天调低原高价房型的价格，取消最低价房型的"预订取消限制"，以此去争取更多的成交机会。

3. 亮灯提示。近 7 天商圈浏览量为 32，近 7 天本酒店浏览量整体上升，且本酒店近 7 天浏览量均值高于同商圈酒店近 7 天的浏览量均值，请持续关注流量变化，及时调整经营策略。

9.7.2　流量提升方法

1.免费方法：联系您的业务经理，申请皇冠权益；通过当前积分兑换"点金手"的广告位资源；联系您的业务经理，申请规则提权。

2.付费方式：购买推广通。

9.7.3　活动效果评估

"流量纵横"模块给出了酒店的活动效果分析，如图 **9-43** 所示。

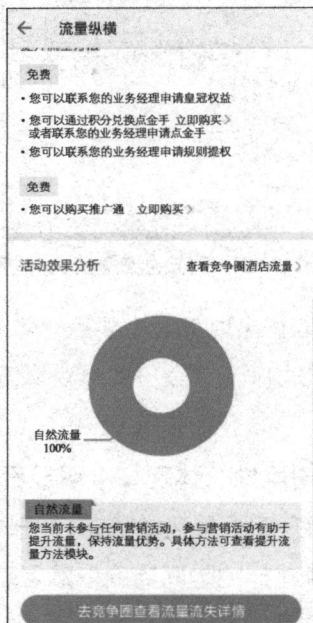

图 9-43　酒店的活动效果分析

从图 **9-43** 中我们可以分析出以下几个要点。

1.该酒店在市场流量较好的情况下，没有使用推广通，所有客源均来自自然流量。

2.自然流量体量大，说明酒店在美团酒店页面所展示的图片、信息、价格、房型等环节有较好的吸引力。

但是，这个环节明显有一个问题：既然酒店自然流量这么好，为什么却有那么高的流失率呢？

这个问题需要换位思考。假设你是一位客人，因商务目的出行，需要入住酒店，在美团酒店页面筛选酒店时，如果这家酒店参与了对你有吸引力的营销活动，如"新客立减""连住优惠"等，是否会让你产生入住的意愿呢？但在最终下订单之前，你可能还会浏览其他酒店。

所以，从以上因素分析，该酒店应高度关注客源流向的酒店是否在参与最新、最热的美团酒店营销活动，因为参与这一类营销活动的酒店，可能有针对性地激发了某一类客人的入住意愿。

9.8 【用户画像】酒店精准营销的指航灯

在酒店的经营管理过程中，我们更多关注如何更快、更好、更多地获取新客源，而在客户档案建设、客户培育及优化方面践行甚少。大量细致的工作，需要酒店有专人来负责，费时费力，导致很多酒店难以坚持下去。

公明收益"用户画像"功能通过用户人群性别、年龄、是否结婚、是否有小孩、学历、地域、品牌喜好等多个维度，用图表形式生动体现酒店当前客源结构的细致特点，让客源结构更加清晰明了，为酒店的精准营销工作开展提供依据。

9.8.1 用户人群

"用户画像"功能给出了具体分析，如图 9-44 所示。

从图 9-44 中我们可以分析出以下几个要点。

1. 用户画像分为两大聚集地：本城市与本商圈。

2. 用户画像分为三大维度：用户人群、用户来源、用户获取。

3. 人口统计信息：集中体现客人的性别占比、年龄段、婚姻状况、家庭状况、

収益管理：有效降低空置率，实现收益翻番

学历程度、地域来源、酒店品牌偏好等。

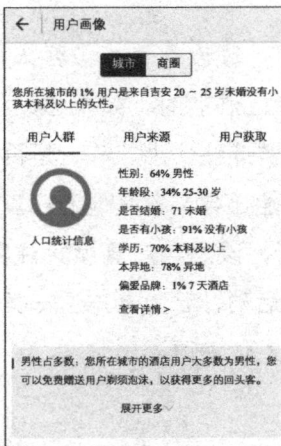

图 9-44　"用户画像"的具体分析

人群画像对用户消费特征进行了详细描述，并根据本酒店人群的主要特点，就主要趋势提供了深度营销、深度服务、如何获取客户回头率（复购率）的具体建议，如图 9-45 所示。

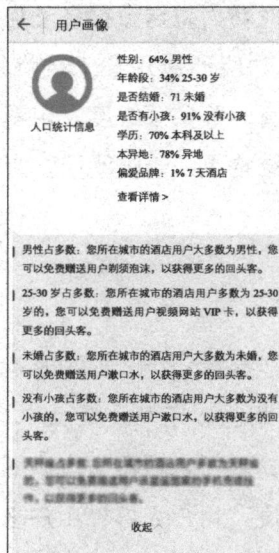

图 9-45　人群画像对消费特征的描述

图 9-46 所示为用户性别、年龄段特征示意图。

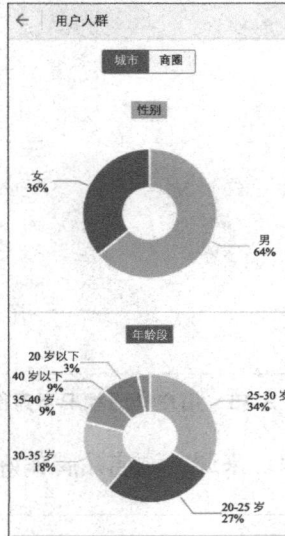

图 9-46　用户性别、年龄段特征

图 9-47 所示为用户婚姻状况、家庭状况示意图。

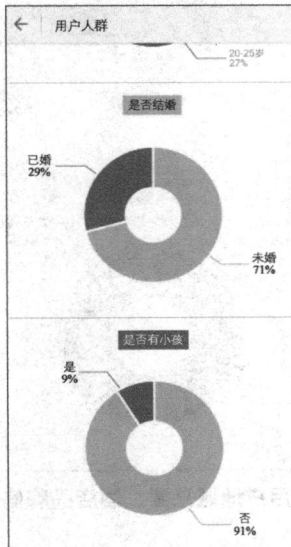

图 9-47　用户婚姻状况、家庭状况示意图

图 9-48 所示为用户学历状况示意图。

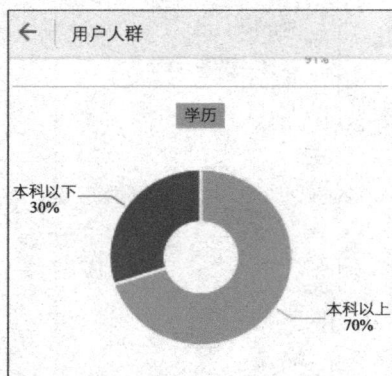

图 9-48　用户学历状况示意图

图 9-49 所示为用户地域来源、酒店品牌偏好示意图。

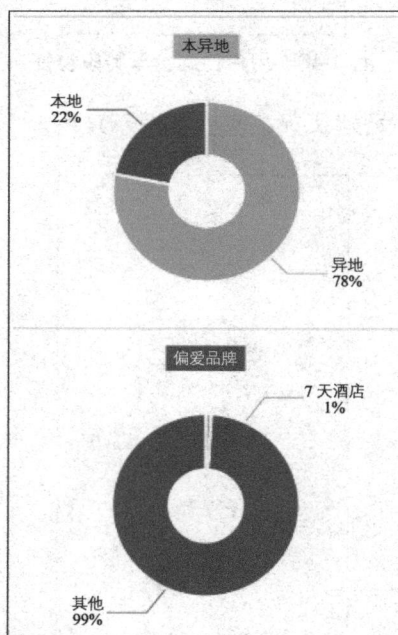

图 9-49　用户地域来源、酒店品牌偏好示意图

如图 9-46、图 9-47、图 9-48、图 9-49 所示，酒店客源体的共性特点已经跃然眼前。

酒店在应用层面，应关注不同细分特点的群体，制订有针对性的营销方案，去吸引这类细分市场的客人。

以客人性别为例：如果酒店女性客人占比相对较少，则应重点关注女性客人入住酒店时对房型、房间布置、灯光、女性生活用品等方面的需求，打造酒店的亮点，吸引更多女性客人关注。同时，也要关注男性客人在网络评价方面的意见和建议，快速改善，提高男性客人的满意度。

9.8.2 用户来源

用户画像同样分析了用户来源，如图 9-50 所示。

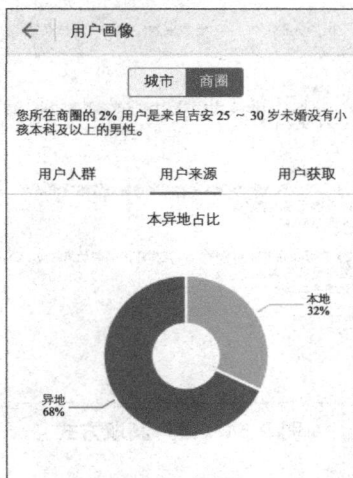

图 9-50 用户来源

从图 9-50 中可以看出，本地客源占比为 32%，异地客源占比为 68%。

异地客人多为商务出差或旅行，对房型有不同的要求，如大床房、双床房、三人间（家庭房）。本酒店异地客人占比较大，因此，应关注商务及旅行客人住房时服务层面的需求，如洗衣、早晚餐等，该类客人出行比较劳累，酒店睡前应向客人提供助眠牛奶，同时，酒店应向客人提供"自助泡脚"木桶和其他产品，提高客人的满意度，促进复购率的提高。

本地客人休闲类需求较高，对棋牌房、情侣房等房型有一定的需求量，酒店可针对周内与周末、旅游旺季与淡季的差异，适当调整该类房型的供应数量，确保不因房型数量不够而导致订单流失。

9.8.3 用户获取方式

用户画像还给出了用户获取方式，如图 9-51 所示。

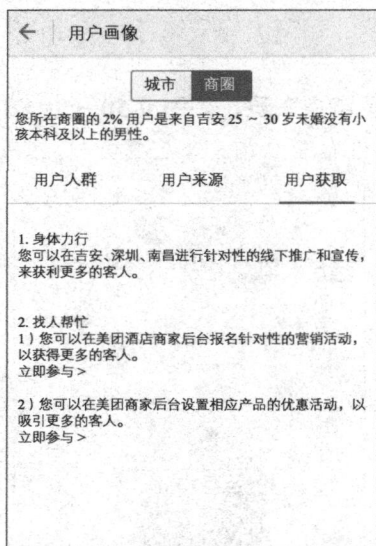

图 9-51 用户获取方式

用户获取可以有以下几种方式。

1. 身体力行，线下营销。从用户来源知道酒店客人集中来自哪些城市后（如本酒店客人集中来自吉安、深圳、南昌），公明收益建议酒店身体力行，积极在这些地区进行线下推广和宣传，以获取更多的当地客人。

2. 找人帮忙，线上营销。点击图 9-51 中的第一个"立即参与"，可以在美团酒店商家后台报名有针对性的营销活动，以获取更多的客人。活动形式如图 9-52 所示。

图 9-52 有针对性的营销活动

酒店可在在该页面选择适合自己营销目的的活动，快速报名参与。

3. 找人帮忙，参加优惠活动。酒店可以在该环节点击"立即参与"，设置相关促销及优惠活动，有针对性地吸引客人关注。

9.9 【智能医生】酒店收益预期实现的 3 个指导方法

在酒店年度经营中，业主或总经理会根据年度成本总额、成本回收率、加成率等方面的因素，设定酒店年度经营预算目标（也称年度经营任务目标）。同时，酒店会根据历史规律中的月度淡旺季变化，将年度经营目标的总额划分到每一个月，然后根据月度的自然天数，取每日营收目标的平均值，来控制年度预算指标的实现。也有酒店根据淡旺季历史规律，将年度指标细分到每一天，确保每一天都有明确、精准的预算指标（奋斗目标）。

美团酒店作为酒店重要的第三方销售渠道（分销渠道），其作用关系到酒店新客源有效获取、老客源持续维护、酒店口碑打造及美誉度传播、产品价格和市场影响力与竞争力有效提升等多个方面。为协助酒店商家做好第三方渠道的有效运营，直接帮助酒店实现在第三方渠道的销售预算，公明收益的"智能医生"模块为酒店提供了"预算目标设定及每日完成率评估""当前目标值变化趋势监测""浏览量及转化率完成进度监测"3个方面的指导，助力酒店在不同市场需求、不同竞争秩序状态下，有效调整预算目标，合理管控销售渠道，从而实现酒店收益的最大化。其功能具体如下。

9.9.1 预算目标设定及每日完成率评估

图 9-53 为"智能医生"给出的预算目标设定及每日完成率评估指导。

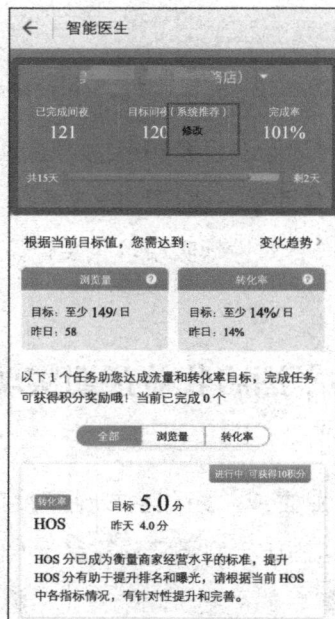

图 9-53　预算目标设定及每日完成率评估指导

从图 9-53 中我们可以得出以下几个要点。

1. 该酒店设定了 15 天的销售预算周期，目前处于第 13 天，还剩 2 天的销售时间。

2. 该酒店已经完成的销售间夜数为 121 间夜。

3. 15 天的销售预算周期中，该酒店设定的销售预算目标为 120 间夜，目前，目标销售预算的完成率为 101%。

根据图中的信息，可得出以下结论。

1. 酒店设定 15 天的销售预算目标为 120 间夜，仅 13 天就完成了销售目标，且超额 1 间夜，说明酒店当前在美团酒店平台的销售策略运用较好。

2. 以酒店收益最大化的"增量"角度去解读，酒店 15 天内设定 120 间夜的目标数额有点小，即目标设定相对保守，但要肯定的是，在这个目标下，酒店的美团酒店平台销售策略的运营是值得肯定的。

3. 以酒店收益最大化的"增收"角度去解读，酒店在 15 天内设定的目标间夜数是 120 间夜，应该在达到 80 间夜以上时，适当考虑对引流房、畅销房进行 3% ～ 5% 的提价。通过提价和计算周期内的销售天数（预订进度），在有效控制目标间夜数实现的同时，达到平均房价提升和每日销售额增加的目的。同理，在销售间夜数达到 100 ～ 110 间夜时，酒店应该再次考虑提价 5% 左右，依然通过有效控制目标间夜数的实现，达到平均房价提升和每日销售额增加的目的。

所以，从以上角度去评估，酒店在美团酒店销售策略上，应把握好"提量"和"增收"两个维度的参数，这样才能在美团酒店销售渠道充分实现收益的最大化。

在以上环节给予充分重视的情况下，你可能要问，我原来设定的 15 天销售 120 间夜的数据要修改怎么办？可点击图 9-53 中"修改"字样，点击后可看到图 9-54 所示的页面。

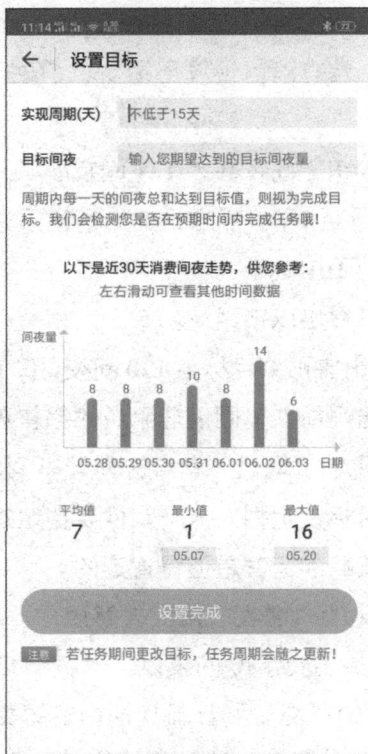

图 9-54 "目标间夜"修改页面

可做如下修改。

1. 实现周期设置：可以设定某一时间段完成，如 15 天、20 天、30 天等。

2. 目标间夜设置：可根据计划在美团酒店实现的间夜数，临时设定目标数据。

公明收益为了方便酒店为数据"定性"，同时为酒店提供近 30 天日销售量的曲线图，供酒店参考。

9.9.2 当前目标值变化趋势监测

"智能医生"结合酒店设定的销售目标间夜数和当前的完成情况，为酒店在浏览量、转化率等维度提供每日变动数据监测报告，如图 9-55 所示。

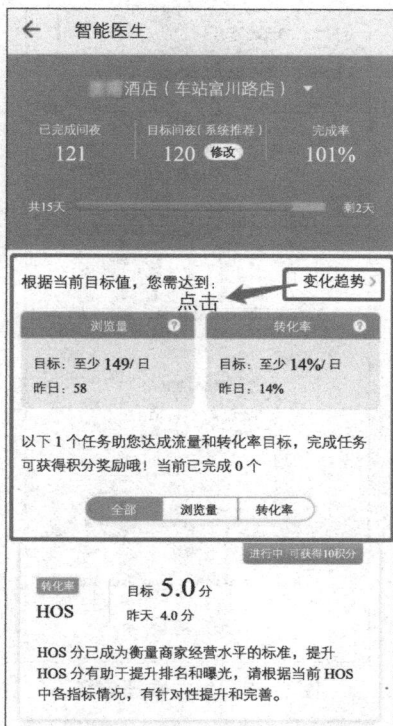

图 9-55 每日变动数据监测报告

从图 9-55 中我们可以看到以下要点。

1. 浏览量：每日至少应完成 149 个浏览量，昨日实际完成了 58 个浏览量。

2. 转化率：每日至少应完成 14% 的转化率，昨日完成的转化率为 14%，昨日达标。

我们可以这样理解，浏览量数据预示着酒店在当前市场竞争秩序中，对市场需求的吸引力和对竞争对手的影响力：浏览量较高，说明酒店目前价格政策、房型产品的市场需求吸引力较高，对竞争对手的影响力较大，酒店的竞争活力较强。转化率数据验证了酒店订单流失、订单受理的响应速度和有效性，以及保留房数量等经营策略是否得当。

若酒店想进一步了解相关数据信息，可点击图 9-55 中的"变化趋势"，点击后会跳转到图 9-56 所示的页面。

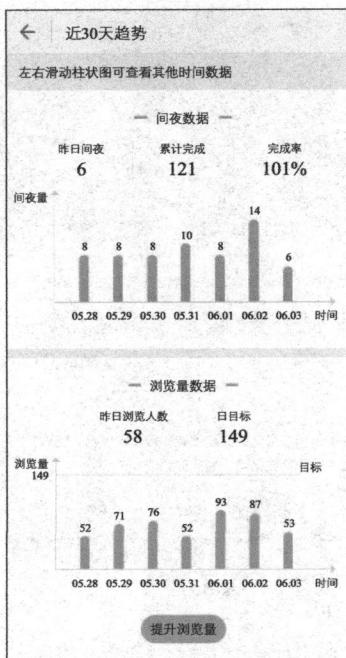

图 9-56　相关数据信息

从图 9-56 中我们可以看到以下要点。

1. 显示近 30 天内，日间夜数销售情况的柱状图。

2. 显示近 30 天内，日浏览量的数据柱状图。

酒店在运用数据时，应充分观察浏览量和实际销售间夜数的柱状图匹配规律，对发生明显差异的日期，要辨析经营中的优劣势。如 5 月 31 日的浏览量仅为 52，明显低于前后几天，但是，销售间夜数为 10 间夜，明显高于前后两日的销售数量。这时，酒店应重点检查 5 月 31 日入住的所有订单，检查下订单房型的价格区间，要重点对比预订进度，查看较早期的预订价格是否相对较低，如果显示较早预订的价格较低，说明"早订优惠"一类的营销政策对酒店"增量"会有明显帮助。

为方便酒店掌握日转化率，"智能医生"提供转化率数据柱状图，如图 9-57 所示。酒店可以根据每日转化率的情况，对日常销售的价格、房型做有针对性的分析。比如，转化率高的日期是因为低价房型销售较多？是较低价格的订单较多？还是订单较多，但是其中高价订单相对较多？这些内在的规律，需要酒店去检查订单，在柱状图里看不到这些隐藏的市场需求特点。

柱状图上有一条平均线，酒店可以直观地对销售目标周期内的转化率情况进行对比。酒店应始终努力让每天的转化率高于平均线（目标线），如果低于目标线，酒店则要考虑增加引流房、采取超额预订、升级销售等策略。

9.9.3　浏览量及转化率完成进度监测

如前文所述，酒店在设定好每日预算目标后，"智能医生"会根据具体的完成进度情况进行实时监测，并同步展示预算周期内

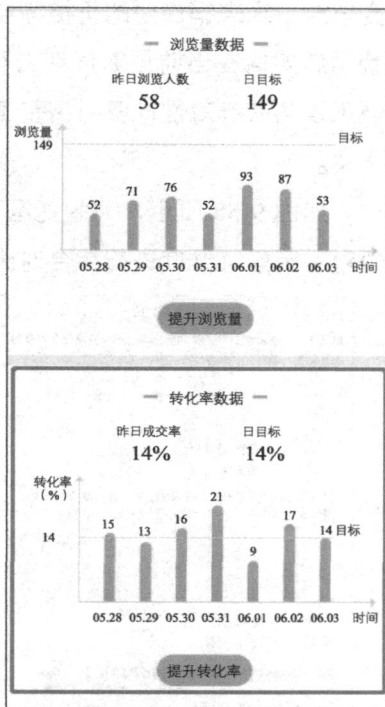

图 9-57　转化率数据柱状图

的日销售数据，方便酒店以设定好的预算周期进行收益最大化的策略调整。

这时，我们会有一个疑问：酒店在美团酒店的每日销售预算的完成情况受酒店浏览量及转化率指数高低的影响。要最大化每日销量，就必须对每日的浏览量及转化率等指标进行每日监测，方便酒店根据浏览量及转化率指标的日常变动情况，调整次日及未来预算周期的推广通使用额度及次数、价格变动的幅度，对浏览量及转化率可能造成影响的因素进行具体优化。

影响酒店浏览量的因素有：用户评分、全日最低价、参与自促、皇冠登记、会员计划、满房率、推广通、拒单率、流量人数等。

影响酒店转化率的因素有：Wi-Fi、停车场、早餐、发票、信息完整度、取消规则、图片数量、好评率、首页差评率、钟点房等。

因酒店设定的预算目标不同，同时，酒店所处商圈、客源特点、淡旺季规律、

竞争对手未来销售期的价格等竞争策略的不同，"智能医生"会结合以上特点，就酒店如何在当前预算周期内有效提高浏览量和转化率给出具体的改进建议，便于酒店有针对性地及时调整工作方法，以最快、最好的方法提升浏览量和转化率。

如图 9-58 所示，"智能医生"结合案例酒店的自身因素、市场因素、竞争对手因素等维度进行综合对比，就该酒店如何提升浏览量及转化率给出以下建议及激励政策。

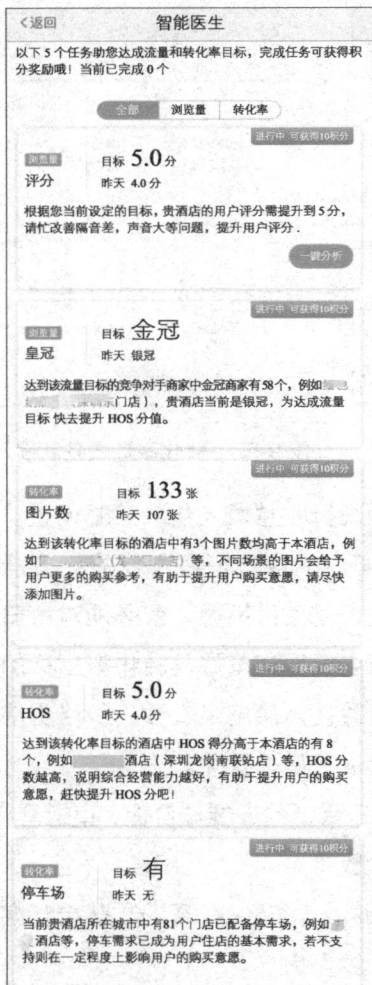

图 9-58 "智能医生"给出的改进建议

1. 提示信息

以下 5 个任务祝您达成浏览量和转化率目标，完成任务后可获得积分奖励！当前已完成 0 个任务。

2. 评分

直接影响指标——浏览量。设定目标为 5.0 分，昨天为 4.9 分。"智能医生"建议：根据您当前设定的目标，贵酒店的用户评分需提升至 5 分，请尽快改善隔音差、声音大等问题，提升用户评分，完成该任务可获得 10 个积分。可点击"一键分析"，查看具体信息。

对于酒店来说，隔音差这一问题属于设备、设施方面的不可逆指标，如需改造，则需要酒店投入一定的成本。对此缺陷，酒店经常陷于"花了钱能很快把钱收回来吗？"的投资回报困惑，部分酒店表现出了改进态度不积极的情况，这成为酒店健康经营的硬伤。酒店应该相信，客户永远只青睐产品质量好、价格低、服务好的酒店，如果酒店始终用自己的短板去和竞争对手竞争，浪费的是自己的时间和财力，损失的也只会是自己。

要改善这一问题，酒店在具体工作方法上也要注意，可以让负面影响减小一些。比如，团体客人入住，因为相互比较熟悉，住宿期间会有进房间交流、谈话、奔跑、大声说笑等行为发生，酒店分房时应尽量把团体入住的客人分在同一楼层（较低楼层），这样可以避免分散在各个楼层影响更多客人的事情发生。对带小孩入住的客人，酒店分房时应尽量不要把他们安排在商务类客人房间隔壁，也不要分在有老人入住的房间隔壁，避免小孩夜间吵闹影响客人休息。在客人办理入住时，前台需询问客人的睡眠质量和要求，对睡眠质量不好的客人，前台需尽量温馨告知客人：我会把您的房间安排在较高楼层或者通道较里面的房间，尽量避免其他客人行走及出入房间影响您的休息，如果有客人影响到您休息，请您及时致电前台，我们会及时为您协调解决。

硬件的不足，可以通过软性的暖心服务来缓解，但最好的办法是改进先天性的硬件不足。

3. 皇冠

直接影响指标——浏览量。根据图9-58我们得知，酒店目标：金冠；昨天：银冠。"智能医生"建议：达到该流量目标的竞争对手商家中金冠商家有58个，例如某酒店，贵酒店当前是银冠，为达成流量目标，应尽快提升HOS分值。完成该任务可获得10个积分。

在这个环节，"智能医生"告知酒店，要达到流量目标，酒店的竞争对手中金冠酒店有58个，并具体指出某个竞争对手。酒店应该立即锁定这家竞争对手，与该酒店信息展示、推广通使用、价格政策、图片质量等多个环节进行参考对比，有针对性地完善自身酒店存在的不足。

4. 图片数

直接影响指标——转化率。根据图9-58我们得知，酒店目标：133张；昨天：107张。"智能医生"建议：达到该转化率目标的酒店中有3个图片数均高于本酒店，如某酒店等，不同场景的图片会给予用户更多的购买参考，有助于提升用户购买意愿，请尽快添加图片。完成该任务可获得 10 个积分。

酒店具体的应对措施是：首先，要考虑尽快上传高质量图片，达到 133 张总数目标；其次，根据"智能医生"建议，对竞争对手酒店的图片数量、图片质量、房型图片等进行调研，发现自身的不足，立即优化；最后，要有针对性地去检查竞争对手的房型图片数量和质量，比如竞争对手有家庭房型或亲子房型，照片质量很高，有效展示了房间内其他儿童的用品、玩偶、食品一类的信息。酒店要在产品结构调整的角度，去审视自身在这类房型方面所提供的服务和附加值是否和竞争对手相当，甚至更好。

5. HOS

直接影响指标——转化率。根据图 9-58 我们得知，酒店目标：5.1 分；昨天：4.7 分。"智能医生"建议：达到该转化率的酒店中 HOS 得分高于本酒店的有 8 个，例如某酒店等，HOS 分数越高，说明酒店综合经营能力越好，有助于提升用户的购买意愿，所以赶快去提升 HOS 分吧。完成该任务可获得 10 个积分。

酒店具体的应对措施是：锁定"智能医生"建议的竞争对手酒店，尽快结合 HOS 指标的得分及扣分规则，检查酒店在渠道管理中有无违规违约。同时，对客户服务质量、预订响应速度、预约发票、到店无房、到店涨价、拒开发票等方面工作进行自查，并加强监督管理，切实提升质量和工作效率。

6. 停车场

直接影响指标——转化率。根据图 9-58 我们得知，酒店目标：有；昨天：无。"智能医生"建议：当前贵酒店所在城市中有 81 个门店已配备停车场，例如某酒店等。停车需求已成为用户住店的基本需求，若不支持，则在一定程度上影响用户的购买意愿。完成该任务可获得 10 个积分。

酒店提供停车场和提供早餐一样，在部分酒店实现可能有一定难度。通常情况下，酒店看似只是在销售房间一类的产品，但是对客人来说，他购买的并且要接受的除了房间这个有形产品以外，还有其他更多的服务和便利条件，比如乘坐公共交通是否便利、停车是否方便、停车位是否充足等。酒店应当清楚，什么样的产品吸引什么样的客人，如果酒店的产品和价值相比竞争对手较差，那么就无法有效吸引竞争对手的优质客人。即使有优质客人入住，但因无法感受到本酒店的需求服务与价值，最终也会留下低星评论，这样会对酒店的口碑运营不利，直接导致后期的经营工作更难。

在这里需要强调的是，对以上案例酒店，"智能医生"给出了 5 个方面提升浏览量和转化率的建议，这说明酒店要实现当前设定的目标，应尽快着手这 5 个方面的改进。当酒店提高设定目标时，"智能医生"又会根据新的目标进行多方面的数据匹配，为酒店提供更多方面的改进建议。

不同酒店的设定目标、商圈属性、客源结构、价格政策等因素各不相同，"智能医生"会结合酒店的自身属性、市场流量、竞争因素等多方面的情况，在用户评分、全日最低价、参与自促、皇冠权益、会员计划、满房率、推广通、拒单率、流量人数、Wi-Fi、停车场、早餐、发票、信息完整度、取消规则、图片数量、好评率、首页差评率、钟点房等诸多环节给出意见和建议，帮助酒店有效提升浏览量和转化率。

综上所述，美团酒店公明收益管理工具为酒店完美解决了数据收集、分类整理、综合分析的痛点，让酒店可以在烦琐的数据统计工作中节省出人力、财力与时间，犹如让酒店有了"千里眼"和"顺风耳"，可以轻轻松松把握市场机会，实现酒店收益的最大化。酒店应高度重视和充分利用这样优秀的工具，让酒店的运营管理工作变得更加简单，有效降低酒店的运营成本。

｜本章小结｜

◎ （1）公明收益管理工具为酒店人完美解决了数据收集、分类整理、综合分析的痛点，让酒店人可以在烦琐的数据统计工作中节省出人力、财力与时间，轻松把握每一次市场机会，实现酒店收益的最大化。

◎ （2）收益早报将系统展示酒店在经营过程中，昨日的交易情况及同行对比、搜索排名、产品销售情况及用户评价、**HOS** 值等关键信息，让酒店可以通过简单查询的方式，就前一日的线上销售情况有相对全面、细致的了解，便于酒店发现市场机遇、竞争对手优势与劣势等问题，及时做出应对。

○ （3）收益天眼主要功能：酒店可全面获悉未来市场动态信息、不同价格区间表现的市场机会、区域热度表现的市场机会、浏览指数释放的市场机会、交通预订趋势体现的市场机会等。

○ （4）竞争圈模块为酒店提供了排名现状展示及调整建议、流量现状及应对建议、当前市场供求关系现状及价格调整建议、竞争对手调价现状及市场需求热度状态下的价格设置建议、订单流失现状和竞争对手修改情况及应对建议等功能。

○ （5）评估竞争对手及提升口碑的 8 个切入点：竞争力综合评估、用户口碑曲线、好评分析、酒店卖点挖掘、差评分析、酒店痛点挖掘、一星差评分析、评价维护。

○ （6）收益优品制衡竞争对手的 5 个维度：产品竞争力、同行产品竞争力排行榜、产品预订实时动态、产品剩余量排行榜、产品综合分析。

○ （7）流量纵横功能以可视化数据图表的方式，为酒店呈现市场需求的变动规律，让酒店省去大量市场调研、预订量统计与分析的工作，轻轻松松完成市场规律分析及流量提升策略制定的工作。

○ （8）用户画像通过用户人群性别、年龄、是否结婚、是否有小孩、学历、地域、品牌喜好等多个维度，用图表形式生动体现酒店当前客源结构的细致特点，让客源结构更加"具象"，为酒店的精准营销工作开展打造了"一盏指航灯"。

○ （9）智能医生模块为酒店提供了"预算目标设定及每日完成率评估""当前目标值变化趋势监测""浏览量及转化率进度监测"3 个方面的指导，助力酒店在不同市场需求、不同竞争秩序状态下，有效调整预算目标，合理管控销售渠道，最终实现酒店收益的最大化。